经济管理学术文库·经济类

农业环境变迁与生态农业发展

——基于鄱阳湖流域的研究

Change of Agricultural Environment and Eco-agriculture Study on Poyang-Lake Watershed

戴天放 / 著

经济管理出版社
ECONOMY & MANAGEMENT PUBLISHING HOUSE

图书在版编目（CIP）数据

农业环境变迁与生态农业发展：基于鄱阳湖流域的研究/戴天放著．—北京：经济管理出版社，2014.8

ISBN 978-7-5096-2925-3

Ⅰ.①农… Ⅱ.①戴… Ⅲ.①鄱阳湖流域—农业环境变迁—生态农业发展—研究 Ⅳ.①F327.56

中国版本图书馆 CIP 数据核字（2014）第 017100 号

组稿编辑：王光艳
责任编辑：许　兵　吴　蕾
责任印制：黄章平
责任校对：超　凡

出版发行：经济管理出版社
（北京市海淀区北蜂窝 8 号中雅大厦 A 座 11 层　100038）
网　　址：www.E-mp.com.cn
电　　话：（010）51915602
印　　刷：大恒数码印刷（北京）有限公司
经　　销：新华书店
开　　本：710mm×1000mm/16
印　　张：15.75
字　　数：301 千字
版　　次：2014 年 8 月第 1 版　　2014 年 8 月第 1 次印刷
书　　号：ISBN 978-7-5096-2925-3
定　　价：58.00 元

前　　言

江西省是农业大省，鄱阳湖及其流域地区素称“鱼米之乡”。隋唐以降，江西“沃壤百里”、“稻云烘日”，成了国内重要的农业生产基地，在中国古代经济中占据重要地位。新中国成立以来，江西省是我国13个粮食主产省之一，是现有7个粮源净调出省之一，也是从未间断向国家调出商品粮的2个省份之一。江西省之所以能在粮食安全保障方面为国家建设做出重大贡献，除了加大资金投入、推进技术进步和中央与江西省出台了一系列强农惠农政策等各种因素外，很大程度上得益于以中国第一大淡水湖——鄱阳湖及其流域地区为代表的生态环境资源优势。

鄱阳湖流域基本涵盖江西省全境，在江西省境内的面积为157086平方公里，占江西省国土面积的94%，这部分区域习惯上被称为“山江湖”，“山”系泛指鄱阳湖水系流域范围之内的山地、丘陵、平原，“江”则指鄱阳湖水系的赣江、抚河、信江、饶河、修河等五大河流，“湖”就是鄱阳湖。“山江湖”构成了一个完整的、手掌形的生态经济系统。

环境变迁是一个漫长的历史过程，而人类经济活动是其最重要的影响因素。通过对鄱阳湖流域农业开发和生态环境变迁的考察，可以发现历史上鄱阳湖流域农业开发经历了一个由开发不足到开发适度，再到开发过度和环境治理的阶段。相应的，其生态环境也经历了一个由封闭到平衡，再到开始失衡、逐步恶化，再到逐步改善的变迁过程。其农业生态环境问题，在古代突出地表现为由于垦殖过度导致水土流失所带来的频繁的水旱灾害；到现代，除了一定历史时期存在的自然灾害以外，还有受工业化、农业现代化的影响所带来的环境污染问题。鄱阳湖流域农业环境变迁史可以概括为：远古至秦汉六朝时期，是生态环境由荒凉向开发发展的阶段；隋唐五代时期，是生态环境平衡发展阶段；宋元时期，是生态环境开始失衡阶段；明清时期，是生态环境逐渐破坏恶化的阶段；近代以来，生态环境呈现进一步恶化的趋势；新中国成立以来生态环境经历了一个恶化—治理—改善的过程。在此，我们可以得出历史的经验教训：农业开发必须适应复杂的自然生态环境条件，只有全面地把握自然生态环境的总体，才能使自然资源和自然条件充分地、持续地发挥作用，经济社会才能保持可持续发展。相反，如果不顾自然生态环境的复杂性，掠夺性开发资源，就必然会受到自然界的惩罚。

如何协调鄱阳湖流域农业开发与环境保护之间的关系，走好可持续发展之路？以科学发展观为指导，生态文明与物质文明、政治文明、精神文明、社会文明等“五个文明”共同发展、协调发展，已成为我国21世纪的战略选择。为了促进鄱阳湖流域的环境与经济、社会协调发展，江西省委、省政府提出了建设鄱阳湖生态经济区的战略构想，并得到国务院批准，上升到国家战略的层面。

基于上述历史和现实背景，本书紧紧围绕鄱阳湖流域农业开发与生态环境互动关系这一核心，采用历史研究为主，结合生态学、农学和经济学等跨学科研究的方法，通过历史上尤其是改革开放以来鄱阳湖流域农业开发对其生态环境的影响与互动关系的分析，探索农业开发与鄱阳湖流域生态环境保护的互动规律，总结经验，吸取教训；通过对鄱阳湖流域传统生态农业的模式和技术挖掘，结合鄱阳湖生态经济区生态农业的发展现状和发展方向，对鄱阳湖生态经济区高效生态农业进行区划，设计科学的高效生态农业模式，提出其高效生态农业技术体系构成。在上述研究基础上，提出发展鄱阳湖生态经济区高效生态农业的政府扶持政策与实施体系。

由于本书研究的历史跨度大，所搜集的古籍和地方志资料难以全面，加上作者的研究能力有限，本书肯定还存在不少问题，恭请方家批评指正，以便作者在今后的研究中加以克服和完善。

目　录

绪　论

一、研究背景

工业革命以来，由于人口爆炸和人类对环境影响的规模空前扩大，在人口、资源、环境与经济和社会发展的关系上，矛盾层出不穷，不仅危及当代人类的健康和经济、社会的发展，且严重地威胁人类子孙后代的生存需求。是继续无节制地消耗能源、资源与破坏生态环境，抑或重新选择一条理性之路，实现可持续发展？通过深刻反思人类历史发展的经验教训、总结工业文明发展道路，党的十七大报告中把“建设生态文明，基本形成节约能源资源和保护生态环境的产业结构、增长方式、消费模式”① 作为我国实现全面建设小康社会的奋斗目标之一，标志着生态文明已成为21世纪中国发展战略的选择。

1. 21世纪是生态文明的世纪

考诸人类文明史，无论原始文明、农业文明还是工业文明，都反映了生态环境的兴衰变迁是人类文明的兴衰变迁的决定因素之一。面对当代日益深重的生态环境危机，现代文明正在向生态文明转向。

在中国历史上，黄河流域是中华民族的摇篮，哺育了光辉灿烂的中华文明。4000多年前的黄河流域属森林草原带，森林茂密、水草丰盛。但是由于过度开发以及战乱影响，森林破坏，水土严重流失，导致黄土高原变成千沟万壑的荒山秃岭，迄今仍是水土流失最严重的地区。周朝时，黄土高原的森林约有4.8亿亩，覆盖率达53%，秦汉时期为43%，明末清初降为14%，到1949年仅为

---

① 胡锦涛：《高举中国特色社会主义伟大旗帜，为夺取全面建设小康社会新胜利而奋斗》［M］，北京：人民出版社2007年版。

6%。[①] 汉唐时期的国都长安城，由于人口稠密，污水排放量大而造成地下水严重污染。汉末长安城“水皆咸卤，不甚宜人”，宋时西安“城内泉咸苦，民不堪食”，乃将龙首渠水“引注入城，给民汲饮”。明代“城内穿井饮水咸”。这种苦咸水，即地下水受生活污水污染含硝态氮的结果。[②] 公元5世纪楼兰古国文明之所以湮灭，也正是因为当地的农业生产过度开发，引起生态环境恶化，最终导致生态体系崩溃。[③]

在世界历史上，昔日农业文明之花——古巴比伦文明、哈拉巴文明、玛雅文明等地区，曾经植被丰富、土地肥沃，但由于刀耕火种的掠夺式经营，过度开发土地，千里沃野渐成黄沙漠漠，成为人类文明史中的明日黄花。[④] 正如恩格斯在考察古代文明的衰落，针对人类破坏生态与环境的恶果，曾指出：“美索不达米亚、希腊、小亚细亚以及其他各地的居民，为了想得到耕地，把森林都砍完了，但是他们梦想不到，这些地方今天竟因此成为荒芜不毛之地，因为他们使这些地方失去了森林，也失去了积聚和贮存水分的中心。阿尔卑斯山的意大利人，在山南坡砍光了在北坡被十分细心地保护的同一种松林，他们没有预料到，这样一来，他们把他们区域里的高山畜牧业的基础给摧毁了；他们更没有预料到，他们这样做，竟使山泉在一年中的大部分时间内枯竭了，而在雨季又使更加凶猛的洪水倾泻到平原上。”[⑤]

18世纪爆发的工业革命使生产力迅猛发展，极大地提高了劳动生产率，增强了人类利用和改造环境的能力，改善了人类的生活条件。但是，很多国家盲目地不惜代价地“增产”，不顾一切地挖掘自然资源，破坏生态环境，对地球生物圈造成了巨大的破坏。这一时期出现大气污染、水体污染、土壤污染、噪声污染和核污染等，规模之大、影响之深都是前所未有的。例如18世纪末英国产业革命后，由于使用大量煤炭，在1873年、1880年、1892年伦敦曾发生3次烟雾事件，死亡2800余人；[⑥] 在1952年12月，伦敦再次发生烟雾事件，4天内死亡4000余人。[⑦] 进入20世纪后，由于石油的大量开发炼制，汽车的大批生产使用，

① 白志礼：《黄土高原农业可持续发展问题的再认识》［J］，《西北农林科技大学学报》（社会科学版）2001年第1卷第1期。

② 崔玲：《渭河水系廊道与古都西安城址变迁的关系研究》［J］，《华中建筑》2009年第27卷第2期。

③ 谢丽：《绿洲农业开发与楼兰古国生态环境的变迁》［J］，《中国农史》2001年第1期。

④ 杨通进、高予远：《现代文明的生态转向》［M］，重庆：重庆出版社2007年版。

⑤ 《马克思恩格斯全集》（第20卷）［M］，北京：人民出版社1979年版。

⑥ Clapp, B. W., An Environmental History of Britain since the Industrial Revolution, Longman Publishing, New York, 1994.

⑦ Vogel, D., National styles of regulation, environmental policy in Great Britain and the United States, Ithaca and London, 1986.

有机化学工业的发展，加上燃煤的有增无减，对环境造成更加严重的污染和破坏，从30年代到70年代初，相继出现震惊世界的马斯河谷烟雾事件（比利时，1930年）、多诺拉烟雾事件（美国，1948年）、伦敦烟雾事件（英国，1952年）、洛杉矶光化学烟雾事件（美国，每年5～11月）、水俣事件（日本，1953年开始）、富山骨痛病事件（日本，1931～1972年）、米糠油事件（日本，1968年）、四日事件（日本，1970年）等"八大公害事件"。① 这就是所谓"第一次人类环境危机"，这次危机主要表现为大气污染、水污染、土壤污染、固体废弃物污染、有毒化学物品污染，以及噪声、电磁波等物理性污染。面对这一问题，西方工业化国家普遍采取了环境保护措施，使城市的环境污染问题得到控制或解决。②

然而，20世纪七八十年代以来，随着世界经济迅速发展和经济全球化速度加快，工业"三废"排放量日益增加，又出现许多新的污染源和污染物，例如：巨型油轮、海上钻井的出现，使海洋污染日趋严重；航空航天技术的发展，使高空大气层也遭受污染；核武器的研制试验，核电站的泄漏，造成了严重的放射性污染；氯氟烃等物质的使用，造成了臭氧层的破坏。这就是所谓"第二次人类环境危机"，其特点表现为：第一，环境污染已成为全球性的问题，环境危机开始从发达国家向全球蔓延；第二，资源短缺问题日益严重；第三，人口爆炸；第四，全球生态系统遭受全面破坏。

面对如此沉重的"第二次环境危机"，生态环境与可持续发展成为世界关注的焦点。1972年6月，联合国在斯德哥尔摩召开了有史以来第一次"人类与环境会议"，讨论并通过了著名的《人类环境宣言》，明确强调保护和改善人类环境是关系到全世界各国人民的幸福和经济发展的重要问题，从而揭开了人类共同保护环境的序幕，并且意味着环境保护开始由民间活动上升到了政府行为。1983年11月，联合国成立了世界环境与发展委员会。1987年，联合国世界环境与发展委员会向联合国大会提交的长篇报告《我们共同的未来》中，不仅正式提出了"可持续发展"的概念，而且以此为主题对人类共同关心的环境与发展问题进行了全面论述，对规范地可持续发展进行了理性设计，成为人类建构生态文明的纲领性文件。1992年6月在里约热内卢举行的联合国环境与发展大会通过的《里约热内卢环境与发展宣言》、《21世纪议程》、《联合国气候变化框架公约》和《生物多样性公约》等重要文件，进一步把可持续发展确立为当代人类发展的主题。1997年，150多个国家和地区的代表云集京都，通过了《京都议定书》，达成了各国减排温室气体的协议。2002年联合国在约翰内斯堡举行可持续发展

---

① 张从：《环境保护知识干部读本》［M］，北京：中共中央党校出版社2000年版。

② 宋健：《向环境污染宣战》［M］，北京：中国环境科学出版社1997年版。

世界首脑会议，深入研讨并要求各国采取具体措施，更好地执行《21世纪议程》的量化指标，落实可持续发展理念。所有这些表明，建设生态文明社会，已经成为全人类的共识，人类文明已经进入了一个崭新的时代。

2. 生态文明背景凸显农业环境问题

工业文明促进了农业快速和巨大的发展，但其发展模式是高投入、高产出，以机械化和化学化为基本特征，需要大量使用以石油产品为动力的农业机械和以石油制品为原料的化肥、农药等农用化学品，带来了严重的生态环境问题。因而，建设能够实现农业的高产、优质、高效、持续发展，达到生态和经济良性循环的生态农业，将是我们建设生态文明的一个重要任务。

中国改革开放30多年，以占世界7%的耕地养活了占世界22%的人口，堪称奇迹，对世界和平与发展贡献巨大。然而，中国农业在走向现代化的过程中也同样出现与西方石油农业类似的资源和环境制约等许多严重的问题。

一是人均资源少，且分布不均匀。2012年全国人均耕地约为1.35亩，不及世界人均水平的50%；[①] 全年水资源总量28410亿立方米，人均水资源2048立方米，仅为世界水平的25%。[②] 如此贫乏的资源，却滋养着占世界22%的人口，可谓负重前行。不仅如此，耕地总量和人均占有量仍在不断减少，2012年全年建设占用耕地25.94万公顷，同比增长2.5%。[③] 同时，水资源日益短缺，平水年农业缺水大约300亿立方米，更因农业用水量大而比较利益低，用水保障度呈下降趋势。农业水土资源分布也不均匀，淮河以南地区国土面积不到全国的2/5，而水资源却占85%强。[④]

二是农业环境问题凸显。受水土流失、荒漠化、全球气候变暖、酸雨和自然灾害等诸多宏观环境因素的影响，中国农业发展的不确定性继续加大。到2012年末，全国水土流失面积294.91万平方公里，占国土总面积的31.12%，其中，水力侵蚀面积129.32万平方公里，风力侵蚀面积165.59万平方公里。[⑤] 全国荒漠化土地总面积达263.62万平方公里，占国土面积的1/3；沙化土地173.97万平方公里，占国土面积的1/5。一些地区沙化土地仍在扩展，因土地沙化每年造成的直接经济损失高达500多亿元人民币，全国有近4亿人受到荒漠化沙化的威

① 《中国人均耕地不及世界平均水平一半》[EB/OL]，中国建设网，js.china.com.cn，2012年12月26日，http：//js.china.com.cn/gc/xw/gcxw/280191_2.shtml。

② 《2011－2012年中国水资源状况》[EB/OL]，2011年11月14日，中商情报网，http：//www.askci.com/news/201111/141685926829.shtml。

③ 中华人民共和国国土资源部：《2012年中国国土资源公报》[EB]，2013年4月。

④ 赵其国：《净土洁食问题》[N]，《科学时报》2003年9月19日。

⑤ 中华人民共和国环境保护部：《2012年中国环境状况公报》[EB]，2013年5月28日。

胁，贫困人口的一半生活在这些地区。[①] 全国受酸雨影响的土地面积约为40%；全球气候变化所致农业灾害频率与强度加剧，旱、涝、雹、冻和风害等频繁发生。加之农业水利基础设施、农业机械、农技推广体系、植保体系、农田防护体系、田间道路系统不完整及损坏等，农田抗逆性生产基础条件薄弱，农业生态系统的病虫害自然防御能力、抗灾能力和高产稳产能力降低，农田受灾、成灾面积日趋扩大，全国农田受灾面积由1950年的1064万公顷上升到20世纪末的5000万公顷以上，成灾面积由512万公顷增长到3400多万公顷。[②③] 2012年全年农作物受灾面积2055万公顷，其中绝收175.8万公顷，直接经济损失3208.32亿元。[④] 近年来，中国东北和西南的特大洪涝与干旱灾害频仍，再一次敲响了生态环境问题的警钟。

三是农业面源污染严重。我国虽然靠占世界7%的耕地养活了占世界22%的人口，但化肥总消费量却达世界的31%；全国农药施用量每年以10%的速度递增，农药残留超标，土壤、水体和农产品污染等问题十分突出。[⑤] 据统计，新中国成立以来，全国约有2亿吨化肥、农药等化学物质投入到土壤中；喷洒的农药中，只有不到30%被作物吸收，其余的都扩散到周围的空气、土壤和水体中成为污染源。[⑥]我国有机废弃物每年约40亿吨，为世界最多的国家，其中畜禽粪便排放量约26亿~30亿吨，全国80%多的规模养殖场未经环境影响评价，60%的养殖场缺乏必要的污染防治措施和设施；[⑦] 每年有农作物秸秆7.2亿吨，约有20%被遗弃或焚烧；[⑧] 城市生活垃圾2亿吨，城市污泥2000万吨，畜产品加工废弃物约7000万吨；[⑨] 白色污染严重，我国农膜年残留量高达35万吨，残膜率达42%，[⑩] 有近一半的农膜残留在土壤中，覆膜5年的农田农膜残留量可达78公斤/公顷，目前我国有670万公顷覆盖地膜的农田污染状况日趋严重。[⑪] 据研究，

① 《中国荒漠化土地总面积达263.62万平方公里》[EB/OL]，中国网，http://www.china.com.cn/environment/2008-01/25/content_9585134.htm。

②⑥ 张维理等：《中国农业面源污染形势估计及控制对策》[J]，《中国农业科学》2004年第37卷第7期。

③ 杨正礼：《我国粮食安全的基础在于藏粮于田》[J]，《科技导报》2004年第9期。

④ 中华人民共和国环境保护部：《2012年中国环境状况公报》[EB]，2013年5月28日。

⑤ 方杰：《农业循环经济：建设农业生态文明的必然选择》[J]，《西南大学学报》（社会科学版）2008年第34卷第6期。

⑦ 李茂松等：《中国畜禽废弃物的产出量、污染现状与危害》[C]，全国农业面源污染与综合防治学术研讨会论文集，2004年版。

⑧ 江长胜等：《稻田甲烷排放影响因素及其研究进展》[J]，《土壤通报》2004年第35卷第5期。

⑨ 刘志伟等：《长江中下游地区水稻田溶解态氮流失量的估算——以江苏省靖江市柏木乡为例》[J]，《中国生态农业学报》2004年第4期。

⑩ 王艳萍、高吉喜：《有机农业生产在农业自身污染防治中的作用》[A]，首届全国农业环境科学学术研讨会论文集，2005年版。

⑪ 方淑荣、刘正库：《论农业面源污染及其防治对策》[J]，《农业科技管理》2006年第3期。

我国集约化农业开始成为温室气体排放之源，农业面源排放甲烷占全国总排放量的80%，氧化亚氮占90%以上。①

因此，在保障农业环境安全的前提下，如何按照生态文明的要求，发展具有中国特色的持续发展模式——生态农业，正成为21世纪我国农业发展的时代任务。

3. 建设鄱阳湖生态经济区是发展江西省生态文明的历史选择

江西省是农业大省，鄱阳湖及其流域地区素称“鱼米之乡”。隋唐以降，江西省“沃壤百里”、“稻云烘日”，② 成了国内重要的粮食生产基地，在中国古代经济中占据重要地位。

江西省每年发运京师的漕粮，北宋时至少在120万石以上，南宋时至少在200万石以上，元朝时至少占全国的三分之一。③ 明朝时江西省在朝廷全国征粮一直位居前列。如：洪武二十六年（1393年）征粮2585256石，居全国第二位；弘治十五年（1520）2528270石，居全国第一；万历六年（1578）2528270石，仍居全国第一。④这三个数字说明有明一代，朝廷都在江西省征收大量的粮食，江西省每年上贡的粮食对明王朝稳定统治和全国社会经济的发展都具有举足轻重的作用。清王朝每年在江西除征收大量的地丁银以外，每年在江西省征粮89万石至96万余石不等，在全国各大经济区域中仍然排在前列：顺治十八年（1661），朝廷在江西征米938753石，排全国第3位；乾隆三十一年（1766）898936石，排全国第3位；嘉庆二十五年（1820）962826石，排全国第2位。⑤清代江西是仅次于湖广、湖南的重要产粮区，所以，《清史稿·食货志》中说：“天下财赋，惟江南、浙江、江西为重。”在1854年以前，清廷还每年在江西省额外征漕粮57万石，仅次于江苏、浙江，在有漕八省中居第3位。⑥ 明清时期江西省除完成税粮、漕粮和养活众多的人口外，江西省还要运销大量的粮食到江、浙、闽、粤、皖五省。“广东之米取给于广西、江西、湖广，而江、浙之米皆取给于江西、湖广。”⑦ “山多田少，产谷不敷民食，江右人肩挑背负以米易盐，汀（福建汀州）民赖以接济。”⑧ 明清时期，江西省通过鄱阳湖出长江运往江浙的粮

---

① 李贵宝等：《我国农村水环境状况及其恶化成因》［EB/OL］，2001年11月23日，http：//www. hwcc. com. cn。

② （宋）张孝祥：《于湖居士文集》卷七［M］，上海古籍出版社，1980年第1版。

③④⑤ 陈荣华、余伯流、邹耕生、施由民等：《江西经济史》［M］，南昌：江西人民出版社2004年版。

⑥ 赵尔巽等：《清史稿》第十三册，中华书局，1976年版。

⑦ 转引自陈支平：《清代江西的粮食运销》［J］，《江西社会科学》1983年第3期。

⑧ （清）卞宝第：《闽峤輶轩录》［M］，卷二，清光绪刻本。

食有八九百万石之多。此外，明清江西省的粮食还运销安徽省的徽州府。徽州是明清时期国内著名的缺粮区，“本地食粮仅供数月民食，每每仰给邻省江西、浙江等处贩运接济”。乾隆五十年（1785）湖北受灾而发生饥荒，江西省在短期内逆流而上，接济大米数百万石，维护了社会的稳定。[①] 正是由于依靠江西省粮食接济，上述地方的经济作物种植才能不断增加，蚕桑丝织业和棉纺织业才能稳定发展。明清时期，江西省间接地为全国商品经济的发展和手工业乃至城镇的发展和繁荣做出了巨大的贡献。

新中国成立以来，江西省是我国13个粮食主产省之一，是现有7个粮源净调出省和从未间断向国家调出商品粮的2个省份之一。2012年粮食总产量提高到2084.8万吨，比1949年增加1697.1万吨，增长了4.38倍，年均递增2.71%，居全国领先地位。2012年粮食总产较之2004年，全省净增粮食626.7万吨，增长率达43%，占同期全国稻谷增量的20%以上；9年来，水稻面积、总产和调出量均居全国第2位；人均占有稻谷417公斤，居全国第1位。[②]

江西省之所以能在粮食安全保障方面为国家建设做出重大贡献，除了资金投入加大、技术进步和中央与江西省出台了一系列强农惠农政策等各种因素外，很大程度上得益于以中国第一大淡水湖——鄱阳湖及其流域为代表的生态环境资源优势。

与沿海经济发达省市相比，江西省经济欠发达，但具有生态环境优势，可以概括为“山清水秀”。

山地、丘陵占全省面积16.69万平方公里的78%。2012年末，全省森林覆盖率63.1%，居全国大陆第2位（仅次于福建）；林业用地面积1062.92万公顷，活木蓄积量3.54亿立方米，其中94%分布于乔木林中，居全国第7位。有林地面积871.7万公顷，有林地亩均活立木蓄积量2.81万立方米，毛竹林面积82.4万公顷，毛竹数量15亿多株。建立了220个自然保护区（其中国家级11个），居全国第2位；建立了161个森林公园（其中国家级44个），居全国第1位；生态公益林面积达到340万公顷。[③]

江西省水资源十分丰富，拥有全国第一大淡水湖——鄱阳湖，全省水域总面积167万公顷，约占全省国土面积的10%，占全国内陆水域面积的9.34%，其中可养殖面积36万公顷。[④] 全省有大小河流2400多条，总长约18400公里，大部分河流汇向鄱阳湖，再注入长江。主要河流有5条，即赣江、抚河、信江、修河、饶河。2008年水资源总量2160.6亿立方米，占全国水资源的7.6%（全国

① 陈支平：《清代江西的粮食运销》［J］，《江西社会科学》1983年第3期。

②③ 江西省统计局：《江西省2012年国民经济和社会发展统计公报》［EB］，2013年3月21日。

④ 石庆华、潘晓华等：《江西农业发展战略研究》［M］，北京：中国农业出版社2006年版。

水资源总量28410亿立方米）；人均水资源量为4797立方米（全国人均水资源2098立方米），①② 水资源总量和人均水资源量均居全国第7位。除此之外，江西省的水质总体也是良好的，2012年地表水水质总体良好，全省9条主要河流和3个主要湖库共设水质监测断面（点位）190个，Ⅰ～Ⅲ类水质断面（点位）比例为80.7%。9条主要河流Ⅰ～Ⅲ类水质断面比例为81.2%，三个主要湖库Ⅰ～Ⅲ类水质断面比例为76.0%。③

尽管江西省生态环境总体状况良好，但由于历史上过度开发等原因，仍然存在许多生态环境问题，生态环境还是处于变动不居的状况，处于全国大生态环境变动的推动中。

考察江西省生态环境的历史变迁，宋代（11～13世纪）前期生态环境良好，人地矛盾比较缓和。元丰三年（1080）"江南西路"有田452万顷，有307万人口，人均耕地为14.7亩；嘉定十六年（1223）人口增为495万，人均耕地仍有9亩多。④ 但是，宋代又是江西省生态环境退化的转折期。人地矛盾日渐加剧，积至明清时期，江西省人均耕地大幅下降，可以从表0－1一窥端倪。⑤

表0－1　明清江西省人均耕地变化

分类＼时间	洪武二十六年（1393）	弘治四年（1491）	万历六年（1578）	乾隆十八年（1753）	嘉庆十七年（1812）	咸丰元年（1851）
总人口	8982482	6549800	5859026	8428205	23046999	24516010
耕地（亩）	43118600	40235247	40115127	48500000	47200000	46000000
人均（亩）	4.80	6.10	6.80	5.75	2.05	1.87

资料来源：据梁方仲《中国历代户口、田地、田赋统计》［M］甲表78、82、编制，中国统计出版社1980年版，第258页、262页。

表0－1中数字显示了江西省人均耕地呈现不断下降趋势，至19世纪初期只有2亩多，由于过度垦殖，造成水土流失严重、水旱灾害频仍、生态环境恶化等

① 江西省统计局：《江西省2012年国民经济和社会发展统计公报》［EB］，2013年3月21日。

② 国家统计局：《2012年国民经济和社会发展统计公报》［EB］，2013年2月22日。

③《江西发布2012年全省环境状况公报》［EB/OL］，2013年6月5日，江西省政府网，http://www.jiangxi.gov.cn/dtxx/zwxx/201306/t20130605_879066.htm。

④（元）马端临：《文献通考》［M］，卷十一"户口"，中华书局1986年影印版。

⑤ 据梁页方仲《中国历代户口、田地、田赋统计》［M］甲表78、82编制，中国统计出版社1980年版。

诸多问题。据统计，12～19世纪800年间，江西省发生大型水旱灾害①达298年，平均每世纪为37年，尤其是16～18世纪300年间最甚，这是与过度垦殖的形势相吻合的。详见表0－2所示。

表0－2　江西省发生大型水旱灾害统计（12～19世纪800年间）

类别 \ 年数 \ 世纪	12	13	14	15	16	17	18	19	小计
大旱	11	7	6	5	10	20	13	11	83
大涝	11	6	10	21	38	49	42	38	215
合计	22	13	16	26	48	69	55	49	298

资料来源：李一敷：《江西的气候变迁与农业布局》［J］，《江西农业大学学报》1983年第2期。

新中国成立以来，1949～2000年，江西省人口由1314万增至4148万，人均耕地则由2.69亩下降为0.81亩，低于全国人均水平。水土流失面积不断上升，1957年为11000平方公里，2000年为41000平方公里，占全省国土总面积的24.5%。40多年间，水土流失面积增加约3倍。1862～1990年间，共有41年发生过大或特大水灾，其中新中国40年间就有15年，占36.58%；共有16年发生过大或特大旱灾，其中新中国40年间就有11年，占68.75%。1991年的特大旱灾，1992年、1995年、1998年、1999年的特大水灾，受灾农田都超过1000万亩。由此看出，新中国成立后的50多年间，江西省约2/3的年份是在与大水旱灾害作斗争中度过的。除了自然灾害频仍与生态环境恶化趋势外，江西省还有工业文明所带来的环境污染问题。20世纪80年代中期，江西省工业排污量按万元工业产值计算，曾居全国前列，到20世纪90年代中期，矿山废水污染和局部水域的污染更甚，尤其是乡镇工业废水排放量大幅上升，而废水处理率很低。②

面对优势与危机并存的生态环境格局，在经历了"山江湖"综合开发战略、"三个基地、一个后花园"发展战略和"希望在山，潜力在水，重点在田，后劲在畜，出路在工"的兴农方针等一系列立足生态优势、保护生态环境的发展战略

① 江西省水利厅：《江西历代水旱灾害辑录》［M］，南昌：江西人民出版社1988年版。大涝，指大水入城，舟行于市，舟行树梢，水高齐檐，水高数丈，四郊一壑，夏淫雨弥月等；大旱，指赤地数千里，赤壤连境，赤气横境，旱地尽赤，江水断流，井泉皆涸，野无青草，禾稻尽槁等。

② 许怀林等：《鄱阳湖流域生态环境的历史考察》［M］，南昌：江西科学技术出版社2003年版，第2页。

之后，2008 年 1 月，江西省委、省政府针对国内外经济社会发展态势，结合江西省基础条件及现状发展特征，审时度势，站在国家区域发展战略的高度，提出了建设“鄱阳湖生态经济区”的战略构想，这是贯彻落实科学发展观和建设生态文明的具体实践，并指出：鄱阳湖生态经济区是以鄱阳湖为核心，以鄱阳湖城市圈为依托，保护生态、发展经济，统一规划、分步实施，以人为本、统筹兼顾，把鄱阳湖生态经济区建设成为生态优良、经济发达、城乡协调、生活富裕，生态文明与经济文明高度统一，人与自然和谐相处的生态经济区。

建设鄱阳湖生态经济区，发展生态产业是必不可少的经济基础，生态农业是江西省生态产业的优势所在。在此背景下，考察鄱阳湖流域农业开发与生态环境的变迁史，探索农业开发与鄱阳湖流域生态环境保护的互动规律，借鉴传统生态农业思想、模式和技术，研究鄱阳湖流域发展生态农业的必要性与可行性，为鄱阳湖生态经济区生态农业发展提供切实可行的对策，无疑具有深刻的理论意义和重大的现实意义。

二、文献回顾

本书涉及生态环境保护与农业资源开发等领域，由于生态环境问题已是世界性问题，经济与环境、资源、人口相互协调的可持续发展观也成为我国的国策，学界从各自不同的专业领域、不同的审视角度出发，对生态环境问题和生态农业进行了大量的研究。本书主要从农业环境变迁的历史和现代生态农业建设的现实两方面来加以阐述。

1. 对生态环境与农业问题的历史考察

现代生态环境的形成离不开漫长的历史变迁，随着人类生态环境日益倍受关注，国内外学者们开始重视人与自然的关系，研究生态环境的变迁过程，探讨生态环境变迁的理论和方法，寻求环境演变与经济发展的互动规律，为当今经济开发和可持续发展提供经验教训。

（1）国外生态环境史研究现状。环境史学初兴于 20 世纪 70 年代初的美国，受到 20 世纪六七十年代美国环境保护运动的影响，史学界一批新人认为，“必须再向下深入，一直深入到地球当中去”。① 开始重新审视人类和自然的关系，重新思考自然在人类历史和生活中的作用及地位。1972 年，美国史学杂志《太平洋历史评论》（*Pacific Historical Review*）推出一期环境史专刊；接着，1975 年，

① Donald Worstered, The Ends of the Earth [M]. Cambridge University Press, 1988.

美国环境史学会（American Society for Environmental History）成立。上述事件标志着美国环境史研究的诞生。

关于环境史的定义的看法不一，比较典型的有四种，分别是唐纳德·沃斯特（Donald Worster）、威廉·克罗农（William Cronon）、卡罗琳·麦茜特（Carolyn Merchant）和阿尔弗雷德·克罗斯比（Alfred W. Crosby J. R.）的定义。学术界普遍认为：环境史是“研究自然在人类生活中的作用和地位”的，① 即强调环境史学者在了解人类的同时，还必须了解自然。学术界比较通用的是美国环境史学会所下的定义：“环境史是关于历史上人类与自然世界相互作用的跨学科研究，它试图理解自然如何给人类活动提供可能和设置限制，人们怎样改变其所栖居的生态系统，以及关于非人类世界的不同文化观念如何深刻地塑造各种信仰、价值观、经济、政治和文化。”

唐纳德·沃斯特（Donald Worster）是美国第一代环境史学家的主要代表之一，其依据深层生态学赋予自然的内在价值，打破传统历史学漠视自然并把它排斥在历史叙述之外的错误倾向，认为环境史的原则目标不是传统历史学所强调的以人为中心的道德和政治诉求，而是深入理解历史上人与自然的关系，即自然环境如何影响人，反过来人又如何影响环境。② 他的著作《尘暴——1930 年代美国南部大平原》（*Dust Bowl: The Southern Plains in the* 1930*s*），从历史的角度，理性地分析了土地特点、民情、宗教和价值观念，以及生产方式、政府的土地政策等，认为是大平原人自己酿就了这场灾难，是他们的无知和贪婪，终于破坏了赖以生存的土地，从而遭到大自然的报复。这是第一个将自然、文化、技术几种不同的、但又是共同构成社会进化和发展的因素结合在一起进行研究的环境史成果，是一部集地质、气象、生态学、经济学、社会学以及农学等多种学科于历史学之中的杰作。③ 正如美国著名环境史专家威廉·克罗农（William Cronon）所说，“所有我们这些从事环境史著述的人都在效法他”。④

唐纳德·沃斯特研究环境史时提出了农业生态史的分析模式。⑤ 有些环境史

---

① William Cronon, “Modes of Prophecy and Production” [J]. The Journal of American History, Vol. 76, 1990, Issue4.

② 唐纳德·沃斯特：《研究环境史》，沃斯特编：《地球末日：现代环境史的视野》，伦敦：剑桥大学出版社 1988 年版，第 290 – 292 页（Donald Worster, “Doing Environ – mentalHistory”, Donald. Worster, ed., The Ends of the Earth: Perspectives on Modern Environmental History, Cam – bridge University Press, 1988）。

③ 侯文蕙：《尘暴及其对环境史研究的贡献》[J]，《史学月刊》2004 年第 5 期。

④ William Cronon, Nature's Metropolis, W. W. Norton & Company, 1991, xxiii。

⑤ 唐纳德·沃斯特：《地球的转型：对历史的农业生态史分析》和《超越文化的审视》，《美国历史杂志》1990 年第 76 卷第 4 期（Donald Worster, “Transformations of the Earth: An Agroecological Perspective on History”, and, “Seeing beyond Culture”, Journal of American History, Vol. 76, No. 4, 1990）。

学家在基本同意的前提下加入了诸如性别等新的因素;[①] 马丁·麦乐西（Martin V. Melosi）、朱尔·塔尔（Joel A. Tarr）、杰弗里·斯泰因（Jeffery Stein）等人表示这种模式没有包含城市或人工环境，从而进一步提出城市环境史模式。[②]

美国正在崛起的第二代环境史学家的主要代表之一斯泰因伯格（Ted Steinberg）于2002年发表了《转向地球》,[③] 被认为是至今最好的一部美国环境通史。他第一次彻底把环境置于美国史研究的中心位置，认为环境变迁的最重要和唯一动力既不是人口增长，也不是技术更新，而是自然被商品化。这本书的观点在一定程度上实践了沃斯特的理论。

20世纪90年代以来，美国环境运动的发展日渐注重解决导致环境退化的社会现实问题，环境史的研究主题和分析模式日渐多元化，世界环境史研究也在逐渐展开。

德国的环境史研究兴起于20世纪70年代末，1987年弗朗兹－约瑟夫·布吕格迈尔（Franz－Joseph Bruggemeier）和托马斯·罗莫斯巴赫（Thomas Romosbach）主编出版《被征服的自然》（慕尼黑：贝克出版社1987年版）。2002年亚克西姆·纳得考（Joachim Radkall）发表了有关世界环境史的德语教材《历史上的人与自然》，它不但研究德国环境史，也评述了整个世界环境史，认为当前世界环境史研究未形成真正的传统和组织框架，只有一些散布于世界各地的学者在研究，当前绝大多数环境史研究都很专业化，注重一国或某个具体问题的研究，缺乏全球眼光。[④]

英国环境史研究主要集中在：森林史、景观史、自然思想史、城市环境史、工业污染史、自然保护史、殖民地或海外环境史、英国和世界环境通史，等等。[⑤] 同时，英国环境史研究的学术组织频有建树，包括研究机构完善、学术会

---

① 莫茜特：《生态革命：新英格兰的自然、性别和科学》（Carolyn Merchant, Ecological Revolutions: Nature, Gender, and Science in New England, The University of North Carolina Press, 1989）；莫茜特：《性别和环境史》,《美国历史杂志》1990年第76卷第4期（Carolyn Merchant, "Gender and Environmental History", Journal of American History, Vol. 76, No. 4, 1990）。

② 罗森、塔尔：《城市维度在环境史中的重要性》,《城市史杂志》1994年第20卷第3期（Christine M. Rosen & Joel A. Tarr, "The Importance of Urban Perspective in Environmental History", Journal of Urban History, Vol. 20, No. 3, 1994）；凯耶斯：《城市环境史应有的位置》,《城市史杂志》2000年第26卷第3期（Jonathan J. Keyes, "A Place of its Own: Urban Environmental History", Journal of Urban History, Vol. 26, No. 3, 2000）；夫拉纳佳：《城市里的环境正义：城市环境史的一个主题》,《环境史》2000年第5卷第2期（Maureen A. Flanagan, "Environmental Justice in the City: A Theme for Urban EnvironmentalHistory", EnvironmentalHistory, Vol. 5, No. 2, 2000）。

③ Ted Steinberg, Down to Earth: Nature's Role in American History [M]. Oxford University Press, 2002.

④ 包茂宏：《德国的环境变迁与环境史研究——访德国环境史学家亚克西姆·纳得考教授》[J],《史学月刊》2004年第10期。

⑤ 包茂宏：《英国的环境史研究》[J],《中国历史地理论丛》2005年第20卷第2期。

议组织活跃、研究生培养项目较多、专业学术刊物较多。

其他国家的环境史研究也有一定进展，但无法与美、英、德三国相当。如法国的环境史研究正处于兴起阶段，法国国内从事环境史研究的学者非常少，并且法国环境史学家的研究成果也很有限，甚至还没有形成一个明确的环境史的学科分支。法国著名环境史学家代表人物之一热纳维耶芙·马萨－吉波（Genevieve Massard Guilbaud）女士擅长19～20世纪法国城市环境史和法国环境史学史，主要著作有《19世纪法国城市的工业污染：1789－1914》，合编《现代恶魔：欧洲城市和工业社会的污染》、《城市和灾难：欧洲历史上对突发事态的处理》等。①

（2）国内生态环境史的研究概况。国外生态环境史研究的理论和方法，改变了国内研究农业史时在人定胜天的观念指导下强调人改造环境、过分地强调人及其技术的作用、而技术又过分地强调土壤耕作技术等做法。近年来，国内生态环境史研究取得了丰富的成果，本书从以下几个方面加以分析。

1）对生态环境史的有关理论研究。关于环境史的概念，包茂宏（2000）认为："环境史是以建立在环境科学和生态学基础上的当代环境主义为指导，利用跨学科的方法，研究历史上人类及其社会与环境之相互作用的关系"，并指出我国的生态环境史研究的三步曲：第一步是借鉴国外先进的生态环境史理论成果与方法为我所用；第二步是加强我国人与环境变迁互动关系的研究；第三步是开拓研究的全球视野，形成中国的环境史学派。② 王子今（2003）认为生态史学既要研究生态条件本身历史，又要研究生态条件对社会历史的影响，涉及地理环境与人类社会的关系。③ 景爱（2004）认为，"环境史就是人类与自然的关系史，通过历史的研究，寻找人类开发和利用自然的得与失，从中总结历史的经验教训，作为今日的借鉴"。④

关于生态环境史的性质，学者们认识各异。梅雪芹（2004）认为是历史学科新分支，但它与以往历史研究和历史编纂模式又有根本区别：它研究人类社会发展历程的角度是人与自然互动，其关键要素包括人类文明、空间地域、生态适应与环境质量等。⑤ 包茂宏（2004）认为并非新分支，它只是扩大了以往历史研究的视野，把整个社会和全部人类活动放到自然及其过程中来考察。⑥ 景爱（2004）和侯文蕙（2004）认为是边缘学科或交叉学科，环境史是一门融生态

① 包茂宏：《热纳维耶芙·马萨－吉波教授谈法国环境史研究》[J]，《中国历史地理论丛》2004年第19卷第2期。

② 包茂宏：《环境史：历史、理论和方法》[J]，《史学理论研究》2000年第4期。

③ 王子今：《中国生态史学的进步及其意义——以秦汉生态史研究为中心的考察》[J]，《历史研究》2003年第1期。

④ 景爱：《环境史：定义、内容与方法》[J]，《史学月刊》2004年第3期。

⑤ 梅雪芹：《马克思主义环境史学论纲》[J]，《史学月刊》2004年第3期。

⑥ 包茂宏：《唐纳德·沃斯特和美国的环境史研究》[J]，《史学理论研究》2004年第4期。

学、地理学、地质学、气象学、人类学、考古学等自然科学与人文科学于历史学的交叉学科。①

中国生态环境史的研究视角呈现多样化格局。行龙（2001）采用跨学科方法和布罗代尔“长时段”理论，从社会史的视野研究中国人口、资源与环境史。②余新忠（2003）从疫病社会史的角度研究历史时期生态环境与社会变迁。③王铮等（1996）④、吴承明（2000）⑤、李根蟠（2000）⑥、鲁西奇（2001）⑦等围绕中国传统人地关系思想进行研究，提出从中国传统的“天人合一”、“三才”（天、地、人）等有机统一自然观汲取营养，以“天人关系”的视角，进行多学科整合以探索历史时期人与自然的关系。

对于环境史研究中的核心观念问题——“人类中心主义观”还是“非人类中心主义观”，我国学术界展开了积极的讨论。大多数研究者认同“人类中心主义观”，认为人类中心主义是可持续发展的环境伦理学的基础。另外一些学者则持“非人类中心主义观”，即“生态中心主义观”。⑧

从上面概述可以看出，我国学术界在生态环境史理论研究诸多方面都存在分歧，但也存在诸如承认环境史的重要意义、强调历史上人与自然环境互动关系是环境史研究的重点、主张跨学科研究等方面的共识。

环境与人类活动有着密切的关系，对人类活动有着巨大的制约作用。近年来，随着环境问题的凸显，与之相关的边缘学科不断涌现，人们在思考当今环境问题的同时，试图通过对历史时期环境状况的研究来探寻环境变迁的规律，进而服务于当今社会。在这种情况下，环境史学在原有研究的基础上有了长足的进步。

本书认为我国生态环境史应该综合性研究贯通历史时期全过程的环境变迁，从人地关系的角度探讨生态环境变迁规律，研究的历史跨度要扩大到现代，研究

① 景爱：《环境史：定义、内容与方法》[J]，《史学月刊》2004年第3期；侯文蕙：《〈尘暴〉及其对环境史研究的贡献》[J]，《史学月刊》2004年第3期。

② 行龙：《开展中国人口、资源、环境史研究》[J]，《山西大学学报》2001年第6期。

③ 余新忠：《疫病社会史研究：现实与史学发展的共同要求》[J]，《史学理论研究》2003年第4期。

④ 王铮等：《历史气候变化对中国社会发展的影响——兼论人地关系》[J]，《地理学报》1996年第4期。

⑤ 吴承明：《究天人之际　通古今之变》[J]，《中国经济史研究》2000年第2期。

⑥ 李根蟠：《“天人合一”与“三才”理论——为什么要讨论中国经济史上的“天人关系”》[J]，《中国经济史研究》2000年第3期。

⑦ 鲁西奇：《人地关系理论与历史地理研究》[J]，《史学理论研究》2001年第2期。

⑧ 覃明兴：《人类中心主义研究综述》[J]，《哲学动态》1997年第6期；杨淑华：《人类中心主义问题研究综述》[J]，《教学与研究》1999年第6期；陈伟华、杨曦：《世界观的转变：从人类中心主义到生态中心主义》[J]，《科学技术与辩证法》2001年第4期。

的内容也要扩大到包括对当前环境变迁动态的评估及对今后环境变迁趋势的预测，综合各学科的理论和技术手段，促进环境史学科理论的更新与发展，为我国实施可持续战略提供理论支撑。

2）农业开发与生态环境变迁关系的研究。中国是传统的农业大国，有关农业开发与环境关系的历史记载汗牛充栋，为环境史学者的研究提供了丰富的史料。历史时期农业开发经营与生态问题的关系是一个非常复杂的命题，研究者融会现代生态学、地理学、地质学、气象学、人类学、考古学等自然科学与人文科学理论与方法，在此领域取得了丰富的成果。本书着重就国内学者对农业开发与生态环境变迁关系的研究作一梳理。

竺可桢（1972）发表论文《中国近五千年来气候变迁的初步研究》，通过引用我国古代典籍与方志记载的大量例证，以及考古的成果、物候观测和仪器记录资料等方法，构建了中国近5000年的气温序列。该文确立的理论体系和研究方法，对以后的生态环境史研究影响深远。①

汪一鸣（1983）考察了2000年以来宁夏平原由原始的草原生态系改造为农业生态系的历史过程，分析宁夏引黄灌区的开发之所以能获得成功的历史经验，以及由于农业开发过程中某些不合理的人类活动导致的次生盐渍化、局部沙化、野生生物资源减少等不良环境后果，指出只注重水利工程措施而忽略整体生物农林措施，仍然不可能有良好的生态环境与生产的稳定发展。② 史念海（1987）考察了两周时期农牧业地区的分界线，揭示其产生与变化的原因在于其自然条件的基础以及从事农耕生涯的族类和从事畜牧生涯的族类之间的冲突和战争等。③ 倪根金（1988）认为由于历史时期气候变迁造成了我国北方湿润区和半湿润区由北向南的退缩，使得我国农业地区不断南退，这也是我国经济重心逐渐南移的重要原因之一。④ 朱士光（1990）考察了新石器时代遗址的分布及目前残存的植被，初步探析了我国历史时期农业生态环境变迁情况。⑤ 梁四宝（1992）分析了明代的“九边”屯田及其所引起的环境问题，认为“明代九边屯田所引起的土地大面积的退化性演替，不但使晋西北、陕甘宁区域的土地资源遭到极大破坏，而且加剧了该区域水蚀、风蚀的过程，对黄土高原这一时期迅速增加的水土流失量有

---

① 竺可桢：《中国近五千年来气候变迁的初步研究》［J］，《考古学报》1972年第1期。

② 汪一鸣：《宁夏平原自然生态系统的改造——历史上人类活动对宁夏平原生态环境的影响初探》［J］，《中国农史》1983年第4期。

③ 史念海：《论两周时期农牧业地区的分界线》［J］，《中国历史地理论丛》1987年第1期。

④ 倪根金：《试论气候变迁对我国古代北方农业经济的影响》［J］，《农业考古》1988年第1期。

⑤ 朱士光：《历史时期农业生态环境变迁初探——以陕蒙晋大三角地区为例》［J］，《地理学与国土研究》1990年第2期。

着不可低估的作用”。[①] 蓝勇（1992）系统研究了历史时期云南、贵州、四川三省经济开发及其引起的森林分布变迁、野生动物衰退灭绝、热带作物南移与气候变化、自然灾害增多等，强调人地关系概念，现实意义很强。[②] 陈家其（1994）分析了自六朝时期以来，太湖农业区的形成历史与地理因素。[③] 赵冈（1994）用统计方法对国内生态环境变迁进行了研究，为定量分析农业生态环境变迁提供了有益的方法。[④] 张国雄（1994）指出明清时期两湖流域的农业开发致使“荆棘丛生、森林茂密的自然景观为田成片、村镇繁荣的人文景观所代替，农业生态环境发生了两个突出的变化，即森林资源减少和水域减退，而山区伴随着开发过程的是水土严重流失”。[⑤] 王广智（1995）指出秦汉、唐宋、清末及新中国成立后的几次大规模屯垦造成了晋陕蒙接壤区环境恶化。[⑥] 王建革（1995）通过考察小农在自然生态系统以及社会系统之间所处的地位及其相互关系的历史过程，对我国传统精耕细作农业技术的生态学背景作了阐述。[⑦] 王守春（1996）研究了历史时期塔里木盆地的环境变迁，认为“环境的变化是过去联结东西方通道——丝绸之路的必经之路衰落的根本原因”。[⑧] 吴敌（1996）认为明清时期长江流域自然环境恶化最直接最重要的原因就是不合理的平面垦殖方式。[⑨] 萧正洪（1998）综合历史地理学、农学、经济学等学科的研究方法研究了清代西部农业技术选择同生态环境变迁之间的互动关系。[⑩] 吴滔（1999）对明清时期农业生态变化与灾荒发生的恶性循环的关系进行了研究，认为必须将农业发展与生态环境之间的关系协调好，只有这样才能使生态环境向良性循环方向发展，才能有效控制农业灾荒。[⑪] 邹逸麟（1998）、葛庆华（1999）、钞晓鸿（2002）、张建民（2002）等人先后研究了明清时期秦巴山区的环境变迁，认为当地生态失衡主要是移民大量涌入与不当开发所致，导致社会经济出现严重萎缩，强调保护生态环境在区域开发

---

① 梁四宝：《明代“九边”屯田引起的水土流失问题》[J]，《山西大学学报》1992 年第 3 期。

② 蓝勇：《历史时期西南经济开发与生态变迁》[M]，昆明：云南教育出版社 1992 年版。

③ 陈家其：《太湖农业区的形成历史与地理因素分析》[J]，《中国农史》1994 年第 1 期。

④ 赵冈：《生态变迁的统计分析》[J]，《中国农史》1994 年第 4 期。

⑤ 张国雄：《明清时期两湖开发与环境变迁初议》[J]，《中国历史地理论丛》1994 年第 5 期。

⑥ 王广智：《晋陕蒙接壤区生态环境变迁初探》[J]，《中国农史》1995 年第 4 期。

⑦ 王建革：《小农与环境——以生态系统的观点透视传统农业生产的历史过程》[J]，《中国农史》1995 年第 3 期。

⑧ 王守春：《历史上塔里木河下游的地区环境变迁和政治经济地位的变化》[J]，《中国历史地理论丛》1996 年第 3 期。

⑨ 吴敌：《清代长江流域的农业开发与环境问题》[J]，《四川师范学院学报》1996 年第 6 期。

⑩ 萧正洪：《环境与技术选择——清代西部地区农业技术地理研究》[M]，北京：中国社会科学出版社 1998 年版。

⑪ 吴滔：《关于明清生态环境变化和农业灾荒发生的初步研究》[J]，《农业考古》1999 年第 3 期。

过程中的重要性。① 李令福（2000）对历史时期关中地区的农业生产与地理环境的互动关系进行了研究，认为区域经济开发过程对自然地理环境具有强烈的反作用。② 谢丽（2001）考察了西汉至唐朝时期古楼兰地区绿洲农业的开发，及其对生态环境的影响，并建立了“绿洲废弃周期”的理论模型。③ 吴璞（2001）考察了明代以来生态环境改变对吴江县农业种植结构的影响，认为“农业时代，农业为其经济核心，经济结构的转变以农业生产结构的转变为前提，农业生产结构的转变又是农业生态环境变迁的结果”。④ 孟晋（2002）对清代陕西地区农业开发与生态环境破坏恶性循环之关系进行了分析。⑤ 姚兆余（2003）对明清时期西北地区农业开发技术与生态环境之间的关系进行了研究，认为不良的农业开发的技术路径对该地区农业生态环境的破坏作用巨大。⑥ 张芳（2003）研究了太湖地区古代圩田的开发速度和规模及对生态环境影响，认为圩田的修建对太湖地区生态环境的改变影响很大。⑦ 封玲（2004）对历史时期我国绿洲农业与生态环境变迁的关系进行了研究，指出人为因素和自然因素的叠加导致了绿洲生态环境的不断恶化。⑧ 王建革（2006）考察了嘉兴、湖州地区圩田历史，分析了精耕细作农业技术与土壤的生态关系。⑨

综上所述，学者们普遍认为历史时期适当的农业开发使生态环境良性发展，过度垦殖、开发则造成生态环境恶化，带来生态灾难。

（3）江西省及鄱阳湖区生态环境变迁研究。江西省号称赣鄱大地，以赣江、抚河、修河、信江、饶河等五大河流与鄱阳湖及其水陆环境构成的鄱阳湖流域涉及94%的江西省国土面积，流域与省域有着高度一致性。处于传统农业经济背景下的生态环境，以水土保持状况为最大要素，而水土流失必然与山河走向保持一致，因此，考察鄱阳湖流域生态环境变迁，与整个江西省生态环境变迁有极大

① 邹逸麟：《明清流民与川陕豫交界地区的环境问题》［J］，复旦大学学报，1998年第4期；钞晓鸿：《清至民国时期陕西南部的环境保护》［J］，《中国农史》2002年第2期；张建民：《明清秦巴山区生态环境变迁论略》［A］，《中国经济史上的天人关系》，北京：中国农业出版社2002年版；葛庆华：《试论清初中期川陕交界地区的开发与环境问题》［J］，《西北史地》1999年第1期。

② 李令福：《历史时期关中农业发展与地理环境之相互关系初探》［J］，《中国历史地理论丛》2000年第1期。

③ 谢丽：《绿洲农业开发与楼兰古国生态环境的变迁》［J］，《中国农史》2001年第1期。

④ 吴璞：《明代以来江南农业的生态适应性——以吴江县为例》［J］，《中国农史》2001年第2期。

⑤ 孟晋：《清代陕西的农业开发与生态环境的破坏》［J］，《史学月刊》2002年第1期。

⑥ 姚兆余：《明清时期西北地区农业开发的技术路线与生态效应》［J］，《中国农史》2003年第4期。

⑦ 张芳：《太湖地区古代圩田的发展及对生态环境的影响》［A］，中国生物学史暨农史学术讨论会交流论文［C］，广州，2003年版。

⑧ 封玲：《历史时期中国绿洲的农业开发与生态环境变迁》［J］，《中国农史》2004年第3期。

⑨ 王建革：《技术与圩田土壤环境史：以嘉湖平原为中心》［J］，《中国农史》2006年第1期。

的一致性。本书就近年来有关江西省及鄱阳湖流域生态环境变迁研究现状介绍如下。

谭其骧、张修桂（1982）从历史文献、考古遗址、卫星相片和新构造运动情况等角度综合分析了鄱阳湖的历史变迁和今后发展趋势，对于研究鄱阳湖生态环境变迁史的研究方法有较大的启示。① 《鄱阳湖研究》编委会（1985）搜集了鄱阳湖区域府、县方志和省志及其他书刊中有关鄱阳湖地区自然环境和经济社会史料，对于研究该地区农业环境变迁，具有极好的史料参考价值。② 《鄱阳湖研究》编委会（1988）编纂的《鄱阳湖研究》描述了鄱阳湖区域各个历史时期的经济开发状况，对新中国成立之后鄱阳湖区域经济开发影响生态环境的状况进行了分析，是一部难得的参考著作。③ 魏嵩山、肖华忠等（1995）从鄱阳湖的自然变迁和政区建置、农业开发、矿产开发、城市变迁等社会经济变迁的多个角度，比较全面地介绍了鄱阳湖区域发展历史，内容也涉及一些鄱阳湖区域生态环境与农业开发的互动关系，可资借鉴。④ 陈荣华、余伯流、邹耕生、施由民等（2004）以江西省经济史的形式描述了鄱阳湖地区经济开发与生态环境变化的情况，有较高的参考价值。⑤ 许怀林（2003）著的《鄱阳湖流域生态环境的历史考察》一书分五章论述了鄱阳湖流域历史上经济活动和生态环境相互影响的过程和特征，其中以个案研究为主，而这些个案又以近现代的生态环境变化为主，并且实事求是地叙述了当代经济急速发展中生态环境破坏的严重情况，并对一些治理水土流失，发展生态经济中好的实践经验进行了认真总结，对如何防范和治理区域环境破坏也提出了不少具体的对策性建议。⑥

人口变化所造成的人地关系变化，是生态环境变迁的重要因子。许怀林（1984）分析了从公元 2 年至 1950 年的江西省人口变化的原因，指出人地关系的变化也是原因之一。⑦ 马巨贤等（1989）在系统论述历史时期江西省人口变化、迁徙时，分析了其对生态环境的影响。⑧ 曹树基（1985，1986）、⑨ 谢宏维

① 谭其骧、张修桂：《鄱阳湖演变的历史过程》[J]，《复旦学报》（社会科学版）1982 年第 2 期。

② 《鄱阳湖研究》编委会：《鄱阳湖区自然和社会经济历史资料选》[M]，南昌：江西科学技术出版社 1985 年版。

③ 《鄱阳湖研究》编委会：《鄱阳湖研究》[M]，上海：上海科学技术出版社 1988 年版。

④ 魏嵩山、肖华忠等：《鄱阳湖流域开发探源》[M]，南昌：江西教育出版社 1995 年版。

⑤ 陈荣华、余伯流、邹耕生、施由民等：《江西经济史》[M]，南昌：江西人民出版社 2004 年版。

⑥ 许怀林等：《鄱阳湖流域生态环境的历史考察》[M]，南昌：江西科学技术出版社 2003 年版。

⑦ 许怀林：《江西历史人口状况初探》[J]，《江西社会科学》1984 年第 2 期。

⑧ 马巨贤等：《中国人口·江西分册》[M]，北京：中国财政经济出版社 1989 年版。

⑨ 曹树基：《明清时期的流民和赣南山区的开发》[J]，《中国农史》1985 年第 4 期；《明清时期的流民和赣北山区的开发》[J]，《中国农史》1986 年第 2 期。

(2004)[①] 等对清代江西省地区“棚民”进行了研究，认为他们对江西省山区经济的发展做出贡献的同时也造成了一系列的生态问题。施民（1992）分析了明清赣南客家人对赣南山区生态环境的改造，以及对经济作物、杂粮及商品经济发展的贡献。[②] 昌庆钟、刘义程（1998）分析了人地关系趋于紧张是明代江西人口外移的原因之一。[③] 温锐、游海华（2001）在《劳动力的流动与农村社会变迁——20 世纪赣闽粤三边地区实证研究》论述了明清赣粤闽边区人口变迁造成土地资源、生态压力对劳动力流动的影响。[④] 李晓方（2007）从环境史学角度对此问题进行了研究，认为：明清时期闽粤客家的倒迁入赣造成赣南地区人地矛盾紧张，以及移民新的生产方式，造成了当地生态环境恶化，人们的生态意识也随之发生了剧烈的变迁。[⑤]

气候变迁引起的降水变化是导致河流、湖泊径流量变化的重要因素，也是直接影响鄱阳湖生态环境变迁的原因。吴艳宏（1999）对 4500 年以来鄱阳湖古气候的变迁过程，为其生态环境变迁提供了重要的依据。[⑥]

生物资源中以森林资源与生态环境的关系最为重要，许多学者注重对江西省森林变迁的研究。林英、廖祯（1982）研究了现代江西省森林的来源及其历史变迁，通过追溯往古的地史时期和人类有史时期的客观事实，进一步明确江西省森林历史变迁和森林消长的规律。[⑦] 江西省森林编委会（1984）论述了江西省森林的概况、历史变迁、分布及其资源的保护、利用、发展等。[⑧] 陈柏泉（1985）以考古资料和文献史料，介绍江西省历代森林植被变化状况，展现了江西省地区森林的历史变迁。[⑨]

综上所述，这些研究成果对本书的研究具有较大的参考价值。

2. 对生态农业现实问题的研究

（1）国外生态农业发展动态。

1）国外生态农业发展概况。面对“石油农业”所带来的资源与环境问题，

① 谢宏维：《清代棚民及其对社会经济的影响》[J]，《历史教学》2004 年第 3 期。

② 施民：《明清时期赣南客家与山区经济的发展》[J]，《赣南师范学院学报》1992 年第 4 期。

③ 昌庆钟、刘义程：《明代江西人口外移原因探析》[J]，《江西社会科学》1998 年第 1 期。

④ 温锐、游海华：《劳动力的流动与农村社会变迁——20 世纪赣闽粤三边地区实证研究》[M]，北京：中国社会科学出版社 2001 年版。

⑤ 李晓方：《明清时期闽粤客家的倒迁与赣南生态环境的变迁述论》[J]，《赣南师范学院学报》2007 年第 5 期。

⑥ 吴艳宏：《鄱阳湖地区 4500 年来环境变迁》[J]，《湖泊科学》1999 年第 1 期。

⑦ 林英、廖祯：《江西森林的历史变迁》[J]，《南昌大学学报》1982 年第 1 期。

⑧ 江西森林编委会：《江西森林》[M]，北京：中国林业出版社、南昌：江西科学技术出版社 1984 年版。

⑨ 陈柏泉：《江西地区历史时期的森林》[J]，《农业考古》1985 年第 2 期。

西方国家试图寻求一种新的可持续发展模式替代常规农业（Conventional Agriculture）之路，于是就出现了生态农业思潮。国际上生态农业主要以有机农业的概念出现，且流派纷呈，名称各异，包括有机农业（Organic Agriculture）、生态农业（Ecological Agriculture）、生物农业（Biological Agriculture）、生物动力农业（Biodynamic Agriculture）、自然农业（Natural Farming）等。在欧盟有机农业法规中，有机农业、生物农业、生物动力农业和生态农业都被视为有机农业。一些学者认为，无论是欧洲的超石油农业、低投入农业、生态农业、生物农业、生物动力农业等，美国的生态农业、有机农业，抑或日本的生态农业、自然农业等，在理论和实践上都没有本质差异，均可统称为生态农业。① 它们的共同特征是：以生物措施保持地力；尽力降低外部投入；不施化肥和人造植物保护剂；企业物质循环在较大程度上被封闭；运用自然调控机制；对自然资源加强保护；面积约束的动物饲养；保障动物的福利；与当地环境保持适宜性；经营组织多样化；生产高价值的食品等。②

从世界范围看，生态农业或有机农业的研究与实践已有百年历史，可以划分为 4 个阶段。

第一阶段：启蒙阶段（1909～1970）。国外最早的生态农业流派是有机农业（Organic Agriculture），1911 年美国发行的《四千年的农民》一书，介绍了中国传统农业中通过堆积人畜粪便、农场废弃物沤制肥料等还田培肥地力的技术，是有机农业思想的萌芽。③ 1924 年德国鲁道夫·施泰纳（Rudolf Steiner）设置“农业发展的社会科学基础”的课程，其理论核心——人类作为构成宇宙平衡成分之一，欲要生存必须保持与环境的协调；企业作为环境中的个体和有机体，应饲养反刍动物，使用生物动力制剂，重视宇宙周期等。④ 德国的普法伊费尔（H. Pfeiffer）把这些原理应用在农业上，于是产生了生物动力农业（biodynamic agriculture）。⑤ 20 世纪 30 年代，瑞士的汉斯·米勒（Hans Mueller）积极推进旨

① Food and Agriculture Organisation of the United Nations（FAO）/World Health Organisation（WHO）. Guidelines for the production, processing, labeling and marketing of organically produced foods（GL32 - 1999/2001）. Codex Alimentarius, 2001：5 - 11. ftp：//ftp. fao. org/codex/standard/organic/gl99_ 32e. pdf.

② IFOAM（International Federation of Organic Agriculture Movements）and Food and Agriculture Organisation of the United Nations（FAO）. Conference conclusions, IFOAM Conference on organic guarantee systems - international harmonization and equivalence on organic agriculture, 17 - 19 February, 2002, Nuremberg, Germany, 11 - 18.

③ 马世铭等：《世界有机农业发展的历史回顾与发展动态》［J］，《中国农业科学》2004 年第 37 卷第 10 期。

④ Herrmann G., Plakolm G. Oekologischer Landbau, Grundwissen fuer die Praxis. Wien, Verlagsunion Agrar, 1991.

⑤ Kahnt G. Biologischer Pflanzenbau：Moeglichkeiten und Grenzen biologischer Anbausysteme Stuttgart：Ulmer, 1986.

在保证小农户少依赖外部投入而在经济上能独立进行生产、施用厩肥以保持土壤肥力的所谓有机生物农业（Organic - biological agriculture）。他的理论被玛丽亚·米勒（Maria Mueller）首先应用到果园生产系统。① 汉斯·拉什（Hans Peter Rush）强调农家肥对培肥地力的作用，发展了采用土壤生物保持土壤肥力、促进有机物质循环的理论。② 汉斯·米勒和汉斯·拉什为有机生物农业奠定了两块基石，促进了德语国家和地区的有机生物农业发展。③

1935 年，现代有机农业（organic farming）的奠基人——英国植物学家霍华德（Sir Albert Howard）发行的《农业圣典》，揭示了土壤健康与植物、动物健康的密切关系，打下了堆肥技术的科学基础。④ 受其影响，20 世纪 40 年代美国的罗代尔（J. I. Rodale）对有机园艺进行了研究和实践，是美国有机农业的创始人。英国的伊夫·鲍尔费（Lady Eve Balfour）首创常规农业与自然农业对比的长期试验，从而促成英国土壤协会于 1946 年成立。该协会奉行霍华德的理论，提倡将有机质入田，以保持土壤肥力、保持生物之间的平衡。⑤

20 世纪五六十年代，法国有机农业（lemaire - boucher）取得长足进步，倡导“自然和进步协会”成立，对消费者在食物与健康关系重大的意识觉醒，发挥了积极作用。⑥

1935 年日本的冈田茂吉（Mokichi Okada）开创自然农业（natural agriculture）模式，提出在农业生产中必须尊重自然环境、重视土壤、协调人与自然关系的思想。主张对土壤增施有机质，不施化肥和农药以获得产量。⑦ 在环境和健康问题日趋深化的 20 世纪 60 年代，日本的自然农业迅速发展，自然农业技术纲要成为日本有机产品标准的重要内容。⑧

第二阶段：发展阶段（1971 ~ 1990）。20 世纪 60 ~ 70 年代，“石油农业”发展迅猛，大量消耗自然资源，尤其是不可再生资源，并且因大量应用现代技术对自然资源进行不合理开发，从而导致环境和生态的破坏，甚至产生了不可逆转的影响。在此背景下，作为有效保护人类与自然的方法的生态农业备受关注。在此

---

① Niggli U., Lockeretz W. Development of research in organic agriculture. In: Stergaard T. Proceedings of the 11th IFOAM International Scientific Conference on Fundamentals of Organic Agriculture, 1996: 1.

② Gliessman S. R. Agroecology: Researching the ecological basis for sustainable agriculture, 1990.

③ Rigby D., Young T., Burton M. The development and prospects for organic farming in the UK. Food Policy, 2001, 26.

④ 杜相革、王慧敏：《有机农业概论》[M]，北京：中国农业大学出版社 2001 年版。

⑤ Soil Association. The Organic Food and Farming Report 2000, Soil Association Publications, 2001.

⑥ Organic agriculture worldwide 2001: statistics and future prospects, Stiftung Oekologie&Landbau (SOEL), February 2002.

⑦ 沈德中、谢经荣、张青文：《日本的自然农法》[J]，《世界农业》1995 年第 7 期。

⑧ 于洪飞、戴俊英：《现代农业思潮的类型（上）》[J]，《世界农业》1995 年第 3 期。

阶段，对有机农业、有机生物农业、生物动力农业、生态农业、自然农业等理论研究和实践在世界范围内扩展。

美国土壤学家威廉姆·奥尔布雷克特（William Albrecht）于1971年在有机农业的生产系统中纳入生态学基本原理，正式提出了生态农业（ecological agriculture）的概念。他通过对农业土壤与肥料、农药等外界投入物之间的相互作用的研究，提出土壤腐殖质是保证土壤质量良好的重要条件，是作物健康生长的保证；施用少量化肥，会促进作物快速生长，又不会造成环境的污染；但化学农药必须禁止，因农药在杀灭病虫害的同时，对其他环境生物同样也会产生威胁。此理论提出后很快得到了普遍重视。① 英国农学家沃什顿（M. K. Worthington）于1981年首次对生态农业给出了定义：生态农业是生态上自我维持，低投入的经济上有生命力的，目标在于不产生大的和长远的环境方面或伦理方面和审美方面不可接受的变化的小型农业系统。② 这个定义基于生态学原理，而排斥化学技术，反映了西方发达国家在农业持续发展研究初期过分强调遏制化学物质投入的矫枉过正的做法。

20世纪70年代，英国“土壤协会”在世界上首创有机产品的标识、认证和质量控制体系。③

1972年，世界上最大的有机农业民间机构——国际有机农业运动联盟（International Federation of Organic Agriculture Movements，IFOAM）成立，世界有机农业开始进入新的发展时期。④ 20世纪70~80年代，法国国家农业生物技术联合会（Federation Nationaled Agriculture Biologiques，FNAB）、瑞士的有机农业研究所（Forschungs Institutfuer Biologischen Landbau，FIBL）等世界上一些主要的有机农业协会和研究机构纷纷成立。⑤ 在规范有机农业生产和市场方面，以及促进有机农业研究和推广应用方面，这些组织和机构起到了积极的作用。

在有机农业标准制定后，政府对有机农业的立法工作也在逐渐跟进。1974

---

① Coleman D. C. Agr - ecosystems and sustainable agriculture [J]. Ecology, 1989, 70 (6).

② Mchinion J. M. et al. Application of the Gossym/comax System to Cotea Crop Mangnagement [J]. Agricultural Systems, 1989: 31.

③ Yussefi M., Willer H. The World of Organic Agriculture—Statistics and Future Prospects, 2003. International Federation of Organic Agriculture Movements (IFOAM), 2003. http://www.soel.de/inhalte/publikation/s/s_ 74.pdf.

④ Niggli U., Lockeretz W. Development of research in organic agriculture. In: Stergaard T. Proceedings of the 11th IFOAM International Scientific Conference on Fundamentals of Organic Agriculture, 1996 (1).

⑤ Food and Agriculture Organisation of the United Nations (FAO). Organic agriculture, environment and food security. Environment and Natural Resources, 2002.

年和 1979 年美国俄勒冈州和加利福尼亚州先后实施了有机农业法规。① 1980 年美国农业部在有机农场的大规模调查报告中分析了美国有机农业的现状、问题、发展潜力和研究方向，定义了有机农业，提出了有机农业生产标准和行动建议，促进了美国有机农业立法和有机农业的发展。② 1985 年法国也开始实施有机农业法规。③

第三阶段：增长阶段（1991～2000）。20 世纪 90 年代后，世界生态农业发展成为一种全球性的运动。很多国家拥有有机食品生产加工企业、贸易团体以及研究、培训、认证机构。在上述机构和组织的推动下，有机农业生产运动正在日益扩大，并得到一些国家政府的认可和支持，世界上大约有 60 个国家或地区政府、机构颁布有机农业法规或标准。1990 年世界上最大的有机产品贸易组织——生物行业商品交易会（Bio Fach Fair）在德国成立。④ 同年，美国实施《有机食品生产条例》。⑤1991 年，欧盟有机农业法案（—2092/91）审批通过，于 1993 年升格为欧盟法律，在欧盟 15 个国家统一实施。⑥ 加拿大、澳大利亚、日本等主要有机产品生产国，先后颁布和实施了有机农业法规。⑦ 国际有机农业运动联盟（IFOAM）与联合国粮农组织（FAO）于 1999 年共同制定了《有机农业产品生产、加工、标识和销售准则》，促进了有机农业的国际标准化生产。⑧

上述有机农业的立法活动规范了生产，增强了公众对生态、环境和健康之间关系的意识，扩大了对有机产品的需求规模，促进了有机农业在研究、生产和贸易等方面的发展。从区域上看，欧洲、北美、日本、澳大利亚起步早、发展快；

①⑤ Greene C. R. U. S. Organic farming emerges in the 90s：Adoption of certified systems. Agriculture Information Bulletin，2001.

② United States Department of Agriculture（USDA）. Report and Recommendations on Organic Farming. U. S. Department of Agriculture，US Government Priting Office，Washington，D. C.，1980.

③ Graf S.，Willer H. Organic Agriculture in Europe – Current Status and Future Prospects of Organic Farming in Twenty – five European Countries. Stiftung kologie & Landbau（SOEL），2001.

④ International Trade Centre（ITC）. Organic food and beverages：World supply and major European markets. International Federation of Organic Agriculture Movements（IFOAM），1999.

⑥ IFOAM（International Federation of Organic Agriculture Movements）and Food and Agriculture Organisation of the United Nations（FAO）Conference conclusions，IFOAM Conference on organic guarantee systems – international harmonization and equivalence on organic agriculture，17 – 19 February，2002，Nuremberg，Germany，11 – 18.

⑦ Niggli U.，Lockeretz W. Development of research in organic agriculture. In：Stergaard T. Proceedings of the 11th IFOAM International Scientific Conference on Fundamentals of Organic Agriculture，1996（1）.

⑧ Food and Agriculture Organisation of the United Nations（FAO）/ World Health Organisation（WHO）. Guidelines for the production，processing，labeling and marketing of organically produced foods（GL 32 – 1999/2001）. Codex Alimentarius，2001：5 – 11，http：//ftp. fao. org/ codex/standard/organic/gl99_ 32e. pdf.

东南亚地区虽然起步较晚，但近几年发展迅速。

第四阶段：全面平稳发展阶段（2001 年至今）。进入 21 世纪后，发达国家的生态农业仍在继续明显发展，但已渐趋平稳态势，而对有机产品的需求有增无减，并开始转向进口发展中国家的有机产品。同时，一些较快发展的发展中国家，对有机产品的需求日益扩大，发展中国家国内有机产品市场，特别是有机食品市场也开始起步和发展。因此，促进了中国等一些发展中国家的有机农业和有机产品事业的快速发展。从 2005 年中国的 IFOAM 会员数名列全球第三，仅次于德国、意大利，这一现象反映了以中国为代表的发展中国家有机事业快速发展的趋势。

虽然部分发展中国家的国内有机产品市场的兴起和发展，标志着全球有机事业的全面展开，有着其深远的历史意义，但相对于发达国家的市场份额，发展中国家的国内市场占全球有机产品市场的份额相当低，对世界有机产品市场影响不大。因此说，世界有机事业刚刚进入一个全面展开，又相对平稳发展的阶段，且将持续较长时间。这是因为在有机产品认证、市场准入等方面发达国家与发展中国家尚需一个适应和协调的过程，而发展中国家在开拓有机农业和有机产品市场中也需要有一个逐渐规范及与国际进一步接轨的过程。

2）国外生态农业研究的主要领域。第一，生态农业替代常规农业的必要性研究。各国学者针对全球或区域生态环境不断恶化的趋势，研究生态农业替代常规农业是今后农业发展的战略选择。1992 年，美国农业学者理查德·K. 奥尔森（Richard K. Olson）在其主编的《综合可持续农业——生态学与环境政策》一书中，研究和探讨了农业生产中的可持续性、土壤养分可持续利用特征、降低农业对环境的影响等问题。① 1994 年，美国农业学者威廉姆·R. 爱德华兹（William R. Edwards）与格里高利·麦基萨克（Gergory McIsaac）在他们的著作《美国中西部可持续农业——教训和展望》中，全面探讨了农业可持续性问题，认为农业活动伤害了野生生物，必须以保持自然生态系统的健康作为农业可持续的标准等。② 1995 年，荷兰农学家约翰·范德摩尔（John Vandermeer）发表《持续农业的生物学基础》，阐明了替代农业的理论基础。③ 2001 年，英国农业学者里格比（D. Rigby）和阿根廷农业学者卡萨雷斯（D. Cáceres）共同署名发表论文，论述

① Richard K. Olson: Integrating sustainable agriculture, ecology, and environmental policy [M]. New York: Food Products Press, 1992.

② William R. Edwards & Gergory McIsaac: Sustainable agriculture in the American Midwest: lessons from the past, prospects for the future, 1994.

③ John Vandermeer: The Ecological Basis of Alternative Agriculture, Annual Review of Ecology and Systenmatic, 1995, 26.

了有机农业的发展潜力。[①] 2002 年，美国学者杰弗里·A. 麦克尼利（Jeffrey A. McNeely）和莎拉·J. 谢尔（Sara J. Scherr）在其著作《生态农业——养育世人和保护野生生物多样性的战略选择》中，综合概括了生物多样性与全球农业的相互关系，提出了一个新的生物多样性保护方案，同时又能保证生物多样性热点地区的农民生存与发展。[②]

第二，各种生态农业模式与常规农业的比较试验研究。各国农业科学家对各种生态农业模式与常规农业所产生的环境效应、生产力和产品质量等进行比较试验研究，为生态农业的选择和发展提供试验依据。1988 年，阿登 - 克拉克（C. Arden - Clarke）比较了常规农业与生态农业的不同环境效应，其研究成果形成著作《常规、有机与生物种植系统的环境效应》（*The Environmental Effects of Conventional and Organic/Biological Farming Systems*），论述了包括土壤生态、土壤肥力、土壤养分循环、土壤侵蚀与作物系统的病虫害控制方式、种植系统等对野生生物及其生态环境的影响等。[③] 1999 年，迪奥普（A. M. Diop）分析了塞内加尔的传统农业耕作方式，借鉴其有益经验，勾画了新农法的框架图。[④] 2001 年，肯尼亚农学家罗伯·J. 德尔夫（Rober J. Delve）、凯瑟琳·N. 加琛戈（Catherine N. Gachengo）和谢丽尔·A. 帕姆等（Cheryl A. Palm）通过深入分析热带农业生态系统的有机物投入，认识到有机肥对保持土壤肥力和农业生态系统平衡的重要性。[⑤] 2002 年，韦斯·杰克逊（Wes Jackson）通过对比试验，得出的研究结果指出，自然农业系统作为一种替代农业形式，对保持生态平衡效果显著。[⑥] 经过对挪威 6 种不同种植制度进行长达 8 年的对比试验，拉格纳·爱尔顿（Ragnar Eltun）、奥顿·科萨斯（Audun Korsaeth）和欧拉夫·诺德海姆（Olav Nordheim）等人于 2002 年分析、总结了这些不同种植制度所带来的环境效应、土壤肥力、

① D. Rigby & D. Cáceres. Organic farming and the sustainability of agricultural sysems [J]. Agricultural Systems, 2001, 68 (1).

② Jeffrey A. McNeely & Sara J. Scherr. Ecoagriculture: strategies to feed the world and save wild biodiversity [M]. Island Press, 2003.

③ C. Arden - Clarke. The Environmental Effects of Conventional and organic/biological farming systems, Oxford (34 Cowley Rd, Oxford Ox41HZ) Political Ecology Research Group, 1988.

④ A. M. Diop. Sustainable Agriculture: New Paradigms and Old Practices? Increased Producion with Mangagement of Organic Inputs in Senegal [J]. Environment, Development and Sustainability, 1999 (3/4).

⑤ Cheryl A. Palm, et al.. Organic inputs for soil fertility management in tropical agroecosystems: application of an organic resource database [J]. Agriculture, Ecosystems & Environment, 2001, 83.

⑥ Wes Jackson. Natural systems agriculture: a truly radical alternative [J]. Agriculture, Ecosystems & Environment, 2002, 88 (2).

产量和经济效益等方面的差异。① 通过对过去40余年在丹麦7种不同湿润沙质土壤所进行的有机农业与常规农业效应的比较研究，丹麦农学家佩尔·舒宁（Per Schjonning）和苏珊娜·艾姆霍特（Susanne Elmholt）等人于2002年在总结报告中指出，有机农业种植方式能够显著增强土壤微生物的活性，不同的耕作与作物轮作方式会引起土壤中有机碳的明显变化。② 通过比较分析有机农业、低投入农业与常规农业等种植方式中作物产量、土壤氮流失、杂草发生等情况，美国农学家鲍德尔（D. D. Poudel）、雷尔瓦（W. R. Horwath）和拉尼尼（W. T. Lanini）等人于2002年得出研究结果显示，有机农业与低投入农业条件下土壤的总矿化氮显著高于常规农业方式，对提高农业的可持续性和环境质量效果明显。③ 美国农学家布洛克（L. R. Bulluck）、布洛休斯（M. Brosius）等也在2002年的研究报告中指出，在结合有机肥与化肥并按适当比例施用的情况下，土壤理化性质和微生物活性均未受到显著影响。④ 据Science daily网站2006年3月7日报道，相对于传统农业，有机农业长期以来一直被认为是一种可以同环境协调发展的不错选择。美国斯坦福大学的研究生莎萨－克雷默（Sasa－Kramer）和她的同事们发表在3月6日《美国国家科学院学报》网络版中的最新研究有力地支持了以上观点。他们发现，相比有机肥料或紫花苜蓿粉来说，用人造化肥对苹果树施肥会对环境产生更多的副作用。这一研究表明使用有机肥料来取代化肥可以减少对环境产生的不利影响。⑤

第三，生物多样性与农业生态系统保育方面的研究。如何保持农业生态系统健康和生物多样性，已经成为世界农业与环境关系研究的热点领域，研究成果非常丰富。1988年，费歇尔（S. W. Fisher）和布里格斯（J. D. Briggs）对引进的微生物株系可能导致土壤一系列的环境与生物学问题进行了研究。⑥ 美国农业部和农业研究中心于1993年启动了一项研究农业生态可持续性的项目计划，对农业

---

① Ragnar Eltun, et al.. A comparison of environmental, soil fertility, yield, and economical effects in six corpping systems based on an 8－year experiment in Norway ［J］. Agriculture Ecosystems & Enviornment, 2002, 90（2）.

② Per Schjonning, et al.. Soil quality aspects of humid sandy loams as influenced by organic and conventional long－term management ［J］. Agriculture Ecosystems & Enviornment, 2002, 88（3）.

③ D. D. Poudel, et al.. Comparison of soil N availablility and Leaching potential, crop yields and chemical properties on organic and coventional farms ［J］. Applied soil Ecology, 2002, 19（2）.

④ L. R. Bulluck, M. Brosius, Evanylo G. K. Organic and Synthetic fertility amendments influence soil microbial, physical and chemical properties on organic and conventional farms ［J］. Applied soil Ecology, 2002, 19（2）.

⑤ http://www.sciencedaily.com/releases/2006/03/060306214303.htm.

⑥ S. W. Fisher & J. D. Briggs. Environmental and ecological problems in the introduction of alien microorganisms in the soil ［J］. Agriculture Ecosystems & Enviornment, 1988（24）.

生态系统长期定位监测，监测内容包括空气、水和土壤的质量，系统的生产力和生物多样性等方面。1995 年，英国学者帕克（J. Park）与卡津斯（S. H. Cousins）研究得出农林业活动对土壤生物健康影响极大的结论，提出了对土质进行试验及其模型和空间分析方法等。[①] 1997 年，罗津·约瑟夫（Lozon Joseph）和麦基萨克·休（MacIsaac Hugh）等人对生态系统的外来生物侵入问题作了研究。[②] 1999 年，万达·W. 柯林斯（Wanda W. Collins）等几十位农业学者在《农业生态系统中的生物多样性》（*Biodiversity in Agroecosystems*）一书中，从农业生态系统中的土壤管理、畜禽养殖、有益生物的多样性、农林复合系统、野生生物的作用等方面，对农业生态系统的生物多样性特征作了较全面的研究。[③] 2000 年，施拉普·洛·安（Thrupp Lori Ann）揭示了农业生态系统的生物多样性对食品安全的关系重大。[④]美国研究者约翰·W. 多伦（Jhon W. Doran）等，于 2000 ~ 2002 年通过土地健康与全球发展问题的研究，对土壤健康定义如下：土壤健康是指在天然或人为干预的系统范围内，土壤所拥有的能使动植物持续、健康生产，并维持和改善水、气质量的能力。[⑤] 并认为保持土壤健康对土地资源可持续性相当重要，可作为可持续发展的重要指标。[⑥] 世界保护协会（World Conservation Corporation）和收获未来（Future Harvest）等两个著名的民间环境与农业组织，于 2001 年 5 月共同发布了一份研究报告，指出应该保证 1/2 的土地用于保护生物多样性，但这些地域却已经进行了农业开发，而且某些地域既难以满足人们的口粮，生物多样性也面临威胁。[⑦] 联合国粮农组织（FAO）于 2002 年的“食物与农业基因资源”研讨会上，讨论了农业的生物多样性问题，并正式启动了全球生物多样性计划，以期通过生态系统渠道培训、教育农民。2002 年，法国研究者迪迪埃·勒·科奥尔（Didier Le Coeur）等研究了农业景观区域边界的生物多样性，

---

① J. Park & S. H. Cousins. Soil biological health and agro – ecological change. Agriculture [J]. Ecosystems & Environment, 1995 (56).

② Lozon Joseph & MacIsaac Hugh. Biological invasions: are they dependent on disturbance? [J] Environmental Reviews, 1997 (2): 131 – 144.

③ Wanda W. Collins et al. Biodiversity in agroecosysems [M]. English. Boca Raton: CRC Press, 1999.

④ Thrupp Lori Ann. Linking agricultural biodiversity and food security: the valuable role of agrobiodiversity for sustainable agriculture [J]. International Affairs, 2000, 76 (2).

⑤ Jhon W. Doran et al. Soil health and sustainability: managing the biotic component of soil quality [J]. Applied Soil Ecology, 2000, 15 (1).

⑥ Jhon W. Doran. Soil health and global sustainability: translating science into practice [J]. Agriculture Ecosystems & Enviornment, 2002, 88 (2).

⑦ Eco – agriculture: Promoting science, practice and policy for land use systems that jointly increase food production, reduce rural poverty, and conserver bildiversity and ecosystem services. http://www. eco – agriculture. org. updated january 5, 2004.

认为该边界的生物种类、宽度、厚度等对该边界的生物多样性影响很大。① 英国学者马歇尔（E. J. P. Marshall）通过对欧洲田隙生态学的研究，认为在农田水道、地埂等空闲地活动的各种昆虫、杂草、小动物和病菌等，是一个比较完整的生态系统。② 2006 年，蒂尔曼（Tilman D.）、赖克（Reich P. B.）和科诺普斯（Knops J. M.）等人通过研究，指出生物多样性水平越高，农业生态系统越稳定，生产力越大。③

第四，从经济学角度对农业生态系统中生物多样性的研究。农业生态系统是由人与自然组成的复合系统，适用于生态学和经济学的一般规律。生态系统的多样性种群叠加起来的互补效应，可以在难以预测的、多变的环境扰动（如旱、涝等）和市场波动情况下，使农业生物群落保持动态稳定，从长期来看表现出农业自然生产力的稳定性。1998 年，美国多克（Doak D. F.）和比格（D. Bigger）以及哈丁（E. K. Harding）等学者运用投资组合（Portfolio）理论，运用均值方差模型对生物多样性进行统计分析，得到了多样性群落具有统计均衡效应，从而解释了生物多样性的稳定性，即具有所谓的“保险效应”（Insurance Effect）。④ 1999 年，美国谷内（Yachi S.）和罗雷沃（M. Loreau）等对生物多样性建立生态学模型，佐证了生物多样性能产生所谓的“保险效应”，即增加生物多样性既可以减小作物生产力波动，又可增强作物生产力的总体水平（也就是说作物能保持长期产量稳定就是高产）。⑤ 这是因为系统所处环境发生剧烈变化时，物种在时间生态位互补能提高系统的抗逆性，不同物种之间生态功能差异上的互补可以使“风险分摊”（Spreading of Risk），所以，生物物种丰富的系统更能适应外界条件变化，即生物多样性增加了所谓“投资组合”，从而保持生态系统的稳定。

第五，对生态农业模式和技术的研究。国外的生态农业建设规模较小，一般以家庭规模为主，一家一户就是一个生态农场，类型及模式则随生态农场情况不同而各有特色，可以大致分为欧美国家的生态农场模式，其他国家和地区的生态农业建设模式。欧美各国的生态农场，除以家庭规模为特色外，另一特色就是一般均注重畜牧业的发展，注重用地养地结合。比较典型的生态农业模式有：美国

---

① Didier Le Coeur et al. Why and how we should study field boundary biodiversity in an agrarian landscape context [J] . Agriculture Ecosystems & Enviornment, 2002, 89 (1 –2) .

② E. J. P. Marshall. Farming to feed hungry need not hurt nature – expert. Introducing field margin ecology in Europe [J] . Agriculture Ecosystems & Enviornment, 2002, 89 (1) .

③ Tilman. D. , Reich. P. B. , Knops. J. M. Biodiversity and ecosystem stability in a decade—long grassland experiment [J] . Nature, 2006, 441 (7093) .

④ Doak. D. F. , D. Bigger, E. K. Harding, et a1. The statistical inevitability of stability—diversity relationships in community ecology [J] . American Naturalist, 1998, 151.

⑤ Yachi S. and M. Loreau. Biodiversity an decosystem productivity in a fluctuating environment: the insurance hypothesis [J] . Proceedings of the National Academy of Sciences, USA, 1999, 96.

宾夕法尼亚州 Rodale 生态农场、美国低投入和可持续农业 LISA 研究项目、荷兰的 ILIEA、英国密尔顿农场、德国道腾费德尔荷夫生物农场、荷兰生物动力农场、瑞士生态牧场、匈牙利的养殖轮作制、罗马尼亚的“12·30”农场等。其他国家和地区的生态农业建设模式比较典型的有：墨西哥的塔巴斯科（Tabasco）模式、以色列的“基布兹共同农场”模式、日本的自然农业和立体农业模式、印度生态农民协会组织下的生态农业模式、菲律宾马亚农场（被认为是国外生态农业建设的成功范例之一，是一个农、牧、渔结合的模式）、泰国蜀农场等。①

总之，国外生态农业模式既有许多成功经验，但也暴露出许多不足，即国外生态农业模式建设的基本内容倾向于推行轮作制，扩大豆科作物面积，推崇有机肥，减少或放弃化肥、农药等，这种农业替代思想是对“石油农业”带来的一系列不良影响的逆反，来源于生态学及生态伦理思想，欲使农业建立在生态学基础上而非化学基础上，甚至片面遏止化学物质投入。这往往致使作物减产（减产幅度在 20% ~30%）、生产效益下滑、严重的病虫草害等问题。② 因此，我们必须针对我国的国情，有选择的借鉴国外农业先进技术和经验，为我国的生态农业模式和技术创新服务。

（2）国内生态农业研究动向。

中国的生态农业是继传统农业、石油农业之后人与自然协调发展的农业新模式。我国自 20 世纪 70 年代末期，随着生态农业实践的发展，生态农业理论研究也得到迅速发展，已经走在世界的前列。迄今为止，我国生态农业的理论研究和实践历程可以分为三个发展阶段：1978 ~ 1983 年的兴起阶段，1984 ~ 1992 年的理论成型与发展阶段，1993 年至今的提高阶段。从我国生态农业研究的内容来看，可以概括为生态农业发展宏观战略、生态农业模式与技术、生态农业发展组织、生态农业评价等方面的研究。

1）生态农业发展宏观战略研究。主要包括中国生态农业的特征、发展生态农业的必要性、生态农业发展中的问题等方面的研究。

第一，中国生态农业的特征研究。学术界对生态农业的理解经历了一个从简单化到综合化的过程，反映了我国生态农业概念、内涵是一个不断与国情相适应的完善过程。王宏广（1993）将其归纳为三个循序渐进的概念：“生态农业 = 生态 + 农业”、“生态农业 = 生态 + 农业 + 经济”、“生态农业 = 生态 + 农业 + 经济 + 工程”。③ 我国生态农业思想首次提出，是在 1980 年的宁夏银川市的全国农

① 卞有生、金冬霞、邵迎晖：《国内外生态农业对比——理论与实践》［M］，北京：中国环境科学出版社 1999 年版。

② 李文华：《生态农业——中国可持续农业的理论与实践》［M］，北京：化学工业出版社，2003 年版。

③ 王宏广：《中国农业——问题、潜力、道路、效益》［M］，北京：中国农业出版社 1993 年版。

业生态经济学术讨论会上。此后，马世骏（1986），[①] 叶谦吉（1987），[②] 赵银卯（1994），[③] 石元亮、王晶（1998），[④] 程序（1999），[⑤] 刘力、于爱敏（2001），[⑥] 李文华（2004），[⑦] 王东阳、程广燕等（2006）[⑧] 等许多学者从生态学、农学、资源环境学、经济学、社会学等角度进行了研究。

叶谦吉（1987）等指出，我国建设生态农业应发扬传统农业的精华，切忌照搬西方发达国家的模式，生态农业必须遵循生态学规律。[⑨] 马世骏、李松华（1986）认为生态农业是农业对生态工程的运用，生态工程理论研究的主体应该是农业生态工程设计的研究，这对生态农业发展至关重要。[⑩] 王兆骞（1987）指出要保障粮食的稳定增产，必须发挥农业生态系统的综合功能，研究和建设生态农业不是单纯提供个别具体技术或措施，而是对农业生态系统整体的研究和建设，生态效益、经济效益和社会效益三者缺一不可。[⑪] 梁树春（1988）认为中国生态农业应是对石油农业的扬弃，总的来说，石油农业阶段是我国农业必经阶段。[⑫] 张壬午等（1989）认为在我国农业向现代农业、商品农业转型阶段，生态经济问题必然出现，生态农业作为一种替代农业形式是必然的。[⑬] 孙鸿良等（1990）提出我国生态农业要达到持续发展和保护生态环境，必须应用生态系统的"整体、协调、循环、再生"的原理，深度开发农业生态系统内部生产潜力，进行区域性、系统整体优化，达到经济、社会、生态效益的统一。[⑭] 厉以宁（1991）认为所谓生态农业是指依靠农业内部来维持土壤肥力，促使农业稳定、持续发展的一种农业，促进生态良性循环，经济、社会、生态效益兼顾。[⑮] 刘书楷（1991）指出生态农业所形成的生态经济系统能达到生态、经济良性循环，农

① 马世骏：《从持久发展谈当代农业的动向》[J]，《科技导报》1986 年第 4 期。

② 叶谦吉：《生态农业发展的战略问题》[J]，《西南农业大学学报》1987 年第 1 期。

③ 赵银卯：《谈谈生态生产力和生态农业建设》[J]，《农业现代化研究》1994 年第 1 期。

④ 石元亮、王晶：《持续农业的理论与研究动态》[J]，《吉林农业科学》1998 年第 2 期。

⑤ 程序：《可持续农业的几个理论问题》[J]，《中国生态农业学报》1999 年第 1 期。

⑥ 刘力、于爱敏：《世界可持续农业发展模式比较研究》[J]，《世界地理研究》2001 年第 1 期。

⑦ 李文华：《中国生态农业面临的机遇与挑战》[J]，《中国生态农业学报》2004 年第 1 期。

⑧ 王东阳、程广燕：《中国生态农业发展前景展望》[J]，《农业展望》2006 年第 1 期。

⑨ 叶谦吉：《生态农业发展的战略问题》[J]，《西南农业大学学报》1987 年第 1 期。

⑩ 马世骏、李松华：《从持久发展谈当代农业的动向》[J]，《科技导报》1986 年第 4 期。

⑪ 王兆骞：《论粮食生产稳定增长与生态农业关系》[J]，《农业现代化研究》1987 年第 1 期。

⑫ 梁树春：《对石油农业与生态农业的再认识——兼论我国现代化农业模式的选择》[J]，《农业现代化研究》1988 年第 3 期。

⑬ 张壬午、冯宇澄、王洪庆、董维荣：《论具有中国特色的生态农业——我国生态农业与国外替代农业的比较》[J]，《农业现代化研究》1989 年第 3 期。

⑭ 孙鸿良等：《论中国生态农业的特点原理及其主要技术》[J]，《农业现代化研究》1990 年第 3 期。

⑮ 厉以宁：《论生态效益型的经济发展道路》[J]，《科技导报》1991 年第 7 期。

业持续、稳定、协调地提高系统生产力。[①] 赵银卯（1994）强调生态生产力的概念和作用，生态农业的一切设计和活动都要遵循生态生产力发展规律的客观要求。[②] 钟晓青（1996）认为追求生态经济发展的“可持续发展”，使生态农业建设和农业现代化统一起来，生态农业发展必然带来“可持续发展”。[③] 石元亮等（1998）认为我国生态农业目标和内涵是与持续农业一致的，但我国农业首要的任务是经济效益，兼顾生态效益和社会效益。[④] 程序（1999）认为我国生态农业在指导思想、基本目标、驱动力、理论基础等方面与国际上通行的可持续农业非常相似甚至完全一样。[⑤] 苏春华、曹志强（1999）认为整体性、开放性、集约性、高效低耗性和持久稳定性是生态农业的基本特点，我国农业现代化必须建设中国特色的可持续的生态农业。[⑥] 刘力、于爱敏等（2001）认为我国生态农业是通过借鉴发达国家生态农业的用词，在继承我国传统农业思想精髓的基础上，运用现代农业科技，所产生的具有中国特色的可持续农业发展模式。[⑦] 李文华（2004）认为我国生态农业是一种新型综合农业体系，它融农业生产、农村经济发展和环境保护、资源高效利用为一体。[⑧] 王东阳、程广燕等（2006）认为发展高效农业的有效途径、建设生态文明的有效形式、建设资源节约型社会和生产环境友好型清洁产品的科学模式，离不开生态农业发展。[⑨]

综上所述，学术界对中国生态农业的特征基本意见一致：一是我国农业发展阶段必然需要发展生态农业，中国生态农业是对传统农业和石油农业的继承和发展，是当代中国农业现代化建设的最佳模式。二是中国生态农业的发展具有阶段性。目前，中国生态农业正处于以经济效益为首、兼顾生态环境效益的阶段。随着科学技术进步将完善和发展生态农业技术，农业生产率大幅度提高，人们对生活环境、农副产品的生态质量有更高要求，更注重生态效益、经济效益、社会效益的统一，强调农业的可持续发展。三是总体上认为中国生态农业的目标是促进人与自然关系协调、农业经济和农村社会可持续发展，基本原则是“整体、协调、循环、再生”，利用传统农业与现代农业相结合的技术创新，优化农林牧副

① 刘书楷：《论我国生态农业今后十年发展方向和任务》[J]，《农业现代化研究》1991 年第 4 期。

② 赵银卯：《谈谈生态生产力和生态农业建设》[J]，《农业现代化研究》1994 年第 1 期。

③ 钟晓青：《也探生态农业与农业可持续发展的几个理论问题——和刘巽浩先生商榷》[J]，《农业现代化研究》1996 年第 1 期。

④ 石元亮、王晶：《持续农业的理论与研究动态》[J]，《吉林农业科学》1998 年第 2 期。

⑤ 程序：《可持续农业的几个理论问题》[J]，《生态农业研究》1999 年第 1 期。

⑥ 苏春华、曹志强：《可持续的生态农业是我国农业现代化道路的选择》[J]，《农业现代化研究》1999 年第 6 期。

⑦ 刘力、于爱敏：《世界可持续农业发展模式比较研究》[J]，《世界地理研究》2001 年第 1 期。

⑧ 李文华：《中国生态农业面临的机遇与挑战》[J]，《中国生态农业学报》2004 年第 1 期。

⑨ 王东阳、程广燕：《中国生态农业发展前景展望》[J]，《农业展望》2006 年第 1 期。

渔农业大系统结构，从而达到生态效益、经济效益和社会效益相统一的新型农业发展模式。中国生态农业实质上是生态系统与经济发展高度协调的生产体系，整体性、综合性、区域性、可持续性是它的基本特征。①

第二，发展生态农业的必要性的研究。研究者们一致认为：发展生态农业是现阶段我国农业发展的必然选择与政策取向，是农业实现现代化的必经阶段；发展生态农业的重要意义表现在有利于保障食品安全、合理利用资源、提高农业综合生产能力、防止农业面源污染、治理荒漠、脱贫致富、有效应对国际贸易“绿色壁垒”和农业生态环境建设等方面。郭书田（1994）认为我国的生态农业以建立经济与生态两个良性循环为核心，以经济、社会、生态三个效益为目标，具有鲜明的针对性和完整性，很有中国特色，是中国农业实现现代农业文明的自然选择。② 王建武、吴文良（1995）认为，有中国特色的生态农业是中国农业持续发展的必然选择。③ 张法瑞、靳乐山等（1997）指出，可持续农业是我国可持续发展的总体战略规划的重要组成部分。④ 汪卫民（1998）认为，中国生态农业的兴起是在国际上对传统农业进行深刻反思、可持续发展思想刚刚萌芽及中国农业陷入环境和发展两难选择之时，基于国情，充分考虑了资源约束，需求刚性增长及生态环境恶化的现状而提出的一条现实可行的道路。⑤ 卢永根、骆世明（1999）认为，中国农业的发展正处在以经济效益为核心的农业工业化前期，然而农业生态问题在人均资源短缺与对农业产出的压力下相当严重。因此，中国必须现在就正视农业的生态合理化问题。⑥ 王松良、林文雄（1999）认为，中国生态农业包含我国农业现代化的所有内涵，多年的实践的积极成果证明了其正是我国现代化农业的最佳模式。世界可持续农业作为全球农业发展的一个宏观战略思考，具有其合理性，它为中国生态农业提供了明确方向，二者相互借鉴和促进是实现以高产、高效、优质为实质内容的中国农业现代化的最有效途径。中国生态农业和世界可持续农业殊途同归于中国农业现代化。⑦ 温军（2001）认为，“生态农业是中国最早触及农业可持续发展问题的发展战略，且至今仍将其作为中国

---

① 章家恩、骆世明：《现阶段中国生态农业可持续发展面临的实践和理论问题探讨》[J]，《生态学杂志》2005 年第 1 期。

② 郭书田：《有关生态农业建设的若干问题》[J]，《中国生态农业学报》1994 年第 1 期。

③ 王建武、吴文良：《世界农业发展的新趋势与中国生态农业》[J]，《开发研究》1995 年第 6 期。

④ 张法瑞、靳乐山：《关于可持续农业及中国农业可持续发展的理论思考》[J]，《自然辩证法研究》1997 年第 7 期。

⑤ 汪卫民：《中国生态农业的若干理论问题》[J]，《广西农学报》1998 年第 3 期。

⑥ 卢永根、骆世明：《中国农业发展的生态合理化方向》[J]，《世界科技研究与发展》1999 年第 2 期。

⑦ 王松良、林文雄：《中国生态农业与世界可持续农业殊途同归》[J]，《农业现代化研究》1999 年第 2 期。

农业可持续发展的主流方向。”① 刘彦随、吴传钧（2001）认为，由于人多地少，存在严重的粮食安全、贫困问题、土地退化和环境恶化等多重压力，以及中国加入世界贸易组织（WTO）后，农业生产的高效性、质量型和绿色化将成为一种新的趋势和要求，这就决定了中国未来农业可持续发展必须选择高效生态农业。② 王小利、马利、张永华、隆荣文（2004）等认为，中国的生态农业是可持续农业的一种典型模式，对生态农业必须从广义和狭义两方面来理解，把生态效益、经济效益和社会效益相互协调作为目标，开展因地制宜的生态农业。③ 张壬午、高怀友（2004）认为，社会效益与自身经济效益的矛盾、分散农户与大市场的矛盾、受市场和自然资源双重约束的矛盾等我国当前农业问题，以及农业生产由数量向品种和质量转化、产值贡献弱化和市场贡献功能增大、农业环境贡献功能强化等需要，决定了我国必须大力建设生态农业，实现生态农业产业化。④ 颜景辰、雷海章（2005）通过研究世界生态农业的发展趋势，得出对中国生态农业的启示，认为中国应加快制定并完善有关生态农业发展的政策、法规、法律等，加强对生态农业的政策支持力度。⑤

第三，我国生态农业发展中存在问题的研究。李季（1993）通过分析指出：小农分散经营体制、农民文化水平低、缺乏技术配套物资、基层组织疲软等问题制约了我国生态农业的发展。⑥ 李新平（2000）认为，生态环境趋劣、小规模经营、生态农业技术推广力度小、信息渠道不灵、生态农业意识弱等问题，是阻碍我国生态农业发展的关键问题。⑦ 伍世良等（2001）认为经济规模、农民接受程度、市场需求、资金和可持续发展的方向等问题，是影响我国生态农业建设的五个基本问题。⑧ 谭智英等（2003）指出，生态农业组织形式单一、生态农业推广形式单一、生态农业教育机制欠缺等问题影响我国生态农业实施。⑨ 张壬午（2004）认为，市场接口问题、技术接口问题、管理接口问题等都是当前我国生

---

① 温军：《中国农业可持续发展战略研究述评》［J］，《西北民族学院学报》（哲学社会科学版·汉文）2001 年第 3 期。

② 刘彦随、吴传钧：《国内外可持续农业发展的典型模式与途径》［J］，《南京师大学报》（自然科学版）2001 年第 2 期。

③ 王小利等：《替代农业研究综述》［J］，《首都师范大学学报》（自然科学版）2004 年第 2 期。

④ 张壬午、高怀友：《现阶段中国生态农业的展望》［J］，《中国生态农业学报》2004 年第 2 期。

⑤ 颜景辰、雷海章：《世界生态农业的发展趋势和启示》［J］，《世界农业》2005 年第 1 期。

⑥ 李季：《生态农业：一种思想体系传播的实证分析》［J］，《生态学杂志》1993 年第 3 期。

⑦ 李新平：《中国生态农业的理论基础和研究动态》［J］，《农业现代化研究》2000 年第 6 期。

⑧ 伍世良等：《论中国生态农业建设的五个基本问题》［J］，《自然资源学报》2001 年第 4 期。

⑨ 谭智英、谭华：《生态农业的微观组织——生态农庄模式》［J］，《科技进步与对策》2003 年第 8 期。

态农业亟待解决的问题。[①] 杨正礼（2004）指出，实现产业化是中国生态农业的难点与出路。[②] 李文华（2004）指出，重生产过程轻市场调节、重生产功能轻生态功能、重模式轻技术、重系统内部结构的调整轻部门之间的产业耦合、重行政管理轻市场激励与调节等错误认识和做法严重制约我国生态农业发展。[③] 贺峰、雷海章（2005）指出农业外部环境条件差、农业系统内部不协调、生态农业建设本身的制约因素等问题是我国生态农业建设的阻碍。[④] 杨健（2006）指出，理论基础体系、支撑体系、政策、激励机制、产业化水平、推广等方面的欠缺，影响我国生态农业发展。[⑤] 刘铁军（2006）指出，市场波动性大、国内绿色食品的需求小、土地经营规模小、生态农业组织不健全、科技推广力度小等诸多宏观环境因素制约着我国的生态农业建设。[⑥]

上述研究者们所阐述的问题涵盖了政府、企业与中间商、农户与消费者等三个层面，涉及生产、加工、流通与消费等诸多环节。但对如何化解这些问题，目前的研究多停留在理论层面，可操作性不强。如姜达炳、彭明秀（1998）认为农业产业化是生态农业的重要内容和突破口，但农业产业化不能代替生态农业。[⑦] 李树（2000）认为生态农业要有效适应市场经济环境必须选择产业化经营。[⑧] 吴树波、郑卫星（2003）认为生态农业产业化应采取绿色经济模式。[⑨] 孙艳华（2004）分析了生态农业产业化的特点与优势。[⑩] 张伟东（2006）以沈阳市为例论述了农业产业化是集约化农业向生态农业转变的基础。[⑪] 丁毓良、武春友（2007）论述了生态农业产业化的优势所在，以及国内外的生态农业产业化模式与主要类型。[⑫] 上述研究者都主张走生态农业产业化的道路，但缺乏对生态农业产业化可操作性的研究。另外，关于生态农业的外部性问题也是一个悬而未决的问题。事实上，当前我国生态农业建设主要靠政府推动和强制性地推广，方式与

---

① 张壬午：《生态农业产业化探析》[J]，《中国生态农业学报》2004 年第 1 期。

② 杨正礼：《当代中国生态农业发展中几个重大科学问题的讨论》[J]，《中国生态农业学报》2004 年第 3 期。

③ 李文华：《中国生态农业面临的机遇与挑战》[J]，《中国生态农业学报》2004 年第 1 期。

④ 贺峰、雷海章：《论生态农业与中国农业现代化》，《中国人口·资源与环境》2005 年第 2 期。

⑤ 杨健：《浅论我国生态农业的发展》[J]，《上海农业科技》2006 年第 3 期。

⑥ 刘铁军：《生态农业建设障碍的宏观环境探析》[J]，《中国生态农业学报》2006 年第 2 期。

⑦ 姜达炳、彭明秀：《论生态农业和农业产业化的关系》[J]，《农业环境保护》1998 年第 3 期。

⑧ 李树：《关于我国生态农业产业化经营问题的思考》[J]，《理论月刊》2000 年第 8 期。

⑨ 吴树波、郑卫星：《试论生态农业产业化》[J]，《经济与管理》2003 年第 3 期。

⑩ 孙艳华：《论生态农业产业化》[J]，《零陵学院学报》2004 年第 4 期。

⑪ 张伟东：《农业产业化是集约化农业向生态农业转变的基础——以沈阳市为例》[J]，《生态经济》2006 年第 2 期。

⑫ 丁毓良、武春友：《生态农业产业化内涵与发展模式研究》[J]，《大连理工大学学报》（社会科学版）2007 年第 4 期。

方法比较单一。政府在推广生态农业过程中，重政绩或“形象工程”，忽视农民的需求和接受能力，影响了农民的参与热情和接受程度，从而造成生态农业推而不广的局面，生态农业的效果不明显。

2）生态农业发展模式和技术的研究。

第一，不同区域的生态农业研究。我国生态农业的研究区域涵盖各种地域类型，包括南方稻作区、红黄壤丘陵区、沿海地区、东北平原、西南山地、黄淮海平原、河套与湖盆地区、干旱半干旱区、风沙区、西北绿洲区、青藏高原等。何江华等（1994）对红壤地区生态农业存在的问题及其模式做了探讨。[①] 王宁等（1994）对缓坡丘陵区草地生态农业模式进行了研究。[②] 王关区（1995）探讨了河套平原地区的生态农业模式。[③] 韩文健（1997）总结了海南热带地区的生态农业模式。[④] 阎淑琴（1997）探讨了松嫩平原西部半干旱地区生态农业发展模式。[⑤] 刘社代（1998）考察定西地区自然气候特点和资源优势，以及近年来发展高效生态农业的典型，提出干旱半干旱地区发展高效生态农业的6种模式。[⑥] 高怀友等（1998）研究了中国西南地区生态农业发展的不同模式。[⑦] 代亚丽等（1999）研究了黄土高原水土保持地区发展生态农业的模式。[⑧] 陈长发（1999）考察了秦巴山区生态农业的类型及效益。[⑨] 齐永化等（2001）研究了黄淮海平原地区的生态农业模式。[⑩] 王顺克（2001）研究了三峡库区生态农业模式类型。[⑪] 李瑾等（2003）研究了都市型生态农业的不同模式。[⑫] 马松尧等（2004）研究了西北地区生态农业的模式类型。[⑬] 程炯等（2004）探讨了珠江三角洲地区生态农业的发展模式。[⑭] 上述研究者所总结出的形式多样的生态农业模式，都是当地干部、群众

---

① 何江华等：《赤红壤水土流失区发展生态农业的存在问题与对策》[J]，《热带亚热带土壤科学》1994年第4期。

② 王宁等：《宁夏盐池县缓坡丘陵区草地生态农业模式研究》[J]，《水土保持研究》1994年第1期。

③ 王关区：《河套平原生态农业发展模式探讨》[J]，《生态经济》1995年第1期。

④ 韩文健：《海南热带生态农业模式及其发展前景》[J]，《甘肃农业》1997年第9期。

⑤ 阎淑琴：《试论松嫩平原西部半干旱地区生态农业的发展》[J]，《农业环境与发展》1997年第1期。

⑥ 刘社代：《干旱半干旱区发展高效生态农业的初步构想》[J]，《甘肃农业》1998年第9期。

⑦ 高怀友等：《中国西南地区生态农业发展模式》[J]，《农业环境与发展》1998年第3期。

⑧ 代亚丽等：《黄土高原水土保持型生态农业建设对策》[J]，《农业环境与发展》1999年第4期。

⑨ 陈长发：《秦巴山区生态农业类型及效益》[J]，《生态学杂志》1999年第5期。

⑩ 齐永化等：《黄淮海平原生态农业发展模式研究》[J]，《国土与自然资源研究》2001年第3期。

⑪ 王顺克：《三峡库区山地高效生态农业复合产业群的研究》[J]，《西南农业大学学报》2001年第2期。

⑫ 李瑾等：《天津都市型生态农业可持续发展综合评价研究》[J]，《农业技术经济》2003年第5期。

⑬ 马松尧等：《西北地区生态农业体系建设途径探讨》[J]，《中国沙漠》2004年第2期。

⑭ 程炯等：《珠江三角洲地区农业环境问题与生态农业建设》[J]，《农业现代化研究》2004年第2期。

在建设生态村、生态乡和生态县过程中的实践经验，地域特点鲜明。对已有的资料进行分析，可以看出，许多地区的生态农业模式产生了较好的生态效益、经济效益和社会效益，但也有不少模式效益低下、形式化突出，有的甚至潜伏着一定的危机因素。因此对这些模式必须进一步分析、整合，使之科学化与规范化，真正体现“整体、协调、循环、再生”的生态农业原则。

第二，生态农业基本模式的研究。由于中国地域辽阔、资源丰富、气候多变、地理条件复杂，生态农业类型和模式多种多样，研究者对其分类的方法也不一致，包括按自然地理条件和自然环境特点来对我国生态农业类型进行划分的情况。① 由于任一生态农业建设是一个结构和功能都优化的生态农业系统，因此，许多研究者从按照生态系统的结构和功能角度进行了分类研究，归纳出如下六大类生态农业类型和模式：一是生物立体共生的生态农业系统类型；二是物质循环利用的生态农业系统类型；三是生态环境综合治理型生态农业系统类型；四是资源开发的生态农业系统类型；五是综合发展与全面建设的生态农业系统类型；六是旅游休闲娱乐生态农业系统类型。每一种大类型中又包含若干小类型，如在生物立体共生的生态农业系统类型中，则有立体种植类型（包括农作物的间作、套作和轮作的模式；林产作物的立体种植模式；农林间作立体种植模式；林药间作立体种植模式；林菌或粮菌间作模式；粮肥间作模式；林草田复合模式；庭院立体种植模式）、立体养殖类型（包括陆地立体圈养模式；水体立体养殖模式；时间立体养殖模型）、立体种养类型［包括稻—萍—鱼；稻—鸭—鱼；林—鸭—鱼；林—畜—蚯蚓；苇（以及其他沼生作物）—禽—鱼；稻—鱼；稻—鸭；果（桑）—禽—蚯蚓；菱、藕—鱼等］、庭院立体农业等。②

综上所述，我国各地在生态农业建设实践中总结、创造了大量的具有区域特色的生态农业模式，但许多模式因为理论研究滞后于实践，难以在大范围内推广，缺乏规模效益。同时，理论研究者从各地实际出发，研究和设计出的具有可行性与可操作性的生态农业模式，又因缺乏适当的政策支撑体系而难以在实践中发挥作用。因此从系统的角度和生态组织建设的层面来规划和指导生态农业的发展，以保证理论成果在实践中的推广与应用则显得尤为重要。

第三，生态农业技术研究。生态农业技术主要是指那些具有生态合理性，实现农业生态系统良性循环的特殊的农业生态技术，通过各种生态效率（如光能利用率、降水利用率、土壤营养物质再循环率、农业废弃物资源化利用率等）的提高来获取生态、经济两个效益的提高。生态农业模式的基础是生态农业技术，如

① 薛玉中：《若干生态农业的模式及其应用》［J］，《上海环境科学》1999 年第 12 期。

② 卞有生、金冬霞、邵迎晖：《国内外生态农业对比——理论与实践》［M］，北京：中国环境科学出版社 1999 年版。

作物间混套作技术、稻田养鸭技术、秸秆综合利用技术、有害生物综合防治技术、沼气发酵技术、生物固氮技术等，都是组成生态农业模式的重要技术。我国生态农业经过30多年的建设，已经初步建立了比较丰富的生态农业技术体系，卞有生（1999）把当前我国生态农业技术归纳为10种类型，即充分利用空间和土地资源的农林立体结构生态农业技术、物质能量多层分级利用生态农业技术、水陆交换的物质循环生态农业技术、相互促进的生物物种共生生态农业技术、农—渔—禽水生生态系统技术、多功能的污水自净工程技术、山区综合开发的复合生态系统技术、沿海滩涂和荡滩资源开发利用的湿地生态系统技术、以庭院经济为主的院落生态系统技术、多功能的农副工联合生态系统技术等。① 郑军、史建民（2007）把我国生态农业技术类型总结为：生物共生互惠及充分利用时空和营养生态位技术、农业环境综合整治技术、水土流失综合治理与小流域综合利用开发技术、物质与能量的良性循环与再生技术、生态农业综合评价技术等。② 翟勇（2008）归纳我国生态农业技术类型主要有：农业系统结构调优技术、生态工程技术、流域综合治理技术、沼气生产及其残余物综合利用技术、秸秆综合利用技术、农业污水处理技术、新型肥料及其精量施肥技术、水土资源高效节约利用技术、绿色农产品生产技术、保护地生产技术等。③

总的来说，我国生态农业技术无论是数量还是质量，都亟待提高，生态农业技术的供需矛盾大，生态农业建设中的经济效益、社会效益、综合效益低下。学术界对如何解决这个问题进行了许多可贵的研究，如黎东升、罗远洲（2000）分析了生态农业组合技术基本理论和效益评价原理。④ 吴文良（2001）指出，必须进行农业关键技术创新、生态模式和技术集成创新、生态经营管理机制创新，促进不同类型区生态农业技术体系、生态农业产业化样板的建立。⑤ 严力蛟、杨京平、朱有为（2003）指出，生物技术（基因工程、发酵工程等）、模拟优化技术、信息技术（3C技术和3S技术等）等，是现代生态农业发展的支撑。⑥ 杨正礼（2004）指出无公害产品生产的基础支撑技术、无公害产品的种养技术、无公害产品的加工技术、无公害产品认证与营销技术等四个方面，构成了中国生态农

---

① 卞有生：《中国农业生态工程的主要技术类型》[J]，《中国工程科学》1999年第2期。

② 郑军、史建民：《我国生态农业研究述评》[J]，《山东农业大学学报》（自然科学版）2007年第1期。

③ 翟勇：《中国生态农业理论与模式创新研究》[M]，北京：中国农业出版社2008年版。

④ 黎东升、罗远洲：《生态农业组合技术理论及效益评价原理浅析》[J]，《中国生态农业学报》2000年第2期。

⑤ 吴文良：《论我国生态农业的技术创新与保障体系建设》[J]，《中国农业科技导报》2001年第5期。

⑥ 严力蛟、杨京平、朱有为：《浙江省生态农业建设现状与对策》[J]，《中国生态农业学报》2003年第4期。

业的核心技术体系。① 蒋家慧、王洪娴（2004）指出，我国生态农业技术创新要以农业生态环境安全和食品安全为主线，进行生态农业的关键技术和保障体系、生态农业产业化发展技术体系的科技攻关。② 邱成、王益谦（2006）指出，我国生态农业要大力发展生物工程技术（基因工程）。③ 刘晖（2007）指出，信息技术已经渗透到农业生产的各个领域，数据库、专家系统、精确农业、网络服务成为农业生产活动的基本资源和发展动力，成为提高农业生产力最有效的手段。④ 张仿（2008）根据物理技术的特点，从磁处理技术、空间电场防病促生技术、电子杀虫技术、土壤连作障碍电处理技术、等离子处理技术、植物声频促生技术等方面概述了物理技术在现代化农业中的应用，认为物理技术是发展生态农业的重要支持手段。⑤ 王小金（2008）认为，我国生态农业中的技术创新和优越性并不突出，技术复杂，相容性、可试验性和可察性都比较差，必须加以克服。⑥

3）生态农业评价研究。我国对生态农业系统评价的研究，是在 20 世纪 80 年代中期开始产生的，涵盖了生态农业系统评价指标体系、评价原则与评价方法的研究。

在生态农业系统评价指标体系的研究中，吴建军（1992）在评价浙江省德县潋山乡生态农业建设绩效时，构建了包括资源利用率指标、八大功能效益指标相结合的，适用于杭嘉湖水网平原地区的生态农业综合评价指标体系。⑦ 孙鸿良（1993）从系统论角度构建了包括农业生态系统结构、功能和效益等共 22 个具体指标的生态经济评价指标体系。⑧ 卞有生（1994）对北京市大兴区长子营镇留民营农场的生态农业建设效果进行了评价，他把经济指标、生态环境指标及社会效益指标共 20 个细化指标综合起来，构建了生态农业评价指标体系。⑨ 全国生态农业县建设领导小组办公室（1996）构建了具有 4 个层次的生态农业评价指标体系：第一层为生态农业综合指标，仅 1 个指标；第二层包括初级生产系统指数、次级生产系统指数、农产品加工生产系统指数等 3 个子系统指标；第三层是上述 3 个子系统的生态、经济、社会效益共 9 个指标；第四层再分为 36 个具体指标。⑩

---

① 杨正礼：《当代中国生态农业发展中几个重大科学问题的讨论》[J]，《中国生态农业学报》2004 年第 3 期。

② 蒋家慧、王洪娴：《论我国生态农业的建设》[J]，《当代生态农业》2004 年第 1 期。

③ 邱成、王益谦：《当前我国生态农业的研究热点》[J]，《四川农业科技》2006 年第 3 期。

④ 刘晖：《信息技术在福建生态农业领域中的应用探讨》[J]，《农业网络信息》2007 年第 11 期。

⑤ 张仿：《物理技术是发展生态农业的重要手段》[J]，《安徽农学通报》2008 年第 9 期。

⑥ 王小金：《试析生态农业及其在我国推广过程中的技术创新》[J]，《现代农业科学》2008 年第 7 期。

⑦ 吴建军：《生态农业综合评价指标体系及其权重》[J]，《应用生态学报》1992 年第 1 期。

⑧ 孙鸿良：《生态农业的理论与方法》[M]，济南：山东科学技术出版社 1993 年版。

⑨ 卞有生：《大中型农场生态经济评价指标及评价方法》[J]，《农村生态环境》1994 年第 2 期。

⑩ 全国生态农业县建设领导小组办公室：《中国生态农业》[M]，北京：中国农业出版社 1996 年版。

研究者倾向认为生态农业评价指标体系中不一定需要太多的具体指标，更重要的是确定指标体系的合理权重的科学方法，这对评价结果的客观实用性和可靠性影响明显。① 目前我国生态农业评价中确定权重的方法包括主观判断法、层次分析法、专家咨询法和统计评估法等。如齐鑫山（1994）应用层次分析法把生态农业评价指标的权重分为内涵性权重与数据结构性权重。② 吴佐礼（1996）等应用统计评估法中的主成分分析法确定权重，其法可将人为主观因素的影响减小，提高精确度，但需要大量翔实的调查数据，计算过程复杂难以推广应用。③ 刘建慧（1996）在确定生态农业综合评价指标的权重时利用分层协调法，借助于多准则群决策问题求解技术，构建分层协调模型，效果较好。④

我国对生态农业评价方法的研究成果不少，已经构建丰富的生态农业评价的方法体系。评价者多采用综合评分法、模糊综合评判法、灰色关联分析评判法、系统聚类分析法、网络图分析法等等。孙桂兰（1993）采取模糊综合评判法进行生态农业系统的评价。其法为将生态农业系统的各个影响因子按某个属性分成多个层次，再评判每一层次的因子，在此基础上再对初层次评判结果进行高层次综合评判。⑤ 陈会英（1996）采用综合评分法，也叫多目标线性加权函数法，尝试对生态农业系统进行评价。由于此方法评分标准分级精确度欠缺，经常出现“大差异缩小化”和“小差异扩大化”问题，评价结果往往与实际情况有差距。⑥ 张斌（1997）应用物理元模型理论，进行生态农业评价方法的创新。⑦ 曹志平（1997）应用全息理论创新生态农业评价方法。⑧ 潘大丰（1999）在生态农业评价中应用人工神经网络理论提出新的方法。⑨ 这些方法使我国生态农业评价更趋于合理、准确。

综上所述，20 多年来我国生态农业评价研究领域成果丰富，形成了初步的生态农业评价指标、方法等理论体系，对我国生态农业建设有一定的指导价值。但现有的生态农业评价指标、方法等并不完善，评价结果具有较强的主观性，可比性也不强。因此标准化、规范化和统一化的评价体系显得尤为迫切。鉴于生态农业系统的模糊性与复杂性强，陈飞星、张增杰（2001）建议统一采用模糊综合

① 颜春起：《生态农业综合效益评价指标体系的探讨》[J]，《自然资源研究》1987 年第 3 期。

② 齐鑫山：《系列综合—专家咨询：生态农业综合排序评价法的应用》[J]，《农村生态环境》1994 年第 2 期。

③ 吴佐礼：《农业生态系统综合评价指标体系及其权重》[J]，《生态农业研究》1996 年第 2 期。

④ 刘建慧：《立体农业综合评价的分层协调方法》[J]，《农业系统科学与综合研究》1996 年第 1 期。

⑤ 孙桂兰：《多层次模糊综合评判法在生态农业评价中的应用》[J]，《农业生态环境》1993 年第 1 期。

⑥ 陈会英：《综合评分法的改进与应用》[J]，《农业系统科学与综合研究》1996 年第 1 期。

⑦ 张斌：《物元模型及其在农业中的应用》[J]，《农业系统科学与综合研究》1997 年第 4 期。

⑧ 曹志平：《农业生态系统循环功能的综合评价方法》[J]，《农村生态环境》1997 年第 3 期。

⑨ 潘大丰：《神经网络多指标综合评价方法研究》[J]，《农业系统科学与综合研究》1999 年第 2 期。

评价法，按可比性原则选取各评价指标，指标权重的确定宜采用 AHP 法与 Delphi 法相结合的方法，同时按我国各地自然、经济和社会发展不同状况确定不同的评价标准。①

（3）国内外生态农业比较研究。国内外生态农业建设均旨在追求经济效益、生态效益的统一，但由于国内外的具体经济条件、社会条件千差万别，因此我国的生态农业也与国外有差异。对比国内外生态农业的不同点，可以分为 15 个方面，详见表 0－3：②

表 0－3　国内外生态农业现状与特点比较

比较项目	中国生态农业	国外生态农业
1. 产生背景	人口压力、人均食品与资源少、自然资源利用不合理、掠夺式经营，必须调整农业结构、发展多种经营，开发农业生产系统的生产潜力，合理利用自然资源，因而将生态学原理与规律应用于农业，促使了生态农业的兴起与发展	农产品生产相对过剩，但包括对土壤与水的污染等环境污染日益加剧，威胁人类健康与生存，为避免生存环境恶化和对资源特别是生物资源的破坏，促进了生态农业的兴起与发展
2. 应用原理	利用能量物质在生态系统中多级转化的规律与功能，发展多种经营，增加生态组分，发掘生产潜力，增加产品的产出	以消除食物链中的污染物来源及防止土壤与水质污染恶化，求得优质生存环境与优质食物为主
3. 增产效益与环境效益的关系	强调生态、经济、社会效益的统一	注重生态环境效益
4. 生产系统的复杂程度	组分多，结构复杂有序。一般以农业生产系统为主，包括农林牧副渔及沼气生物能等；有时超越农业系统边界，显得更为复杂多样	相对简单，以农作系统或作物生产系统结合舍饲动物集约化生产系统为主，组分相对较少，复杂程度较低
5. 对使用工业化学物质的态度	不绝对排斥，主张有机物与无机物相结合，生物途径与化学途径相结合	不尽一致，其中生物动力农业绝对排斥化学物质。其他类型有时有选择地利用磷肥或钾肥，但对其他如除草剂、化学农药与激素等化学制剂则均排斥不用

① 陈飞星、张增杰：《生态农业评价综述》［J］，《中国生态农业学报》2001 年第 4 期。

② 卞有生、金冬霞、邵迎晖编著：《国内外生态农业对比——理论与实践》［M］，北京：中国环境科学出版社 1999 年版。

续表

比较项目	中国生态农业	国外生态农业
6. 单位面积土地上的总产出	高于或相当于常规农业	低于常规农业 30% ~50%
7. 经济收益与劳动报酬	相差不多或大于常规农业，总体效益较高	低于常规农业，属低效农业
8. 生态产品专门的加工体系	正在初步形成过程中	日益发展，以乳类加工为主，一般生产规模不大
9. 市场销售管理体系（包括天然食品商店及餐馆）	正在初步形成过程中	有专门销售体系，正日趋完善，包括国内、国际的销售网络
10. 生态产品的市场价格	与常规农业产品价格无明显差别，仅少量产品可高出 0.5 ~1 倍	高于常规农业产品价格的 0.5 ~2 倍不等，个别产品可高出 3 倍或以上
11. 国家与政府有关部门的态度及发展速度	十分重视，发展很快。不仅有生态农业户，还有村、县，甚至市、省级的生态农业建设	不够重视，但近几年有变化，环保部门较其他部门重视，欧盟相当重视，已为发展生态农业提供财政资助
12. 农民的兴趣与发展动力	有明显的经济效益，农民可增加收入，因此兴趣深厚	主要是土地占有者与受有较高专门知识教育的农民们有浓厚兴趣，并成为自觉的行动
13. 生态工程的应用和实践	已进入生态农业的实践	生态工程的概念尚未得到发展和应用
14. 发展前景与趋势	将继续向生产的深度与广度发展。扩大区域，增加系统组分，开发新兴技术与组装配套技术等。其趋势首先仍是发掘农产品增产功能，其次才是改善生存环境的生态功能	将继续发展，但速度缓慢。其趋势首先仍是促进改善生存环境的功能，其次是提供无污染的生态农产品。在工业最发达地区，可能出现天然食品生产的专门化地带（基地），即由生态农业代替常规农业
15. 存在的主要问题	一是生产者欠缺环境生态意识，单纯的经济利益意识占支配地位；二是生态农业的配套技术与适合生态农业特点的农业装备均有待发展；三是生态产品、市场销售体系与产品价格体系有待建立和完善；四是缺乏生态农业的科学论证及专业科系设置；五是定量研究不够普遍，水平较低；六是理论与实践之间结合不够，可操作性差	一是缺乏多种经营与大农业的系统开发；二是产出少、收入低，劳动量大、劳动生产率低；三是尚缺乏适合生态农业生产特点的农业装备的支持

三、研究目标

建设鄱阳湖生态经济区的目的在于保持该区域的经济、环境、资源和社会的协调发展，发展生态农业是实现这个战略目标的重要途径。本书的研究目标就在于突出历史与现代相结合的方法，借鉴历史上农业开发对鄱阳湖流域生态环境影响的经验教训，挖掘传统农业中的生态农业模式和技术，结合现代生态农业发展的特点，构建鄱阳湖生态经济区生态农业发展模式和技术，并就促进鄱阳湖生态经济区生态农业发展提出具有可操作性的政策创新思路和对策建议。

四、写作框架

本书的写作框架分为六大部分：

第一部分（绪论）。首先，以生态文明背景凸显农业环境问题，建设鄱阳湖生态经济区是发展江西省生态文明的历史选择等，阐述了本选题的依据与意义；其次，对国内外生态环境史与农业问题、生态农业现实问题等相关学术研究进行了梳理；再次，确立了研究目标、研究框架与拟解决的关键问题；最后，就本书的技术路线和研究方法等作了说明。

第二部分（第一章）阐述本书研究的理论基础。本书的研究内容为鄱阳湖流域农业环境变迁过程及其内在规律性的研究，以及在此基础上发展生态农业，必然要涉及一系列的理论基础，包括流域生态学理论、农业环境理论、生态农业理论等。这些理论对鄱阳湖流域农业环境变迁和生态农业发展的研究具有重要的指导意义。

第三部分（第二章）是本书的主体内容之一。从远古时期到新中国成立以来的历史跨度，对鄱阳湖流域农业开发和生态环境变迁互动的关系进行了全面考察，总结其历史经验教训。

第四部分（第三章）考察鄱阳湖流域生态农业的发展历史。首先，挖掘我国传统生态农业思想和技术，以及鄱阳湖流域传统农业中符合生态农业原理的技术和模式的优良传统，为完善现代生态农业模式和技术提供有益的借鉴。其次，对新中国成立以来鄱阳湖流域生态农业发展历程分为5个阶段进行分析，指出了鄱阳湖流域生态农业在发展过程中存在的问题。

第五部分（第四章）对如何构建鄱阳湖生态经济区高效生态农业体系进行研究。首先，阐述了鄱阳湖生态经济区高效生态农业的内涵，提出了鄱阳湖生态经济区高效生态农业的发展框架。其次，对鄱阳湖生态经济区高效生态农业进行区划研究。再次，设计鄱阳湖生态经济区高效生态农业模式。又次，提出了鄱阳湖生态经济区高效生态农业技术体系构成。最后，提出发展鄱阳湖生态经济区高效生态农业的政府扶持政策与实施体系。

第六部分（第五章）归纳了本书的主要研究结论，并指出本书的创新之处及不足之处。

五、拟解决的关键问题

第一，通过历史上尤其是改革开放以来鄱阳湖流域农业开发对其生态环境的影响与互动关系的分析，探索农业开发与鄱阳湖流域生态环境保护的互动规律。

第二，通过对鄱阳湖流域传统生态农业的模式和技术挖掘，结合鄱阳湖生态经济区生态农业发展现状和发展方向，对鄱阳湖生态经济区高效生态农业进行区划，设计科学的高效生态农业模式，提出高效生态农业的技术体系构成。

第三，提出发展鄱阳湖生态经济区高效生态农业的政府扶持政策与实施体系。

六、技术路线和研究方法

1. 技术路线

本书紧紧围绕鄱阳湖流域农业开发与生态环境互动关系这一核心，探索农业开发与鄱阳湖流域生态环境保护的互动规律，总结经验教训并借鉴传统生态农业思想、模式和技术，为鄱阳湖生态经济区高效生态农业发展提供对策。技术路线如图 0－1 所示。

2. 研究方法

本书突出多学科相结合的研究方法，按照“古为今用”的原则，采用历史研究为主，结合生态学、农学和经济学等跨学科研究的方法。对于历史时期鄱阳湖流域生态环境变迁与农业开发的互动关系研究，主要采用包括古籍、地方志等在内的史料分析方法；对于现代鄱阳湖流域环境变迁和生态农业的研究，则采用文献调研与田野调查相结合的方法，按照生态学、农学和经济学中的原理进行定性论证与定量分析，力求研究过程规范、研究结论准确。

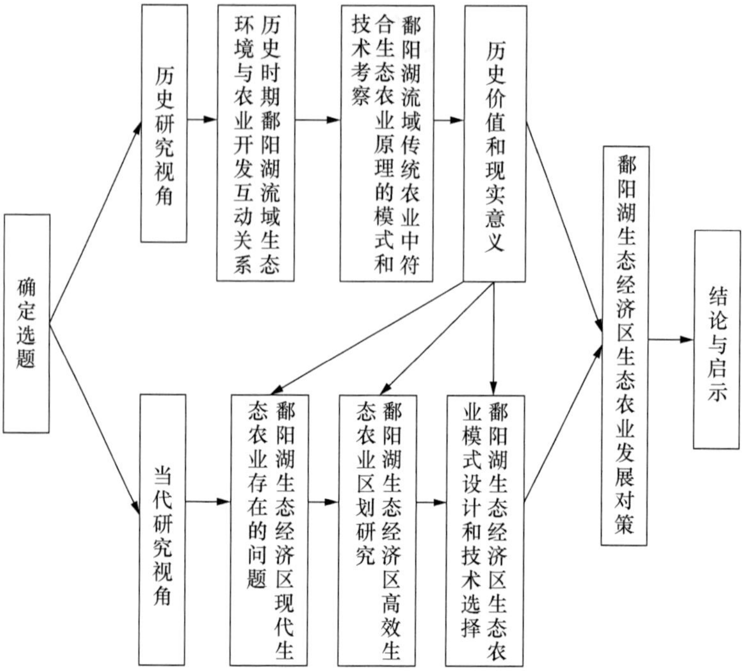
确定选题
历史研究视角
历史时期鄱阳湖流域生态环境与农业开发互动关系
鄱阳湖流域传统农业中符合生态农业原理的模式和技术考察
历史价值和现实意义
当代研究视角
鄱阳湖生态经济区现代生态农业存在的问题
鄱阳湖生态经济区高效生态农业区划研究
鄱阳湖生态经济区生态农业模式设计和技术选择
鄱阳湖生态经济区生态农业发展对策
结论与启示

图 0－1　本研究技术路线

第一章

农业环境与生态农业理论基础

本书的研究内容为鄱阳湖流域农业环境变迁过程及其内在规律性的研究以及在此基础上发展生态农业，必然要涉及一系列的理论基础，包括流域生态学理论、农业环境理论、生态农业理论等。

第一节　流域生态学理论

一支或多支河流（或水系）的集水范围叫作流域（Watershed）。流域生态学（Watershed Ecology）是以生态学理论和系统论为指导，对流域内的水体、沿岸带、高地等诸多子系统的结构和功能以及它们之间的物质、能量、信息流动规律等进行探索，在此基础上，将水生态系统和陆地生态系统的研究结合起来，研究更广泛地对流域中资源的保护及生态环境问题，对其水体、陆地资源的合理开发利用决策提供科学依据。①

一、流域生态学的基础

流域生态学的基础主要包括水文学（Hydrology）、湖沼学（Limnology）、生态系统生态学（Ecosystem Ecology）、水土保持（Water and Soil Conservation）及流域管理（Watershed Maragement）等。

水文学是研究水体的地理分布以及其形成、发展及运动规律的学科，地球上

① Johnson R. R. and Lowe C. H. On the development of riparian ecology. In：R. R. Johnson，et al. Tech. coors. Ri－parian Ecosystems and Their Management：Reconciling conficting Uses. USDA Forest Service General Technical Report RM－120，1985.

的水分循环和水量平衡是其研究的基本内容。[①] 水文学与生态学的交叉学科主要有森林水文学、农业水文学等。[②]

湖沼学（Limnology）的研究对象是陆地水体，美国教授韦尔奇（P. S. Welch，1935）把湖沼学定义为“研究内陆水体生物生产力和决定的生产力所有影响因素的科学分支”，[③] 指出水体生物生产力的直接取决于所在湖泊中的生物群落。自此而后，湖沼学研究的主题之一就是水体生产力。科学家们从湖泊的富营养化进程、酸性沉降引起湖泊酸化等方面研究了人类活动对湖沼的生态影响。我国湖沼学近年来重大的研究主要有长江三峡工程的生态和环境影响、合理开发利用湖泊生物资源和保护水质环境、湖泊和水库富营养化的调查研究以及“八五”期间实施的对淮河、太湖流域的综合治理等。

生态系统生态学是研究生态系统（Ecosystem）结构、功能及其运行规律的科学。[④] 生态系统是英国生态学家坦斯利（Tansley）于 1935 年首先提出来的，是指在一定的空间内生物成分和非生物成分通过物质循环和能量流动相互作用、相互依存而构成的一个生态学功能单位。它把生物及其非生物环境看成是互相影响、彼此依存的统一整体。生态系统不论是自然的还是人工的，具有下列共同特性：①生态系统是生态学上的一个主要结构和功能单位，属于生态学研究的最高层次。②生态系统内部具有自我调节能力。其结构越复杂，物种数越多，自我调节能力越强。③能量流动、物质循环是生态系统的两大功能。④生态系统营养级的数目因生产者固定能值所限及能流过程中能量的损失，一般不超过 5 ~ 6 个。⑤生态系统是一个动态系统，要经历一个从简单到复杂、从不成熟到成熟的发育过程。

水土保持及流域管理。水土保持（Water and Soil Conservation）的研究对象包括水土流失规律、水土保持措施等，它是致力于水土流失防治技术，以保护、改良与合理利用流域内水土资源，使土地生产力得到维护和提高，使水土资源生态、经济和社会效益协调的应用技术科学。流域管理是以流域为单元进行全面规划，合理安排农、林、牧、副各业用地，因地制宜地布设综合治理措施，对水土资源进行保护、改良与合理利用的科学。[⑤]

---

① ［日］中野秀章：《森杯水文学》［M］，李云译，北京：中国林业出版社 1983 年版。

② 马雪华：《亚热带杉木、马尾松人工林水文功能的研究》［M］，北京：中国林业出版社 1996 年版。

③ P. S. Welch，Limnology［M］. New York：McGraw－Hill，1935.

④ 祝延成等：《生态系统浅说》［M］，北京：科学出版社 1983 年版。

⑤ 王礼先：《流域管理学》［M］，北京：中国林业出版社 1999 年版。

二、流域的结构和功能

1. 流域的结构

根据马世骏等（1984）的研究，流域的结构包括流域自然生态、经济和社会等三个子系统，是一个社会—经济—自然复合生态系统，[①] 环境、资源、人口、资金、物资、科技、政策及决策等是这个复合系统中的基本要素。这些要素相互联系、制约，形成的流域系统结构，具备有序、网络结构和立体结构等特点。人们通过投入产出链渠道和运用科学技术手段将这些要素有机组合，从而构成开放的流域复合系统。[②] 流域复合系统包括自然子系统、经济子系统和社会子系统，分别构成这个复合系统的基础、命脉和主导。[③]

2. 流域的功能

物质循环、能量流动、信息传递、价值增殖等四大功能就是流域复合系统功能。流域复合系统汇合了各子系统的物流、能流、信息流和资金流的交换和融合。在流域的物质循环中，自然子系统与经济社会系统之间物质不断进行交换，产物循环。同时能量流动与物质循环相伴相随，有目标的物质与能量循环可以使系统的价值增殖，这些都依赖于有效调控系统的信息流。

按照耗散结构理论，流域复合系统也具备耗散结构的特点，其要维持系统平衡必须通过与外界的能量、物质和信息（熵）交换来取得。如果外界人工干扰活动过频、过强且对系统有害，将导致系统的自组织能力瘫痪，恶化流域环境。故流域复合系统中的一切人工措施必须以不破坏系统的自组织能力为立足点，以保持系统平衡。流域复合系统平衡既是自然生态平衡，更是社会经济平衡，是通过协调的自然选择与人工选择，以达到流域复合系统生态、经济和社会目标的统一。

三、流域生态系统的特征理论

1. 河流连续统理论

河流生态系统连续统（Stream Ecosystem Continuum）简称河流连续统，指的

① 马世骏、王如松：《社会—经济—自然复合生态系统理论》[J]，《生态学报》1984 年第 1 期。

② 王礼先等：《流域管理信息系统》[M]，北京：中国林业出版社 1994 年版。

③ 饶正富：《流域生态环境规划的系统生态学方法》[J]，《武汉大学学报》（自然科学版）1991 年第 1 期。

是包括流域集水区中的第一级河流和以下各级河流流域在内，所形成的一个连续、流动、特殊并具有完整性的流域生态系统。① 河流连续统是许多动植物特有的生活环境，也是许多迁移物种所需要的环境因素。

河流连续统理论运用生态系统的原理，认为各级河流组成的网络是一个连续的整体系统，从上游的各级小河至下游大河所体现的连续，既表现在地理空间上，更表现在生态系统中的生物学过程及其物理环境上。② 河流连续统理论认为，上游各级小河流呈单向连接，会直接影响下游河流中的生态系统过程。它把河流视作一个不同时间和空间尺度范畴内的连续变化梯度，这是它区别于一般生态学的原理所在。③

河流连续统中的干流与各级支流之间，在结构或某些性质上存在着某种自相似性，被认为具有分形结构。④ 利用分形结构原理，可以减少对不同尺度的流域研究的工作量。

2. 等级系统理论

等级系统理论（Hierarchy Theory）认为，系统的高低不同层次，其表现的行为或过程的速度，是由低到高逐渐降低的。整个系统所具有的组织性正是因为各层次之间具有不同的过程速率。⑤ 由于高层次行为慢，对于来自低层次的变化反应迟钝，通常可以用常量来表达；相应的，低层次具有快行为，其变化信号在高层次中的反应是一个比较平稳的表现，通常表示为平均值或稳定态特征。系统的高层次行为和功能的基础来自于低层次行为，低层次整体元的行为则受高层次的制约。⑥

生态系统具有结构等级与功能等级的双重等级特征。生物分类单元各异的层

① 邓红兵：《流域生态学——理论构建及其实例研究》［D］，中国科学院沈阳应用生态研究所博士学位论文，1999 年。

② Minshall，G. W. et al. Development in stream cosystemt heory ［J］. Canada Journal of Fisheries and Aquatic Science，1985（42）：1045－1055.

③ Cushing，C. E. et al. Relation shipsamong chemical，physical，and biological in dices along river comana based on multivariate analyses ［J］. Archive Hydrobiologic，1983（89）.

④ 具有某种方式的自相似性的图形或集合称为分形，这里某种方式的自相似性不只局限于严格的几何自相似性，也可以是通过大量的统计而呈现出的不很严格的自相似性．由于局部中又有其局部，而且它们都是相似的，这样整体与局部都具有无穷尽的、相似的内部结构，在每一小局部中所包含的细节并不比整体所包含的少。

⑤ O'Neill，R. V.，et al. A hierarchical concept of ecosystems ［M］. PrincetonU niv. Press，1986.

⑥ Grene M. Hierarchy：one word，how many concepts? In：L. L. Whyte etal.（eds.）. Hierarchical structures ［M］. New York：Elsevier，1969.

次组成结构等级，过程速率各异的层次构成功能等级。[①] 在生态系统中，结构层次并非一一对应功能层次，因此，结构等级和功能等级要保持并行研究。

生态系统的动态行为所产生的时空尺度不同，具有等级结构的生态系统对干扰的反应也表现各异。当外来干扰是受到比其尺度更大的生态系统的反馈控制时，这种干扰就会被生态系统抑制和包容，生态系统继续保持稳定；否则就会对生态系统产生损害，使生态系统失去平衡。

3. 生态环境脆弱带与河岸生态系统理论

流域生态系统中的水—陆交错带是一种生态环境脆弱带。生态环境脆弱带也被称为生态交错带，是指相邻生态系统之间的过渡带，明显表现出对外界干扰的抗性弱、生态环境变化速率快、生态系统稳定性小、对全球生态变化的敏感性强、资源与空间竞争激烈等脆弱特点。当然，不同尺度水平上的生态交错带的特征和功能作用是各不相同的。

水—陆交错带是流域生态系统中最明显和最重要的交错带，是指景观和性质受水体及陆地两方面影响的地带。包括四种类型：源头水交错带、河岸边交错带、湖周交错带以及地表水与地下水交错带。[②] 交错带中的初及次级生产力、土壤所含腐殖质、分解有机质的速率和生物多样性等都要比毗邻的陆地生态系统或水域生态系统高。在自然条件下，发育良好的水—陆交错带的结构表现为与水边平行的带状，不同的气候、土壤、微地形、水体营养状况和水文等导致交错带上的植被也不同。水—陆交错带的生态功能非常丰富，主要包括保持生物多样性、帮助鱼类繁育、净化水体、拦截和过滤物质流、稳定附近的其他生态系统等。

河岸生态系统，是一种处于河溪和高地之间典型的生态过渡带。河岸生态系统的结构表现为高地植被和河溪之间的连接体，其功能为把河流上游与下游相联结。虽然河岸植被变化不一，分布多为斑块状，但在整个河流连续统中，它的组成和结构是遵循一定规律的。

4. 流域生物多样性理论

生物多样性，就是指生物与其生存环境所构成的生态复合体以及在这个生态复合体中的各种生态过程的总和，它既包括了数以百万计的生物（如动物、植物、微生物等），也包括了这些生物的基因，还包括这些生物与生存环境融合形成的复杂生态系统。[③]

---

① 部建国：《耗散结构、等级系统理论与生态系统》[J]，《应用生态学报》1991 年第 2 期。

② 尹澄清：《内陆水—陆交错带的生态功能及其保护与开发前景》[J]，《生态学报》1995 年第 3 期。

③ 马克平：《试论生物多样性的概念》[J]，《生物多样性》1993 年第 1 期。

生态系统的一个基本特征就是生物多样性，通常可从基因、物种、生态系统和景观多样性等四个层次进行研究。① 流域生态系统的结构非常复杂，表现在生物多样性上也非常丰富。

当前，淡水生态系统生物多样性正受到日益破坏。其重要原因之一就是不合理的、过度的人类开发活动。这种人类活动通过破坏生物栖息地环境从而使其中的物种生存受到威胁或消亡，也有通过过度利用生物资源或污染引起物种减少乃至灭绝的危险。②

研究生态系统多样性可以对生态系统内的物种构成和变异度进行定量化，进一步定量分析生态系统的演替等级和未来趋势。③ 由于生态系统中生物多样性直接影响系统的功能，研究生物多样性和系统功能的相互关系，对科学了解流域生态系统意义重大。

5. 流域生态系统管理与流域可持续发展理论

流域生态学研究和应用的核心内容就是流域生态系统管理。所谓流域生态系统管理就是立足于整个流域的水、陆生态系统，通过统筹安排、综合管理、合理利用及保护流域内各种资源，达到整个流域的综合效益最大化和经济社会可持续发展的目标。④

流域生态系统管理包括水资源管理、河岸带管理以及流域内所有生物多样性的管理等。流域水资源管理强调水资源的化学、生态指标达标以及栖息地质量、生物多样性及整体性等构成的生态功能保持健康。河岸带管理强调在紧靠河流等易损水道的地方布置植被构成缓冲带，从而拦阻废水及地下水中所夹带的氮、磷和其他化学物质及大量泥沙，以减少对河水的污染。

可持续发展是“社会—经济—生态”三维复合的协调发展，经济社会的发展要以生态良性循环为基础，同资源环境的承载力相适应。流域可持续发展的研究包括所有关于流域的基本研究；建立流域综合评价、预警的指标体系；建立流域信息系统；制定流域发展战略规划等。⑤

---

① 中国科学院生物多样性委员会：《生物多样性研究的原理与方法》［M］，北京：中国科学技术出版社 1994 年版。

② 王祖望、蒋志刚：《我国生物资源现状及持续利用对策》［J］，《科技导报》1996 年第 3 期。

③ 蔡庆华、吴刚、刘建康：《流域生态学：水生态系统多样性研究和保护的一个新途径》［J］，《科技导报》1997 年第 5 期。

④ 邓红兵：《流域生态学——理论构建及其实例研究》［D］，中国科学院沈阳应用生态研究所博士学位论文，1999 年。

⑤ 方子云：《流域开发生态建设发展战略》［J］，《生态学杂志》1990 年第 4 期。

四、流域生态学的主要研究内容

根据上述流域生态系统的理论特征，结合当前我国生态环境出现的问题及发展趋势，流域生态学的主要的研究内容可以概述如下：

流域形成的历史背景及其演变经过；流域“自然—经济—社会”复合系统的结构与功能；测度流域生态系统之生物多样性；流域景观格局与生态环境变化的关系；对流域内主要干流和支流的营养源与初级生产力以及它们之间的能量、物质循环关系及其规律的研究；对流水与静水生态环境之间营养源、能源的动力学研究；江湖阻隔对生态环境的影响；研究流域内水陆生态系统生产力及其联系以及同流域结构、功能的关系；对流域中岛屿的生物地理学进行研究；对流域内生态脆弱带进行研究；地下水对地表生态的影响研究；不同尺度之间的流域结构及功能相互影响的机理；湖泊与水系的分形结构特征及其对环境质量的影响；流域水土保持研究；土地和水利用变化对流域内生态学过程的影响机理及其产生的生态学后果；如何恢复流域生态系统的研究；对如何整治流域生态环境的生态工程研究；对流域水系的环境承载力研究；水资源开发工程的综合评价，自然灾害对其带来的影响的评估与预警体系研究；流域内点源和面源污染产生的生态学后果及其治理研究；流域内生态农业模式和技术研究；构建流域生态环境的综合评价、预警指标体系及其信息系统的研究；对流域发展战略规划及其可持续发展对策研究等。①

第二节　农业环境理论

一、农业环境的概念和特点

1. 农业环境概念

农业环境是指农业生物（如农作物、森林、畜禽、鱼类及其他经济水生生物等）赖以生存的土壤、大气、水源、光和热等自然环境以及农业生产者劳动与生

① 邓红兵：《流域生态学——理论构建及其实例研究》［D］，中国科学院沈阳应用生态研究所博士学位论文，1999 年。

活的自然环境，包括广大农村、农区、牧区和林区等。它是自然环境的一个重要组成部分，是农业生产活动形成的半人工、半自然的生态系统，是人类生存环境的重要组成部分。农业环境的组成要素可分为五大类，详见表1－1。

表1－1　农业环境的组成要素

序号	要素分类	组成
1	气候要素	太阳辐射、气温、空气、湿度、风等
2	土壤要素	地温、土壤湿度、通气性、酸碱度、无机物、有机物等
3	水要素	池塘、河流、湖泊、水库、海洋、地下水、灌溉水等
4	生物要素	植物、动物、微生物等
5	人为因子	人对生物的作用，包括环境污染、生态破坏等

资料来源：张从等：《农业环境保护概论》［M］，北京：中国农业大学出版社1999年版。

农业环境的质量状况对农产品的数量和质量起着决定性的作用。首先，广大农民的生产、生活条件受农业环境质量的制约；其次，各种食物以及其他农副产品主要由农村提供，城市居民的生活也必然与农业环境质量相关。可见，农业环境兼有生产环境和生活环境的双重功能。

农业环境是一个巨大的对外开放的生态系统，在这个系统中存在众多的变化及生物种类。就农业生产对象而言，可因大气环境、土壤类型、气候特征、地貌形态以及海拔高度的不同而产生较大的差异。诸如农业生产过程的生物化学循环、能量的储存、农业生态系统的结构、功能、特征等，都与所处的农业生产环境条件密切相关。

2. 农业环境的主要特点

（1）范围广阔。农、林、牧、副、渔业生产活动的领域相当广阔，除了远海、原始森林、荒漠、冻原和城镇、工矿区以外，都属于农业环境的范围。

（2）不稳定性。农业环境属半自然环境，因为人类在一定程度上对其进行控制和影响。人们为了满足对农产品的需求而单一种植和养殖少数理想的品种，使自然生物种群的多样性被改变，导致农业生态系统趋于单调化，丧失了自然生态系统所具备的对抗环境条件变化的强大“缓冲力”。为了追求农产品产量，人们向农业生态系统大量投入机械、化肥、农药和其他物质等，同时，又从农业生态系统中大量输出农产品商品。因此，现代农业生态系统成为一个大量流进、流出能量和物质的开放系统。在这种情况下，如果控制不当，易导致农业生态系统失衡，导致生态结构的破坏和生产能力的衰退。

（3）农业环境质量恶化难以察觉和恢复。农业环境质量从破坏到恶化是需要经过一个较长过程的，是一个逐渐积累的结果。短期内在宏观上变化不明显，只有依靠科学的监测和分析才能发现其发生变化的痕迹。加之农业环境因素错综复杂，对各因素的定量测定很难，了解各因素的相互关系则更难。这样就形成了农业环境质量恶化难以察觉的客观原因。但是，在经历较长时间的积累后，农业环境恶化表现出明显的质的改变时，则很难恢复和改善它的生产能力。

二、农业环境问题

在现代社会，由于人口的持续过度增长、社会经济生产规模的不断扩大、城镇的高度密集以及人类自身对生态环境的有意或无意的破坏，使得农业环境也遭受一定程度的污染和破坏，这必然会带来一系列的农业环境问题，进而直接影响农业的可持续发展。

1. 农业环境问题的特点

农业环境问题主要是由于构成农业环境的环境要素恶化产生的。同其他环境问题相比有以下几个特点：

（1）普遍性。我国耕地总量占世界的7%，但灌溉用水、化肥和农药的消费总量却分别占世界的14%、35%和20%。平均每公顷施肥量由20世纪50年代的4千克增加到现在的400千克，一些省份甚至超过600千克，远远高于发达国家认定的225千克的安全上限。目前我国使用的农药中70%是杀虫剂，杀虫剂中70%是有机磷农药，有机磷农药中70%是高毒、高残留品种。另据调查表明，受重金属污染的土地面积已占污灌区面积的64.8%，土壤和农产品中重金属指标含量屡有检出。目前，我国农村有3亿多人饮水不安全。[①] 在农村环境普遍恶化的大背景下，各地都有一些因工业违法排污而导致污染特别严重的河流。农村面源污染和长期缺少疏浚还导致河流富营养化和严重淤积。工业废水和生活污水排放量持续增加，有些地方已是“有河皆枯，有水皆污”。[②] 整体来看，农业环境问题具有普遍性的特征，有些还成为跨国性问题、全球性问题。

（2）潜在性与隐蔽性。由于农业环境因素复杂，农业环境质量恶化不易察觉，农业环境问题的产生和发展具有一定的潜在性和隐蔽性，其危害可能在数十年后才能表现出来，而且一旦造成危害，则往往难以治理。如土壤受到重金属污染后，因土壤具有一定的缓冲能力，所以，这种污染危害不会立即表现出来。

（3）灾难性。农业环境问题包括全球、区域和农田或畜舍三种尺度。全球

① 李元主编：《农业环境学》［M］，北京：中国农业出版社2008年版。

② 《环保部官员：我国“南方有水皆污，北方有河皆干”》［N］，搜狐新闻，http：//news.sohu.com/20120510/n342801307.shtml。

环境问题有的已形成灾难，如土地荒漠化等；有些已形成严重威胁，包括农业环境污染现象、水资源匮乏和森林减少；有的可能已造成严重的后果，但其危害要到将来才能充分表现出来，如生物多样性的损失；有的是潜在的危险，如温室效应和臭氧层破坏要到将来才能形成灾难。区域环境问题以自然区划或流域为单位，如华北水资源紧缺和干旱，西北土地荒漠化，城郊环境污染和温室效应等。农田或畜舍是微观农业生态系统，其环境问题包括有毒、有害物质污染，对农业生物生存环境产生不利影响的土地退化、水源不足等。一旦这些农业环境问题发生，都具有灾难性的后果。

（4）长期性。自然界中农业生态过程的变化十分缓慢，而且整个环境具有自我调控和缓冲的功能。因而农业环境问题的产生、发展和危害都是一个长期过程。当然，农业环境问题的治理或解决也不是一朝一夕就能完成的。

2. 农业环境的主要污染途径及控制

（1）大气主要污染物对农业的影响及控制。大气污染是指由于人类活动或自然过程引起某些物质介入大气中，呈现足够的浓度达到足够的时间，并因此而危害人体的舒适、健康和福利或危害环境。

大气中污染物质来自两个方面：一个是自然源，像森林火灾、台风、地震、火山喷发等产生的烟尘、二氧化硫等；另一个是人工源，即在人类生产、生活过程产生的。人工源的污染物来源广泛，种类繁多，进入大气中的方式不尽相同，因而污染源分类方法也多种多样。在大气污染研究中通常有下列分类方法：①按污染物来源和性质分为工业企业排放源、交通运输污染源；②按污染源几何形状分为点源、面源、线源和体源；③按排放时间分为瞬时源和连续源；④按排放方式分为地面源和高架源；⑤按排放状态分为固定源和流动源。

大气污染对各种农作物都会产生直接或间接的影响。大气污染物达到一定浓度时，会影响生物生长发育和植物的生理代谢等，并通过食物链得以富集，最终危害人类。

大气污染状况必须通过综合防治措施，才能有效地控制。大气污染综合防治，就是把一个城市或地区的大气环境看作一个整体，统一规划能源消费、工业发展、运输、城市建设等，综合运用各种人为防治污染的措施（如减少或防止污染物的排放，治理排出的污染物等），充分利用环境的自净能力（如充分利用环境容量，发展绿化植物等），以清除或减轻大气污染。

（2）水体污染对农业的影响及控制。水体污染是指污染物进入水体后，超过了水体的自净能力，使水体的水质和底泥的物理、化学性质和生物群落组成发生变化，从而降低水体的使用价值和使用能力的现象。

水体污染的发生源分为自然污染源和人为污染源两大类。对水体造成较大危害的是人为污染源。人为污染源主要有工业废水、生活污水、农业退水、畜禽养殖业废水等。水体污染通过富营养化、水体重金属污染、水体石油污染等方式对水产业产生重大影响。水体污染对农作物的影响主要表现在对农作物生长产生直接影响，使产量降低；污染物对土壤产生影响，间接影响农作物生长；对农产品品质产生影响，降低其食用价值，间接影响人、畜健康。

水体污染的控制措施包括水资源的管理、水资源循环利用、废水净化处理、减少有毒和有害物质的排放量等。

（3）土壤污染物对农业的影响及控制。中国农业百科全书土壤卷给出的定义：土壤污染（Soil Pollution）是指人为活动将对人类本身和其他生命体有害的物质施加到土壤中，致使某种有害成分的含量明显高于土壤原有含量，而引起土壤环境质量恶化的现象。

土壤质量的好坏直接影响到作物的产量与品质。进入土壤的污染物主要有重金属、有机物、油类、表面活性剂和废塑料制品等。土壤污染物对农作物的危害可分为两种状况：一是反映在农作物的减产或品质降低；二是反映在可食部分有毒物质积累量已超过允许量，但农作物的产量却没有明显下降或不受影响。

对于土壤污染必须贯彻“预防为主，防治结合”的方针。一是控制和消除污染源。首先要弄清楚污染源，然后采取切实有效的措施切断污染源，这是防止土壤遭受污染的最基本也是最重要的原则。二是要建立控制废气、粉尘、废水、污泥、垃圾等废物的排放标准，制定相应的法规和监督体制，严格执行农田灌溉水质标准，发展清洁工艺，严格执行农药管理法，制定农药在农产品中的最大残留量等。三是要对已经污染的土壤进行治理和修复。

（4）农业面源污染与控制。

第一，农业面源污染的概念。所谓农业面源污染，是指农田地表径流把农业生产活动中残留的氮素和磷素等营养物、农药以及其他污染物质，向农田渗漏，从而对水环境造成污染。这是导致我国水体氮、磷富营养化的主要因素。农业面源污染主要包括化肥、农药、农膜、秸秆、畜禽养殖业、农村生活废弃物等污染，特别是化肥、农药和农膜等生产资料的不合理使用造成的面源污染凸显。

第二，农业面源污染途径。造成农业面源污染的诸多因子包括化肥、农药、畜禽排泄物及养殖废物、未经处理的农作物秸秆、农膜、生产和生活污水等。

第三，化肥污染与控制。化肥在农业生产中起着重要的作用。长期过量施用化肥或施用不当造成明显的环境污染或潜在性污染。化肥施用中存在的主要问题有：化肥用量大、利用率低、化肥施用不合理等，造成环境污染，使农产品品质下降。化肥对农产品质量的影响最为突出，其中最主要的是硝酸盐含量超标。

化肥污染的控制措施主要有：加强施肥与环境保护的宣传教育；增施有机肥料；大力推广配方施肥技术以减少盲目施肥；加强土壤肥料监测和管理；施用化肥增效剂；改进施肥方法；加大控释肥料的研究，提高肥料的利用率。

第四，农药污染与控制。农药长期大量的施用，不可避免地对土壤、水体、大气等环境产生污染，从而影响农产品的质量和人体健康。其中最为严重的是农药的残留污染。

控制农药污染的途径主要有：农药合理、安全地施用，农药残留监测，发展高效低毒低残留农药。有害生物综合防治。进行去污处理。农药污染土壤的生物修复等。

第五，农膜污染与控制。农膜覆盖栽培技术是一项农业现代化技术，采用这种技术可以增温、保湿，从而达到增产、丰收的目的。但是，农膜残留对农业生态有危害，留在土壤中的残膜会造成耕地污染。更为严重的是残膜长期堆积有可能完全破坏土地资源的生产潜力，使大片良田变为荒芜的寸草不生的荒漠土地，以致影响农业的持续发展。

农膜污染的控制方法主要有：加强宣传、提高认识；推广残膜回收技术，减轻污染危害；搞好农膜的再生利用，防止污染转移；制定政策，强化管理；轮换盖膜可延缓残膜危害；研制开发可降解性农膜；开发应用优质农膜等。

第六，农业固体废物对农业环境的影响及控制。农业固体废物是指农业生产、畜禽饲养、农副产品加工以及农村居民生活活动生成的废物。如植物秸秆、人和畜禽的粪便等。固体废物对农业环境的影响表现在多个方面：侵占土地；对土壤的污染；对大气的污染；对水体的污染；影响环境卫生等。

固体废物的污染控制途径主要包括：完善和改造生产工艺、发展物质循环工艺、综合利用和无害化处理与处置等。

第三节　生态农业理论

一、生态农业的概念与特征

1. 生态农业的概念

目前我国学术界对生态农业比较典型的解释是：中国的生态农业，是按照生态学原理和生态经济规律，因地制宜地设计、组装、调整和管理农业生产和农村经济的系统工程体系。即利用传统农业精华和现代科技成果，把发展粮食与多种经济作物生产，发展大田种植与林、牧、副、渔业，发展大农业与第二、第三产业结合起来，通过人工设计生态工程，协调发展与环境之间、资源利用与保护之间的矛盾，促进人与自然的和谐发展，形成生态与经济两个良性循环，实现经济、社会和生态三大效益的统一。①

2. 生态农业的基本特征

生态农业具有如下三个基本特征：

一是发展的持续性：是指在农业活动中，注意改善生态环境以保证资源的永续利用，加强生态建设以减轻恶劣生态环境对农业的直接危害，从而使农业高产、稳产、高效益地持续发展。

二是优化的整体性：是指通过农业生态诊断、生态设计、生态调控；优化结构、通过多次转化的加工链实现资源增殖，从而使第一、第二、第三产业保持协调发展，以达到整体最优化状态。

三是效益的综合性：是指通过生态农业技术体系和结构调控，以取得生态和经济、社会综合效益的高度统一。

二、生态农业的基本原理

生态农业的最基本原理正如马世骏教授所精辟概括的："整体、协调、循环、再生"，② 主要包括下列具体原理。③

1. 整体效应原理

农业生态系统各组分间进行着能量流、物质流、信息流、价值流等转运、连接、交换与补偿活动，存在着反馈与负反馈作用，形成一个复杂的网络状的庞大系统。生态农业的目标与调控方向在于使系统整体的能量流、物质流、信息流、价值流等纳入良性循环之轨道。同时，要通过合理调整系统中各组分的组合关系和提高各个环节中各种生态效率的途径，以抑制各种抵消功能的消极作用。提高整个系统的总体生产力，是提高生态效率的最终标志，而不仅仅在于提高某一作物或畜禽的单产。生态农业系统的整体功能高来源于系统的高稳定性，系统的高

---

① 孔志峰：《中国生态农业运行模式研究》[M]，北京：经济科学出版社 2006 年版。

② 马世骏：《从持久发展谈当代农业的动向》[J]，《科技导报》1986 年第 4 期。

③ 卞有生、金冬霞、邵迎晖：《国内外生态农业对比——理论与实践》[M]，北京：中国环境科学出版社 1999 年版。

稳定性又来源于系统的复杂性，而复杂性表现为多样的组分，健全的生态位及各种合理的反馈关系等。

优化整体效应的模式主要是表现为优化各种生产结构。调整生产结构其实是一种智力投入，通过合理设计发挥系统各组分的整体效应，促使系统的整体功能优化和效益的提升。所以，在生态系统中，必须运用生态学上的“整体功能大于个体相加之和”原理，使生产结构的调整取得整体优化效应。

2. 生物与环境的协调同进化原理

生物同环境之间有着错综复杂的物质和能量的交换关系。一方面生物占有环境，不断地利用环境资源，改造环境；另一方面生物又是组成所在环境的成员，不断补偿环境资源以保持必要的物质贮备，从而维持生物再生，使生态系统的良性循环得以保持，使变动不居的生态环境能在更高层次达到动态平衡。生态农业就是遵循这种生物与环境的协调同进化的原理，强调全面规划，总体协调，因地、因时制宜，合理布局，合理轮作倒茬，种养结合。如果违背这一原理，则会造成环境质量恶化，甚至导致资源枯竭。

3. 生物的生态位原理

所谓生态位，指的是环境中生物种群生活在生态环境中的时空位置。它包括理想生态位和现实生态位，二者之差即形成生态位势。生态位势既会促使环境中的生物去寻找、竞争和占据良好的生态位，又会迫使它们不断调节自己的现实生态位，以适应环境。在物种多样化的自然生态系统中，空白生态位不断被填充，生态位也逐渐饱和，从而使网络结构的生态系统保持复杂稳定性。而在农业生态系统中，人们某种单一化的经济目标导致系统中的物种单一化，空白生态位较多，生态系统难以获得平衡，资源的最佳效益难以获取。例如，在开发果园中，果树成林前，大部分土地裸露，既易导致水土流失，又易长杂草，如在幼苗之间间作低矮的经济作物，使空白生态位得到填充，既可防治水土流失，改善生态环境，又可增加经济效益。稻田养鱼就是运用填充空白生态位的原理，以鱼填充稻田中的空白生态，以稻田中杂草、螟幼虫和水稻枯死叶为食，从而达到稻、鱼双丰收。水产业的分层混养、种植业的间作套种都是运用生物的生态位原理来提高资源的利用率，从而达到经济效益与生态效益的统一。在生态农业技术的示范应用过程中，既要充分运用生态位的原理，也要防止生态位的重叠。

4. 生物的相互制约与平衡原理

生态系统中的各种生物之间是以食物链的关系相互联系、相互制约的。处于食物链关系中的生物之间，存在着严密的比例关系，紧邻的两个链节上的生物，在个体数量、生物量或能量的比例上都保持一定的稳定性。里面的任一链节发生变化，不但对相邻的链节产生影响，也可能导致整条食物链发生改变。如果人为打乱它们的关系，可能导致生态失衡。在农业生产中推广生态农业技术，必须重视、运用这个原理，使生态系统保持良性循环。

5. 物质循环再生与能量多级利用原理

食物链是物质传递链和能量转换链合二为一，在经济上还表现为价值增殖链。物质能量在食物链中逐级转换、传递的过程中的表现为 10∶1 的规律：即下一链级的生物只能固定上一级生物能的 1/10。所以，在生态学上特别强调如何最大限度地提高生物能的转化率。然而在农业生态系统中，因为人们对调控生物与环境及对产品的期望各异，采取的措施也就各异，物质循环再生与能量多级利用的效果也一定不同。比如未经处理的作物秸秆，直接埋入土壤，须经长期发酵分解方能产生肥效，参与土壤的再循环；如经人工的糖化（或氨化）处理，先变成饲料，用于畜牧养殖可提高畜牧产品的产出，从而提高能量转化率，可明显著提高经济效益。同时，利用畜禽粪便进行厌氧发酵工艺生产的沼气能为生产和生活提供清洁能源，产生的沼渣、沼液可用作有机肥及鱼饲料。所以，在生态农业中，应遵循这个原理，科学设计食物链，多层分级利用，能够使有机废物转化成资源，使光合产物得到再生增殖，从而既提高增殖效益又能改善生态环境。

6. 功能协调性和结构稳定性原理

在自然生态系统中，生物之间及其与环境之间，建立了相对稳定的结构，并匹配着相应的功能。在农业生态系统中，人们按照生产目标安排生物比例关系，并对其进行调控。保持生态系统结构的稳定及其功能正常运行，才能使生态农业生产的农产品高产优质，并保证良好的生态环境。如在实践中，果树与蜜蜂结合起来，蜜蜂既可利用丰富的花源采蜜，又可对果树进行传授花粉，起到共生互利的作用，使生态效益和经济效益显著。再如豆科植物的根瘤菌有固氮作用，可以用于改良土壤结构及养地。

作为开放性闭合循环的半人工的农业生态系统，如过量投入某种物质与能量，则会滞留在系统中，对生态环境结构产生不良影响。例如过量施用化肥和农药易致土壤板结、减少害虫的天敌、污染环境等。反之，如果对系统的输入量少，输出量过多，则会耗竭生态系统资源，比如掠夺式耕种农田、过度放牧草场、过度采伐森林都会导致生态系统的退化。因此，要稳定生态系统的结构，就必须使物质能量输入、输出保持合理的比例关系，使之处于相对平衡的状态。

7. 经济效益、生态效益、社会效益相统一的原理

在生态农业中，生态效益即长远的经济效益，社会效益即广泛的经济效益，生态是发展基础，社会是服务对象，经济是最终目标，生态农业就是要使三者有机结合同步提高。所以在生态农业实践中，必须运用经济效益、生态效益、社会效益相统一的原理，使系统资源得到优化配置，使光、温、气、水、土和生物资源得到充分合理利用；扩大绿色植被，保持和改善生态环境；通过种养加、产供销一体化经营，使劳动资源得到充分利用；同时，努力提高农产品的商品率和提供无污染、安全、优质营养的生态食品。

第二章

鄱阳湖流域生态环境与农业开发的历史考察

第一节　研究区域的界定

一、若干地理概念的解释

本书在历史和现实研究中，涉及到若干地理概念，为免于含义模糊，作一些必要的厘清。

1. 鄱阳湖

鄱阳湖是我国最大的淡水湖泊，位于长江中下游之南、江西省北部，地理坐标约为东经115°49′～116°46′，北纬28°24′～29°46′。其南北长173公里，东西最宽处达74公里，平均宽16.9公里，湖岸线长1200公里，根据卫星遥感测算，湖区最大丰水期面积5100平方公里，平均水深6.4米，最深处25.1米，容积约300亿立方米。[①] 它是与赣江、抚河、信江、饶河、修河等五大河流（以下简称"五河"）尾部相接的似盆状天然凹地，受长江、"五河"水位制约、水量吞吐平衡而形成的连河湖（River Connected Lake）。大约于公元6世纪末至7世纪初，因水域扩展到鄱阳县境内，开始被称为"鄱阳湖"，并沿袭下来。在丘陵岗地的鄱阳湖的湖岸线，为湖水面与湖岸岸边的交界线；在入河口部位的鄱阳湖的湖岸

① 江西省发改委办公室，2008年3月26日，http：//www.jxdpc.gov.cn/hpyhszjjq/20080326/101626.htm。

线，为入湖喇叭形河口垂直流向的两岸连线。

2. 鄱阳湖盆地

广义的鄱阳湖盆地系指由江西省东北的怀玉山脉，西北的幕阜、九岭山脉，西部的罗霄山脉，东部的武夷山脉，南部的大庾岭、九连山等所构成的南高北低的箕状盆地，鄱阳湖正好位于该盆地的北部盆底，遂被称为鄱阳湖盆地。由于在农业区划中通常将盆地中吉安至泰和的区段，称为吉泰盆地，因此狭义或常用的鄱阳湖盆地的南界系指樟树—丰城—抚州一线。本书在使用“盆地”概念描述该地区古地理环境时，系指狭义的鄱阳湖盆地。

3. 鄱阳湖平原

鄱阳湖平原系指以鄱阳湖为中心，以丘陵、岗地及长江为周边，是似环状分布的标高 13～30 米、高差小于 5 米、坡度小于 1°的平地，面积为 12636 平方公里。包括鄱阳湖四周和长江沿岸各县，东至乐平、余江，西至安义、高安，南至清江、抚州。①

4. 鄱阳湖水系

鄱阳湖水系是指由赣江、抚河自西南，信江自东南，饶河自东，修河自西北，汇注鄱阳湖，以及由这些河流各级支流与鄱阳湖本身所组成的、以鄱阳湖为汇聚中心的辐聚水系（Connergent Drainage）。

5. 鄱阳湖流域

鄱阳湖流域是对上述鄱阳湖水系集水范围的总称，鄱阳湖流域面积为 162225 平方公里，占江西省国土面积的 97.2%。其中 157086 平方公里位于江西省境内，占全流域的 96.8%，这部分区域习称为“山江湖”，“湖”就是鄱阳湖，“江”则指鄱阳湖水系的赣、抚、信、饶、修等五大河流，“山”系泛指鄱阳湖水系流域范围之内的山地、丘陵。“山江湖”构成了一个完整的、手掌形的生态经济系统，且以省级行政区为范围，有利于国土的规划整治，有很大的代表性。其余 5139 平方公里，分属闽、浙、皖、湘等省地域，占全流域的 3.2%。

6. 鄱阳湖区

鄱阳湖区是指鄱阳湖的水域、湖滩洲地所在的区域，包括沿湖 11 个县市

① 易宜曲：《江西省经济地理》[M]，北京：新华出版社 1990 年版。

（南昌、新建、进贤、余干、鄱阳、都昌、湖口、星子、德安、永修及九江市的市区）的行政疆域。它们的气候、水文、旱涝灾害、交通运输等，受鄱阳湖水体的影响较为直接，具有自然条件、自然资源和社会经济条件的类似性。鄱阳湖区面积共计 19761.5 平方公里，地理坐标为东经 115°31′～117°06′，北纬28°11′～29°51′。

7. 鄱阳湖地区

鄱阳湖地区是指江西省简明农业区划Ⅰ号一级区“赣北鄱阳湖平原粮棉油畜水产区”的简称。其范围除上述鄱阳湖区的 11 个县市外，还增加了其外围毗邻的 14 个县市，共计 25 个县市，即：彭泽县、湖口县、都昌县、九江县、星子县、瑞昌县、德安县、永修县、鄱阳县、乐平市、万年县、余干县、余江县、临川区、东乡县、抚州市区、丰城市、樟树市、高安市、安义县、进贤县、南昌县、新建县及南昌市、九江市的市区。共计面积 38760.6 平方公里，地理坐标为东经 115°01′～117°34′，北纬 27°32′～30°06′。

8. 鄱阳湖生态经济区

鄱阳湖生态经济区是江西省委、省政府于 2008 年 1 月正式提出的一个区域战略发展概念，2009 年 12 月国务院正式批复《鄱阳湖生态经济区规划》，标志着建设鄱阳湖生态经济区上升为国家战略。其战略目的在于充分发挥江西省生态环境好的优势，更好地策应国家新一轮区域发展战略，提升和突破江西省原有的区域发展战略，从而有助于争取在全国区域发展格局中的有利地位。

根据《中国鄱阳湖生态经济区规划》，鄱阳湖生态经济区的具体范围包括 38 个县市区：南昌市 5 个区（东湖区、西湖区、青云谱区、湾里区、青山湖区）、九江市 2 个区（浔阳区、庐山区）、景德镇市 2 个区（珠山区、昌江区）、鹰潭市区（月湖区）、抚州市区（临川区）、新余市区（渝水区）、南昌县、新建县、安义县、进贤县、德安县、星子县、永修县、湖口县、都昌县、武宁县、共青城、瑞昌市、九江县、彭泽县、鄱阳县、余干县、万年县、丰城市、樟树市、高安市、东乡县、乐平市、浮梁县、贵溪市、余江县、新干县等。合计面积达 5.12 万平方公里，占江西省国土面积的 30.6%；区域内人口占全省的 50%，经济总量占全省的 60%。

二、研究区域说明

上述鄱阳湖、鄱阳湖盆地、鄱阳湖平原、鄱阳湖水系、鄱阳湖流域、鄱阳湖区、鄱阳湖地区和鄱阳湖生态经济区等地理区域概念，它们的关系是相互包容、相互交叉、相互重叠的，其中以鄱阳湖流域范围最广，基本上涵盖江西省全境，鄱阳湖生态经济区次之。鄱阳湖流域与鄱阳湖生态经济区的关系是包含与被包含的关系。

为了对接江西省委、省政府提出的建设“鄱阳湖生态经济区”的发展战略，与《中国鄱阳湖生态经济区规划纲要》所确定的战略定位、发展目标和产业布局相统一，本书在生态农业发展的研究区域主要是鄱阳湖生态经济区。同时，由于本书对鄱阳湖区域农业环境的研究是“长时段”历史研究，研究中大都涉及鄱阳湖流域或江西省全境。

第二节　鄱阳湖的形成、演变及其影响

一、鄱阳湖的形成

现在的鄱阳湖是历史的产物，其形成经历了一个由无到有、由小到大的演变过程。根据湖盆地质、地貌和历史演变情况，以永修县松门山为界，可以分为南、北两部分，其中北鄱阳湖形成较早，南鄱阳湖形成较晚。

普遍的水体入侵河谷、阶地现象是现代鄱阳湖地貌的明显特征。条带形的北鄱阳湖水面开阔；南鄱阳湖的东北部、西北部与南部，因水体入侵河谷，阶地之间也形成许多狭长的岗间湖泊，湖床底部为网纹红土，一层极薄的近代沉积物覆盖其上。[①] 证明鄱阳湖地区的近期新构造运动，具有强烈的下沉趋势，是历史时期鄱阳湖的形成与发展的地质学基础。

鄱阳湖在古代有过彭蠡湖、彭蠡泽、彭泽、彭湖、扬澜、宫亭湖等多种称谓。主要古名一为彭蠡湖，彭蠡，是很古的泽薮名。彭蠡或彭蠡泽之称最早见于战国时成书的地理著作《尚书·禹贡》中：“彭蠡既豬，阳鸟攸居”；“嶓冢导漾，东流为汉……南入于江，东汇泽为彭蠡。”

关于古彭蠡泽的位置和范围，目前有三种说法。一是历史上大多学者认为古彭蠡泽就是今天的鄱阳湖，位于现在的长江中下游之南。其依据为东汉班固《汉书·地理志》“豫章郡彭泽”条载：“彭蠡泽在西”。西汉彭泽县治在今湖口县东

---

① 黄第藩等：《长江下游三大淡水湖的湖泊地质及其形成与发展》[J]，《海洋与湖泊》1965 年第 4 期。

南15公里，其西正为今鄱阳湖入江之口。然而这与《尚书·禹贡》所谓的“汶山导江……过九江，至于东陵，东迤北会于汇”之文不合。二是谭其骧等（1982）认为古彭蠡泽应指今长江以北太白、龙感、大官诸湖，六朝时称为雷池和雷水，而非指今鄱阳湖，今湖口县附近之鄱阳湖乃形成于西汉晚期元封五年以后。[①] 三是魏嵩山、肖华忠（1995）认为古彭蠡泽范围应该很广、跨有今长江南北，既包括今江北宿松、望江境内的太白、龙感、大官等湖，又包括江南松门山以北的北鄱阳湖。今北鄱阳湖作为古彭蠡泽的一部分应与整个古彭蠡泽一样，早在更新世后期已经形成，绝不会晚至西汉晚期。[②] 因为古彭蠡泽分别由新、旧长江与赣江河段上在下沉过程中汇聚而成，具有河流的条带状形态，湖底河谷脊线分明，所以它既可称为湖泽，又可视为长江和赣江的加宽河段。正因为这样。先秦和秦汉许多典籍记载当时全国的著名泽薮，除《尚书·禹贡》外，其余如《周礼·职方》、《尔雅·释地》、《吕览·有始》和《淮南子·地形训》等，都没有彭蠡泽的记载，显然这些典籍是把彭蠡泽当作长江和赣江的拓宽河段来处理的。与《禹贡》同时成书的《山海经》记载赣水和庐江水，亦称注于江而不是入彭蠡泽。[③] 班固在《汉书·地理志》中一方面指出彭泽县境今北鄱阳湖为《尚书·禹贡》所谓“彭泽”，另一方面又分别于赣县、鄡都县条下指出豫章水、湖汉水至彭泽县入于江，显然也是这个原因。

本书采用魏嵩山、肖华忠（1995）之说。现在的北鄱阳湖作为古彭蠡泽的一部分自形成以后直至东晋南朝，湖区范围相当稳定，南界始终限于松门山附近，未见向南扩展的任何记载。现在的南鄱阳湖当时尚未形成。

二、鄱阳湖的演变过程

关于鄱阳湖演变发展的原因，《鄱阳湖研究》编委会（1988）指出鄱阳湖的形成经历了湖盆与水域两大要素的形成发育过程。鄱阳湖湖盆的形成，主要与地质构造因素有关，但它在湖泊成因上所占的比重较低，故鄱阳湖似不宜简单地类比为构造湖；鄱阳湖水域的形成，从地质发展史和当今的水文地理都可论证：是在上游、中游“五河”来水与下泄长江的水量吞吐平衡中，或积水成湖，或水落滩出，这是鄱阳湖演变的主导因素。故鄱阳湖可称为“吞吐型河成湖”，从水文地理景观上亦可简称为“连河湖”。[④]

---

① 谭其骧、张修桂：《鄱阳湖演变的历史过程》［J］，《复旦学报》（社会科学版）1982年第2期。

② 魏嵩山、肖华忠：《鄱阳湖流域开发探源》［M］，南昌：江西教育出版社1995年版。

③ 袁珂：《山海经校注》［M］，上海：上海古籍出版社1980年版。

④ 《鄱阳湖研究》编委会：《鄱阳湖研究》［M］，上海：上海科学技术出版社1988年版。

更新世后期以来，长江九江河段主泓自故道南移今道，从而促成鄱阳湖的发展和不断扩大。由于长江主泓移至今道，古彭蠡湖江北部分来水减少而日趋萎缩，仅剩下若干不大的陂池和流通水道，六朝时被称为雷池和雷水，最后又演变成今日的龙感、大官等湖；与此相反，古彭蠡泽的江南部分则因上游水源丰盛，下游又受到长江主泓的顶托和洪流倒灌，因而不断扩大，最后发展成今日的鄱阳湖。

现在的南鄱阳湖的形成是自南朝时开始的，之前曾是一片广阔的平原，为当时鄡阳县所在地。据北宋《太平寰宇记》卷一〇七饶州鄱阳县下记载："废鄡阳县在西北一百二十里。按《鄱阳记》云：汉高帝六年（公元前201年）置，宋永初二年（公元421年）废。"清同治《都昌县志·古迹》："古鄡阳城在周溪司前湖中四望山，至今城址犹存。"四望山即今都昌县鄱阳湖中四山，又称对面山。1960年江西省博物馆于此发现了汉代城址和汉墓群，与史书记载完全吻合，无疑此城为西汉高祖六年所置的鄡阳县治所在。①

至南朝时期，由于古彭蠡泽江北部分日渐缩小而演变为雷池和雷水，蓄洪能力减弱，加上气候转暖，② 长江流域地表径流增大和南鄱阳湖地区继续陆沉，于是原来广阔的平面逐渐沼泽化，大部分地区不适宜人们居住和从事农业生产。南朝宋永初二年鄡阳县的撤销，当与此演化过程有着密切的关系。唐朝韦庄在《泛鄱阳湖》诗中写道："四顾无边鸟不飞，大波惊隔楚山微。"③ 这是鄱阳湖之名首次见于文献记载。鄱阳湖的得名，是唐代彭蠡泽向东南方向扩展越过松门山浸入鄱阳县境的结果。

唐代彭蠡湖自西北向东南迅速扩展的过程，还可以从古人的记载中得到反映。刘长卿《送弟归鄱阳》诗："故人今何在，沧浪孤客稀。湖山春草遍，云水夕阳微。"反映了当时鄱阳县附近湖水浩淼。李白《彭蠡湖》诗云："谢公入彭蠡，因此游松门。余方窥石镜，兼得穷江源。"又于《送弟赴鄱阳司马》诗云："松门拂古道，石镜回清光"；"吴江对楚岸，彭蠡当中洲"。诗中的"江"与"吴江"即指鄱江，说明其下游已为彭蠡湖所浸没。《太平寰宇记》于饶州鄱阳县下记载"莲荷山在县西四十里彭蠡湖中，望如荷叶浮水面"；又于余干县下记载武陵山"临大湖"。当是自唐代以来就已如此，此大湖所指即莲荷山以南、康山以东大湾水面。可见原本河网交错的平原已为波光粼粼的大湖所取代，唐独孤

① 周振华：《鄡阳城址初步考察》［J］，《江西历史文物》1983年第1期。

② 竺可桢：《中国近五千年来气候变迁的初步研究》［J］，《考古学报》1972年第1期。

③ 韦庄：《韦庄集笺注》卷七［M］，上海：上海古籍出版社2002年版。

及的“石川灌彭蠡，秋水方浩浩”[①] 正是此种局面的写照，西汉鄡阳县城被陷于湖水包围的孤岛上。不过，从白沙、武林唐代仍为闽越入京之道[②]分析，扩展后的鄱阳湖范围，似乎限于今南山、武陵山以北，其南仍为陆地，只有湖区的北界、东界才与今日大体相当。

及至宋代，鄱阳湖继续向南扩展，大体上形成了今鄱阳湖的形态和规模。《太平寰宇记》饶州余干县下记载：“康郎山在县西北八十里鄱阳湖中，云康氏所居，又名抗浪山、谓能抗浪也”；“族亭湖在县西水路八十里，湖中流分当县南昌县二界”。[③] 康郎山即今康山，族亭湖相当于今余干县瑞洪镇西进贤县北境之金溪湖。《舆地纪胜》隆兴府：“彭蠡湖在进贤县东北一百二十里，接南康、饶州及本府三州之境，弥茫浩渺，与天无际”。又云：“邬子寨在进贤县东北一百二十里。徐师川尝有《邬子值风雨》诗云：重湖浪正起，支川舟不行。急雨夜卧听，颠风昼夜凉。”邬子寨北与瑞洪镇隔瑞拱水相对。由此说明，宋代鄱阳湖的南界已越过康山达于今瑞洪镇一带。《太平寰宇记》卷一〇六《洪州南昌县》又载：“松门山在县北水路二百一十五里，……北临大江及彭蠡泽。”此大江乃指赣江，说明松门山以南尚未沦为湖泊。由此推断，湖区西南界当在松门山东南至瑞洪镇一线。至此，唐代地处闽越入京之道的白沙、武阳亭遂相继陷入湖中。

明清时期，鄱阳湖演变的特点是汊湖的扩展，特别是鄱阳湖南部最为显著。在进贤县北境，宋时除族亭湖外，见于记载的又有日月湖。《舆地纪胜》隆兴府：“日月湖在进贤县北十五里。”其湖本今军山湖南部的小汊湖，下游为南阳水，北通鄱阳湖。后经元明两代，随着鄱阳湖地区的继续沉降，族亭湖并入鄱阳湖而称金溪湖，日月湖也日益扩展为军山湖而北与金溪湖相接。《读史方舆纪要》南昌府进贤县：“军山湖在县北四十里。志云：县境之水，二湖（指军山湖、日月湖）最大，而总归鄱阳湖。鄱阳湖盖浸北山之趾。”位于进贤县西北的今青岚湖，明时为洞阳、清溪二水所经，至清初也因沉溺扩展为仅次于军山湖的青岚湖，又名洞阳湖。[④] 至今军山、青岚二湖的沉溺河谷形态仍很明显，湖底仅有少量淤泥覆盖于网纹红土之上，便是近期强烈沉降的充分证明。

鄱阳湖的西南岸，宋时本在今松门山东南至瑞洪镇一线，距今岸尚有一定距

① （唐）独孤及：《登庐山东峰观九江合彭蠡》诗，见清康熙《江西通志·艺文志》[M]，中国地方志集成影印本。

② （唐）司马贞：《索引》云：今豫章北二百里，接鄱阳县界，地名白沙，有小水入大湖，名沙坑，东南八十里有武阳亭，亭东南三十里地名武林，此折沙、武林，今当闽越入京道，见1959年中华书局重新标点排印的《史记》。

③ （北宋）乐史：《太平寰宇记》[M]，北京：中华书局2008年版。

④ （清）道光：《进贤县志》卷一《舆地志·山川》[M]，中国地方志集成影印本。

离，这是与古赣江东北流向而形成的三角洲相吻合的。当时矶山应处赣江三角洲的前缘。唐以后赣江主泓西移至松门山附近，于是赣江大量泥沙改由北鄱阳湖输送长江，南昌东北方向赣江三角洲则因而发展迟缓，南鄱阳湖逐渐向西南扩展。至明代，据《读史方舆纪要》记载，原位于三角洲前缘的矶山已“屹立鄱阳湖中”。清初，松门山以南的陆地也相继沉沦于湖，致使原“北临大江及彭蠡湖”的松门山及吉州山沦为湖中的孤岛。此后，随着赣江泥沙大量在江口堆积，吉州山又与陆地相连。与此同时，原在鄱阳湖南部湖中的康山也随着信江泥沙不断在江口沉积而并入南岸陆地。

三、鄱阳湖演变所带来的影响

鄱阳湖在其演变、发展过程中，给周边地区的经济社会和环境都带来了巨大影响。

1. 政区兴废的影响

西汉时期，鄱阳湖区属豫章郡。由于此地处赣、抚、信、饶、修等五大河流河口交汇区，土地平坦肥沃，农业发展较早。当时，豫章郡所治18县中有南昌、彭泽（治今湖口县南）、鄱阳（治今鄱阳县东）、历陵（治今德安县东）、余汗（音干，治今余干县）、柴桑（治今九江市西南）、海昏（治今永修县）、鄡阳（治今都昌县东南）等8县处在该地区。①东汉永元十八年（104），从海昏县中析出建昌县（辖境相当于今奉新、靖安县）；灵帝中平年间（184～189），增设新吴（今奉新县西）、永修二县，②形成了县治林立的繁盛景象。

但随着古彭蠡湖向南发展，给上述地区带来了大水患，河网交织的冲积平原开始沦为湖泊。南朝宋时期先后废置历陵、鄡阳、海昏等三县，当与湖泊南浸所带来的水患有密切的关系。

2. 对鄱阳湖流域乃至江西省全境的生态环境影响

由于鄱阳湖主要是由上游、中游“五河”来水与下泄长江的水量吞吐平衡中所形成的“吞吐型河成湖”或“连河湖”，所以鄱阳湖与江西省内赣、抚、信、饶、修等五大河流关系十分密切。鄱阳湖是五河来水的贮积池与调节器。同时，五河上游、中游地区的山地、丘陵、平原的农耕与建设及水土流失的程度，

① （东汉）班固：《汉书》卷二十八上《地理志上》[M]，北京：中华书局2007年版。

② （南朝宋）范晔：《后汉书》卷一百十二《郡国志四》并注引雷次宗《豫章记》；参阅许怀林《汉代江西的农业》，《农业考古》1987年第2期。

都对鄱阳湖水体产生直接影响。由此构成的“山江湖”是一个完整的生态经济系统，鄱阳湖对这个生态经济系统起着至关重要的作用。

3. 对湖区经济社会发展的影响

鄱阳湖及其流域地区素称“鱼米之乡”，自隋唐以降，“沃壤百里”、“稻云烘日”，[①] 成了国内重要的粮食生产基地，在中国古代经济中占据重要地位。这是与鄱阳湖区优越的水土资源密切相关的。鄱阳湖区因地处赣、抚、信、饶、修等五大河流河口交汇区，土地平坦肥沃，水资源丰富，而自然地理条件变异相对缓慢，故而湖区的经济中心地位长期维持，自古以来都是人群生活的密集区。随着经济发展和人口增加，湖区的圩堤水利工程、与水争地等农业开发活动不断加强。

第三节 鄱阳湖流域农业开发与生态环境变迁

在农耕经济时代，农业开发是影响生态环境诸多因素中最典型的因素。它们之间的关系错综复杂，当农业开发适度时，生态环境保持良性平衡；当农业开发过度或不当时，生态环境趋于恶化。在古代鄱阳湖流域，农业开发经历了一个由低级向高级发展的过程，在不同的历史阶段对生态环境的影响也经历了一个发生、发展过程。考诸鄱阳湖流域生态环境变迁史，可以概括为：远古至秦汉时期，是生态环境由荒凉向开化发展的阶段；隋唐五代时期，是生态环境平衡发展阶段；宋元时期，是生态环境开始失衡阶段；明清时期，是生态环境逐渐破坏恶化的阶段。近代以来，生态环境呈现进一步恶化的趋势；新中国成立以来生态环境经历了一个恶化—治理—改善的过程。

一、鄱阳湖流域的原始农业与生态环境（5 万年前～公元前两千年）

1. 鄱阳湖流域的原始农业

根据考古发现，鄱阳湖流域农耕文明的源头主要分布在鄱阳湖滨——赣江中下游的广大平原地区，可谓是远古赣鄱大地农业文明的摇篮。

1962 年，在鄱阳湖东侧赣东北平原的乐平涌山岩洞中，发现了距今约 5 万年

① （宋）张孝祥：《于湖居士文集》卷七［M］，上海：上海古籍出版社 1980 年版。

的打制石器，表明在旧石器时代晚期，就曾经有原始人群在鄱阳湖流域这块土地上生存和活动。1989 年分别在赣西北潦河境内的安义龙津镇、赣中新余市郊袁河台地两处发现旧石器时代晚期的石器遗存，表明距今四五万年前这块土地上即有先民的活动。1962 年和 1964 年，先后两次在鄱阳湖东侧的万年县城东北大源乡的仙人洞，发现了距今 1.2 万余年的新石器时代早期的众多石器遗存。① 1993 年、1995 年和 1999 年，在对万年仙人洞和吊桶环遗址的三次考古研究中，取得了考古学界的一项重大突破——发现和确认了万年仙人洞里存有距今 12000～6000 年的中国乃至世界最早的稻谷遗存。这是鄱阳湖流域新石器时代早期遗址的标志，也是华南作为中国原始农业发源地的依据。②

进入距今约 5000 年的新石器时代晚期，鄱阳湖流域境内形成了许多居民聚落点，已被考古学家发现的文化遗址不下百处，比较典型、突出的有修水山背、樟树樊城堆等文化遗址。这些文化遗存中不仅有石器，而且有陶器、骨针和家禽家畜的骨架等。这是在鄱阳湖流域人类开始定居并存在原始农业的证据。

与樊城堆文化同一类型的还有九江新合乡境内的神墩文化遗址，不仅有新石器时代晚期的文化遗存，还有商周时期的地层堆积和文化遗址，如陶质随葬品（鼎、豆、壶等）、人骨架、水井、木耜、竹篮、殷式鬲等。这表明，在鄱阳湖流域赣北门户地区——九江一带，中原商文化、楚文化、吴越文化与赣地文化正在此交汇、融合，反映出赣北地区的经济社会发展与中原及东部地区的经济社会发展具有同步性。

生产工具的发现和进步是原始社会生产力发展的重要标志。鄱阳湖流域（如乐平涌山岩洞等地）的先祖在旧石器时代开始使用的是木棒、石块，后来有了简单的打制石器，进而使用刮削器、砍砸器、尖状器、石核、石锤、手斧、骨刀、骨锥、骨鱼叉等，以适应远古原始渔猎生活。到新石器时代，从修水山背、樟树筑卫城、樊城堆、九江神墩、新余拾年山、永丰尹家坪、靖安郑家坳等地的遗址、墓葬中，就发现有新石器时代的原始农耕生产工具如锄、镰、锛、斧、刀、凿等，充分说明鄱阳湖流域先民改造自然的方式有了改进，能力有了一定的提高。到商周时期，从新干大洋洲的文化遗址发掘看，农业生产工具有犁、耜、铲、镰、锛、镬、斧等，手工工具有石刀、凿、锥、砧等，这都是当时原始农业生产力渐进发展的体现。

---

① 《江西万年仙人洞洞穴遗址试掘》[J]，《考古学报》1963 年第 1 期；《江西万年仙人洞洞穴遗址第二次发掘报告》[J]，《文物》1976 年第 12 期。

② 严文明、彭适凡：《仙人洞与吊桶环——华南史前考古的重大突破》[N]，《中国文物报》2000 年 7 月 5 日；赵志军：《吊桶环遗址稻属植硅石研究》[J]，《农业考古》2000 年第 3 期；张弛：《江西万年早期陶器和稻属植硅石遗存》；严文明、安田喜宪：《稻作陶器和都市的起源》，北京：文物出版社 2000 年版。

2. 原始时期鄱阳湖流域的生态环境

原始时期，鄱阳湖流域的山地丘陵遍布亚热带常绿阔叶林为特征的森林植被，现在的丰富煤矿资源正是这种特征的反映。江西省52个县市有煤矿资源，约为江西省县市的半数，其中萍乡的安源、吉安的天河、乐平的鸣山、丰城的曲江、尚庄、金山等煤矿尤为著称，这些煤矿都是各地质时期的森林、沼泽地带的繁茂植物群体，经过漫长的地质成煤过程所形成的地下化石能源。据凌大燮统计，公元前2700年，鄱阳湖流域的森林覆盖率达到了82%。①

赣鄱地区发现了迄今为止中国乃至世界上最早的栽培稻标本，也是与当时其特定的生态环境优势息息相关的：第一，处于亚热带驯化中心区域，这一地区人与植物协同进化的关系在旧石器时代末期前就开始形成了，同时温暖适宜的温度和河流纵横的丘陵地形确保了野生稻的驯化和栽培；第二，全新世以后，随着最后一次冰期的结束，气温迅速回升造成高原冰雪溶化，加上海平面上涨，洪灾不断，平原和山区交错，可以有效避免雨季洪水的危害，是比较理想的早期定居点，万年仙人洞就这样成为相对稳定的聚居地；第三，野生食物资源丰富，采集、渔猎的生活为长期的稻作栽培提供了必需的生存保障；第四，赣鄱流域地处远古时期南来北往、东西交流的要道，最有条件受到各方面的先进生产经验和栽培技术的影响。②

二、夏、商、西周时期鄱阳湖流域的农业开发与生态环境（公元前两千年～前771年）

1. 夏、商、西周时期鄱阳湖流域的农业开发

夏、商、西周时期，鄱阳湖流域的先民们主要以采集和渔猎为生，直至商和西周，尽管农耕已发展，但农耕的水平低，收获量小。

夏、商、西周时期鄱阳湖流域内先民们的活动遗迹已分布在九江、修水、湖口、万年、广丰、南昌、进贤、高安、奉新、靖安、分宜、新余、樟树、萍乡、永丰、于都等县市。已经发现的考古遗址有：位于九江县新合乡境内的神墩遗址，包含有新石器时代晚期（相当于夏朝）、商朝、周朝三个时期的地层堆积和文化遗物；位于樟树县境内的吴城商代遗址；位于新干县境内的大洋洲商代遗址以及修水的山背遗址、湖口的文昌洑遗址、武宁的澧溪遗址、九江县的磨盘墩遗

① 凌大燮：《我国森林资源的变迁》[J]，《中国农史》1983年第2期。

② 吴小平：《关于中国新石器时代的几个问题》[J]，《文博》1998年第3期。

址、湖口的下石钟山遗址、都昌的铜岭矿冶遗址、萍乡的大宝山遗址、分宜的洪阳洞遗址、樟树的樊城堆遗址、樟树的筑卫城遗址、靖安的郑家坳遗址、新余的拾年山遗址等，从遗址的分布情况和考古发掘分析，那时鄱阳湖流域先民的生活、生产活动在鄱阳湖和赣江中下游一带更多，规模更大。

当时的狩猎工具有石矛、石镞、石球，从商晚期开始出现铜镞、带钩等捕猎的专用工具。特别是到西周中期以后已使用铜矛、铜镞、铜刀等铜制捕猎工具，大大提高了捕猎的效率。狩猎是集体进行的，发现野兽如鹿、獐、虎、豹等，大家从四面八方围拢，用木棍、石块、石斧、石镞、石矛等袭击野兽。至今在赣西北山区农村中还遗留有猎取野兽分股的办法，第一个打中野兽的人除与其他人一样分到一份兽肉外，还可分得野兽的头作报酬。这是原始社会及夏、商、西周的狩猎遗风。

在南方地区，由于水网纵横，水量丰沛，鱼虾种类繁多，捕鱼必然是先民们重要的经济活动。先民们除了摸取螺、蚌、虾、蟹外，还用葛麻的纤维搓成细绳子，然后织成网，到河沟中捕鱼。

在湖口县下钟山西周遗址出土的猪、狗、牛等动物的骨骼以及陶牛；樟树市营盘里遗址出土的商代陶鸡陶猪头等文物，表明畜禽养殖业在当时的社会经济生活中占有重要地位。

夏、商、西周时期，农耕是重要的经济活动。可以从这一时期的考古遗址出土的大量生产工具得到证明。从修水山背遗址到新干大洋洲商墓，从万年仙人洞到清江吴城遗址，各地夏、商、西周遗址中都出土了大量的生产工具，有石斧、石锛、石刀、石镰、陶刀、铜斧、铜锛、铜凿、铜刀等。此外，还有蚌壳制的刀、镰等。另外，在修水山背地区的跑马岭遗址中的房屋墙基发现了含有稻谷、稻秆的红烧土，在湖口的王狗墩、城墩坂、下柳青、史家桥、文昌洑等新石器时期晚期遗址中都发现了含有稻谷的红烧土。在清江樟树西的樊城堆遗址及萍乡赤山乡的太宝山遗址的红烧土中都发现了稻草、谷壳的痕迹。由此可知，在夏朝（新石器时代晚期），赣北、赣中和赣西已栽培稻谷。稻谷遗物遗迹的发现也证明了农耕特别是稻谷的栽培在社会经济中的重要作用。

可以想像，夏、商、西周时期鄱阳湖流域的先民是如何耕作的：用石斧砍倒树木、清除荆棘，用石刀割断茅草，待柴草晒干后，再放火烧荒，用石锛、石铲挖松土地，播撒或点播种子；或在低洼湿地播撒种子；到收获季节则用石刀、石镰、陶刀、蚌镰等收获产量很低的稻谷。到商、西周时期，在一些社会经济较发达的地方，如赣中平原，先民们还使用铜制工具，劳动效率得到提高。

2. 夏、商、西周时期鄱阳湖流域的生态环境

夏、商、西周时期江西省境域乃至南方地区气候温暖湿热，雨量充沛，野生

植物和动物都非常丰富。由于生产力低下，人口密度低，生态环境基本处于自然原始、开发不足的状态。这可以从《山海经》、《太平寰宇记》等书记载的“赣巨人”、“山都木客”① 等神话传说中加以印证，也可以从周代时处于“蛮荒服地”② 的区域定位加以佐证。

三、春秋战国时期鄱阳湖流域的农业开发与生态环境（公元前770～前221年）

1. 春秋战国时期鄱阳湖流域的农业开发

春秋时期，吴、越、楚三国在江西省境域展开争夺，争夺最激烈的地区在赣北鄱阳湖周围。到战国时代，楚国拥有江西省全境。吴、越、楚三国为了争霸的需要，都积极发展农业生产。鄱阳湖流域的农业生产较之前代有了较大的发展，农业耕作方式已脱离了“刀耕火种”的原始粗放方式，生产工具有了进一步发展，表现在青铜农具较大数量的运用和铁制农具的开始使用上。据考古统计，本区各地出土的铁制农具有斧、锄、锸、铲等，反映了农具用途分工的细化，生产工具的进步。新型农具材料的运用，大大促进了农业生产的发展，农作物的产量有了较大程度的增加，粮食开始有了剩余。这从1975年在新干县界埠发现的战国粮仓遗址可以得到证明：粮仓遗址长61.5米，宽11米，整座粮仓面积达600平方米左右，堆积高度1.2米，是我国迄今发现的战国时期最大的粮仓。③ 由此可以看出，当时赣江流域的水稻种植业已非常发达，粳稻已经成为当时主要的粮食作物。

当时鄱阳湖流域的捕鱼业也发展成为一项重要的经济活动，鱼米之乡之名已开始形成。《史记·货殖列传》云：“衡山、九江、江南、豫章、长沙，是南楚也……饭稻羹鱼，或火耕而水耨，果隋蠃蛤。”《汉书·地理志》云：“江南地广，或火耕而水耨，民食鱼稻，以渔猎山伐为业，果蓏蠃蛤，食物常足。”这说明当时南方地区，渔业和狩猎业在整个经济结构中占有非常重要的地位，是当地居民维持生计的重要手段，鄱阳湖流域的经济特色正是这样，捕鱼、狩猎、采集是经济生活中的重要活动。如在贵溪春秋战国时期的悬棺葬中，几乎在每一座墓的内部都发现有一两只鳖的躯壳放置于棺木旁，这反映当时的居民已大量地捕食

---

① 《山海经》卷一八；《太平寰宇记》卷一〇八，《赣县》下引顾野王《舆地志》。

② 《周礼·职方氏》载：王畿之外周围每五百里为一级，依次为“侯服”、“甸服”、“男服”、“采服”、“卫服”，至第6层次的区域为“蛮服”。

③ 陈文华、胡义慈：《新干县发现战国粮仓遗址》[J]，《江西文物》1976年第2期。

鳖类了。①

家庭养殖业也开始得到发展。《国语·越语上》载：越王勾践为了鼓励越人生育，下令，凡是"生丈夫，一壶酒，一犬；生女子，二壶酒，一豚"。从这个赏令中可以看出，当时越国人至少已驯养了狗和猪这两种动物。另外《越绝书》说，越有鸡山，"勾践以畜鸡，将伐吴以食士"。《庄子》亦说："越鸡不能伏鹄卵，鲁鸡固能矣。"由此可见，鸡在越人这里也已被驯养。江西省临川县营门里战国遗址中出土的陶猪是当时普遍养家猪的有力物证。另外在樟树清江观上战国遗址中，出土铜牛首形器物，证明当时养牛业已有了一定发展，牛成了人们崇敬的对象。人们把它塑成器物，顶礼膜拜，反映牛已与人们的生活紧密相连，而不是可有可无的动物。这不仅给我们研究畜牧业提供了力证，还为我们探讨当时赣江流域牛耕的状况提供了有力的证据。

2. 春秋战国时期鄱阳湖流域的生态环境

据气候学家研究，春秋战国时期黄河流域一带的气候逐渐变得干冷，使北方草木萧条，灾害增多，而南方则变得风调雨顺，更适宜人类活动。② 铁制工具的使用，使得春秋战国时期鄱阳湖流域的农业得到较好的发展，耕地面积扩大，劳动生产率也得到提高，使粮食生产有了一定的规模。此外，养殖业也有了一定的进步，使得鄱阳湖流域地区初步呈现出"鱼米之乡"的景象，生态环境呈现人与自然和谐的趋势。

四、秦汉六朝时期鄱阳湖流域的农业开发与生态环境（公元前220～580年）

1. 秦汉六朝时期鄱阳湖流域的农业开发

秦汉魏晋南北朝时期，中国大地发生了巨大变化。秦灭六国，开创了持续400多年的大一统局面；东汉末年的军阀混战把中国带入了一个历经300多年的大分裂时代，而分裂期间的民族融合又孕育着新的更大的统一。这种相对稳定而又一度分裂的格局，使鄱阳湖流域越来越多地与全国各地融为一体。

在鄱阳湖流域农业开发的历史进程中，西汉初年豫章郡的设置具有划时代意义。西汉时期的豫章郡，郡治南昌（今南昌市）下辖18县：南昌，庐陵（治今吉安市），彭泽（治今湖口县南），鄱阳（治今鄱阳县东），历陵（治今德安县

① 彭适凡：《江西古代文明史概述》[J]，《江西文物》1989年第2期。

② 余秉全：《从气候角度看中华文明大迁移》[J]，《气象知识》2002年第3期。

东)，余汗(音干，治今余干县)，柴桑(治今九江市西南)，艾(治今修水县西)，赣(治今赣州市西南)，新淦(治今樟树市)，南城(治今南城县东)，建成(治今高安市筠阳镇)，宜春(治今宜春市)，海昏(治今永修县)，雩都(治今于都县)，鄡阳(治今都昌县东南)，南壄(治今南康县)，安平(治今安福县东)。由此可见，当时豫章郡的辖境已相当于今江西省境的西北、西南、东南和南部等区域。到汉献帝建安年间(196~220)，豫章郡下辖26个县，[①] 辖境已接近于今江西省境。三国年间，东吴在江西省境内设置6郡57县。[②] 西晋统一后，又设“江州”(江西省是江州的主体和核心)，地处长江下游中段，上与荆州相邻，下与扬州接壤，战略地位十分重要，“四百余载，世称雄镇”。[③] 由鄱阳湖流域的政区设置不断增多、升级，可以知道江西省的政治、经济社会地位是不断提升的。

秦汉六朝时期，鄱阳湖流域农业生产技术得到长足进步。据考古资料表明，在汉代鄱阳湖流域农业生产领域已经较为广泛地使用了铁器，这从遍布鄱阳湖流域各地的汉代墓葬中可以窥见一斑。其中铁制农具有斧、锄、锸、铲、镬、耨、锤等，有锻铁的，也有铸铁的。不仅品种多，而且数量可观，当时中原地区使用最普遍的锸、镬、铲等起土用铁农具，均在鄱阳湖流域较广区域被发现，而且制作技术精湛，足以和中原地区出土的铁农具相媲美。[④] 至六朝时期，铁制农具的使用更为普遍。用于中耕的铁农具也有增加，并且出现了在当时较为先进的锄、锋、耩等农具。[⑤]

汉代鄱阳湖流域地区已经知道牛耕技术，特别是东汉时期，牛耕技术不仅在地势平坦的鄱阳湖地区和赣江沿岸得到运用，而且逐渐推广到赣南的丘陵山区。[⑥]

铁器的使用和牛耕技术的推广，提高了鄱阳湖流域地区的生产力，为精耕细作、水利兴修和荒地的开垦创造了条件。东汉时期，鄱阳湖流域也已开始大规模兴建陂塘闸坝，推广蓄水排灌的技术。如汉和帝永元年间(89~104)“(豫章)太守张躬筑塘以通南路，兼遏此水。冬夏不增减，水至清深，鱼甚肥美”。[⑦] 鄱阳湖流域地处丘陵地区，利用泉流和地下水方便，所以陶井明器在汉代较为流行。[⑧] 三国南北分治期间，鄱阳湖流域地区水涝灾害严重，特别是进入地震活跃

---

① (南朝宋)范晔：《后汉书》卷一百十二《郡国志四》并注引雷次宗《豫章记》；参阅许怀林《汉代江西的农业》，《农业考古》1987年第2期。

② 许怀林：《江西史稿》[M]，南昌：江西高校出版社1993年版。

③ (唐)独孤及：《毗陵集》卷十七《江州刺史厅壁记》[M]，上海：上海古籍出版社1993年版。

④⑥ 陈荣华、余伯流、邹耕生、施由民等：《江西经济史》[M]，南昌：江西人民出版社2004年版。

⑤ 张嗣介：《大余二塘南朝墓葬调查》[J]，《江西历史文物》1980年第3期。

⑦ (北魏)郦道元：《水经注》卷三十九《赣水注》，重庆出版社2008年版。

⑧ 陈荣华、余伯流、邹耕生、施由民等：《江西经济史》[M]，南昌：江西人民出版社2004年。

期的鄱阳湖平原，因地震造成的湖域变迁，给农业生产带来了更大的水涝灾害。东晋道教大师许逊治水救民的事迹及其各种传说，正是在这种背景下应运而生的。这个传说之所以历久不衰，流传至今，一方面反映了鄱阳湖流域人民对治水英雄许逊的敬仰与怀念，另一方面也说明了当时人们对发展水利事业的渴望和重视。六朝对水利事业的重视突出地表现在，不仅官方组织人力兴修水利，而且民间私修现象也比较普遍。如晋永嘉四年（310），今分宜县境内“罗子鲁断山峡为陂，灌地四百余顷，故号罗家陂”。[①] 另有浮梁县的宁家陂等水利工程亦是由富豪大族组织力量兴建的。总的来说，六朝鄱阳湖流域的水利事业在汉代基础上，进入了一个相对发展的时期。

水利的兴修，铁制农具的使用，扩大了灌溉面积，增强了防洪抗旱的能力，使耕地面积进一步拓展。六朝时期鄱阳湖流域土地垦辟的形式主要有以下几种：军事屯田；组织山越人开垦荒地；组织民力，因地制宜，开垦“湖田”，改造“罂田”。

秦汉时期鄱阳湖流域的耕作方式可用“火耕水耨”一言以概之，对于“火耕水耨”，古人众说纷纭，但东汉应劭的解释似乎更贴近事实，其曰：“烧草，下水种稻，草与稻并生，高七八寸，因悉芟去，复下水灌之，草死，独稻长，所谓火耕水耨也。”[②] 简言之，就是南方水稻种植过程中的烧草、放水、播种、除草等基本环节。诸多学者研究的结论表明，“火耕水耨”并非“刀耕火种”，而是南方水田耕种的必要手段，其功用主要表现在：一是“火耕”放火烧掉杂草，为整治田地清除障碍；二是“火耕”能有效防止病虫害；三是“水耨”乃中耕除草的基本方法；四是“火耕”、“水耨”兼有施肥的效应。正因为“火耕水耨”具有诸多好处又适宜于江南的自然条件，所以它不仅在秦汉南方的许多地区长久存在，而且在六朝时期大有扩张之势。牛耕技术与“火耕水耨”并非相互排斥的，相反，二者在江南自然条件下的并存交融，恰好起到了取长补短的作用。这便是秦汉六朝时期鄱阳湖流域地区牛耕技术在推广，而“火耕水耨”耕作方式依然充满生机的最好答案。[③]

随着铁制农具的广泛使用和牛耕技术的引入，农业生产率得以提高，土地垦荒面积得以扩大，鄱阳湖流域在原来“火耕水耨”、“饭稻羹鱼”的基础上，逐渐形成了以稻作为主兼及渔猎、家禽饲养和竹木、茶叶、蚕桑等种植业的多种经营的农业经济格局。

---

① （清）光绪：《江西通志》卷十五《水利》，中国地方志集成影印本。

② （西汉）司马迁：《史记》卷三十《平准书》，裴骃《集解》引，中华书局1982年版。

③ 陈文华：《论农业考古》[M]，南昌：江西教育出版社，1990；刘磐修：《“火耕”新解》[J]，《中国经济史研究》1993年第2期；黄展岳：《汉代南方牛耕与火耕水耨》[M]，《中国考古学论丛》，科学出版社1993年版；许怀林：《汉代南方牛耕与火耕水耨》[J]，《农业考古》1987年第2期。

水稻作物遍布鄱阳湖流域，特别是鄱阳湖平原和赣江两岸，前述这两地的土地垦辟和农田水利工程大多与稻作生产的发展有关。结合《晋书·食货志》关于“东南以水田为业”的记载，足以说明当时的鄱阳湖流域完全处在中国典型的水田稻作区。永嘉之乱后，晋室南迁，给鄱阳湖流域经济的发展带来了契机，粮食种植结构也发生很大变化，由单一的水稻种植转变为水、旱作物交错种植，麦、粟、菽等北方旱地作物逐渐在鄱阳湖流域落地生根。这对鄱阳湖流域农业的发展产生了深远的影响。首先，由于农作物品种的增加，使粮食种植业的结构发生变化，由单一趋向多样，人们除“饭稻羹鱼”外，还可尝到北方食物，粮食品种大大丰富。故陶渊明在其《有会而作》中用“菽麦实所羡，孰敢慕甘肥”[①]的诗句来表现当地人们对北来食物的喜好心情。其次，由于稻与麦、粟等作物的生长期不同，从种植到收割可以交错进行，这就使有些地区（主要是今赣北地区）可以水、旱地交叉播种，从而缩短了农闲时间，扩大了耕地种植面积，也增加了粮食产量。

东晋后，随着北方人口的大量南移，北方的精耕细作技术也传入南方，因而促使南方的农业耕作技术进一步发展，人们的整地技术、施肥技术以及田间管理技术有较大的提高。在整地技术方面，已如《齐民要术》所说，懂得“秋耕欲深，春夏欲浅”，“犁欲廉，劳欲再”。“劳”就是耕，直到今天，农民在农耕时还有“劳”这一工序。在施肥技术方面，农民已经掌握了播植绿肥的技术，懂得用牛、马粪和储积人粪尿。在田间管理技术方面，农民重视保墒，稻田“每经一雨辄欲耙劳”，不使田泥板结；知道在土壤中撒播豆科种子，既可充分利用地力，又可松动土壤；掌握了烤田技术，在稻苗成长时排去清水，促进根苗的发育和谷物的成熟；另外，增加了中耕程序，有锄地、除草、松土、碎土、壅根、开沟、上垄等。许多田间管理技术沿用至今。[②] 这些耕作技术的掌握和运用，大大提高了单位面积的产量。当时在南昌城西赣江西岸一带，由于土地肥沃，灌溉方便，“极膏腴者，一亩二十斛”。[③] 足见产量之高。

秦汉六朝时期鄱阳湖流域的农副业也与粮食种植业一样，总的趋势是多样化。在秦汉时期，主要依赖于这里的自然条件——水网密布、江河纵横，红壤丘陵、高山密林，具有靠山吃山、靠水吃水的天然优势，因此，捕鱼狩猎、采集山伐等副业最具特色。六朝时期，鄱阳湖流域地区农副业的发展，主要表现在经济作物的种植不仅更为普遍，而且柑橘、甘蔗等已在全国享有盛誉。

---

① 《陶渊明集》卷二［M］，北京：中华书局，1979 年版。

② 文士丹主编：《江西古代科学技术史》［J］，《农业考古》1992 年第 1 期专号。

③ （北宋）李昉：《太平御览》卷八百二十一引《豫章记》［M］，北京：中华书局 1963 年版。

2. 秦汉六朝鄱阳湖流域的生态环境

秦汉六朝时期，鄱阳湖流域地区人口密度仍然比较低，农业经济处于自给自足的状态，“衡山、九江、江南、豫章、长沙，是南楚也……一总之，楚越之地，地广人稀，饭稻羹鱼，或火耕而水耨，果隋蠃蛤，不待贾而足……”① 西汉时期，鄱阳湖流域的农业开发在很长时间内大多分布在鄱阳湖周围的平原及河流地区，对山区地带，尤其是赣南山区，开发严重不足，仍被称为“荒蛮服地”。《太平御览》记载：“虔州（今属赣州）上洛山，多木客，乃鬼类也，形似人，语亦如人，遥见分明，近则藏隐。能斫杉枋，聚于高峻之上，与人交市，以木易人刀斧。交关者，前置物枋下，却走避之。木客寻来取物，下枋与人，随物多少，甚信直而不欺。”② 万幼楠（1995）指出，所谓“赣巨人”、“木客”等，其实是活动在赣南及其周边山区的“百越”民族的组成部分之一。③ 这些都反映了秦汉六朝时期，鄱阳湖流域山区还极为封闭，当地土著居民处于原始经济社会时期，也反映了这一时期鄱阳湖流域的开发程度极低，原始山林和生态环境保留得比较完整。

由于地理、气候因素和森林植被的保持完整，该时期，鄱阳湖流域的农业自然灾害发生的频率低、间隔时间长（东汉至六朝，556 年间，灾年间隔平均为 27.8 年）且灾害的种类也较单一，只有水、旱、蝗、饥等灾害，未见冰雹和冰凌的文献记载。④

五、隋唐五代时期鄱阳湖流域的农业开发与生态环境（公元 581 ~ 959 年）

1. 隋唐五代时期鄱阳湖流域的农业开发

隋唐五代时期，全国经济重心移往江南，鄱阳湖流域成为突出的富庶之区，农业的发展更呈蓬勃之势，正如李伯重所说：“江南农业划时代的进步始于唐代。”⑤ 隋唐五代鄱阳湖流域农业发展主要体现在如下几个方面：

（1）劳动力递增。从隋唐至五代，江西省人口总的趋势是逐年递增。据许怀林研究（1984），⑥ 隋大业五年（609）时，江西省户口有 85638 户。隋末唐

① （西汉）司马迁：《史记》卷一百二十九《货殖列传》，北京：中华书局 1982 年版。
② （北宋）李昉：《太平御览》卷四八《地部一三·上洛山》[M]，北京：中华书局 1963 年版。
③ 万幼楠：《赣南“赣巨人”、“木客”识考》[J]，《中南民族学院学报》1995 年第 3 期。
④ 施由民：《东汉至清代江西农业自然灾害探析》[J]，《中国农史》2000 年第 1 期。
⑤ 李伯重：《唐代江南农业的发展》[M]，北京：中国农业出版社 1990 年版。
⑥ 许怀林：《江西历史人口状况初探》[J]，《江西社会科学》1984 年第 2 期。

初，因战争杀戮和流亡，江西省人口数量再次锐减，至唐贞观十三年（639）只有69240户，人口数319047。唐朝开始在全国范围内鼓励人口增殖，至唐天宝元年（742）江西省增至248547户，约1676257人。103年的时间，江西省的户口数增加约2.6倍，人口数增加约4.3倍，显著高出全国同期户口和人口数增加比例（1.9倍与3.1倍）。到元和年间（806～820），继续增至293079户。虽然自天宝到元和（742～820）的78年间，洪、抚、饶、袁、虔、吉、江、信等8州仅增45000余户，但在全国总户数中的比重较之过去激增约4倍。五代时的江西省人口也是不断增加的。据《太平寰宇记》载，北宋太平兴国年间，江西省的户数是59.2万户。南唐灭亡的时间是开宝八年（975），距太平兴国元年（976）相差仅1年；距太平兴国最后一年（984）相差9年。在这么短暂的时间里，宋代江西省的户口数不可能变化很大，上述太平兴国年间的户数可以部分地反映五代时期江西省的户口数，而这个数字比唐元和年间的户数增长了1倍多。即使减去一部分宋代增长的户数，所剩下的五代南唐时的户数也肯定比唐代多。

（2）兴修水利工程。由于鄱阳湖流域多山多水，农田易遭水旱灾害，隋唐五代时期，地方官为此督建了许多大型、中型、小型水利工程。据陈文华、张忠宽主编的《中国古代农业科技成就展览资料汇编》统计，唐代（618～907）鄱阳湖流域兴修的大型、中型、小型水利工程有20处。尤其自中唐始，鄱阳湖流域形成了纵横交错的水利工程网络，使鄱阳湖流域的农业生产的发展有了可靠的保证。始建于唐高宗李治永徽年间（650～655）的丰城大堤，是赣江上最早的防洪大堤："沿江十余里，筑堤防水护田"。① 在洪州，唐宪宗元和年间，兴修了著名的水利工程——洪州陂塘斗门，具有节制江水，关闭以防潮、洪，开启以通舟楫的功能。元和三年（808）南昌东湖沿赣江"筑堤五尺，长十二里，堤成。明年，江与堤平，凿六百陂塘，灌田一万顷"。② 在江州，穆宗长庆二年（821）在浔阳（今九江）城南整治甘棠湖（原名南湖）；大和三年（829）在浔阳城东筑秋水堤；会昌二年（842）在浔阳城西筑断洪堤；咸通二年（861）在建昌县（今永修）西2里修堤；咸通元年（860）在都昌县，城南1里筑陈令塘。在饶州，建中元年（780）在鄱阳县东修邵父堤；东北3里修李公堤。在袁州，唐宪宗元和四年（809）开凿李渠，其水自宜春西南60里的清沥江而来，得渠溉田约4万亩。李渠能够"引仰山水入城"，并可往来舟船，兼供宜春城内防火用水。在抚州，从上元年间（674～676）始，至大和中（827～835）约160年间，在临川县盱江（今抚河）先后修筑华陂、冷泉陂、千金陂，土塍陂等，保证了当

① （清）光绪：《江西通志》卷六十三《水利一》[M]，中国地方志集成影印本。

② （清）董皓等：《全唐文》卷八百五十，杜牧：《江西观察使武阳公韦公遗爱碑》[M]，上海：上海古籍出版社2007年版。

地“灌注原田新旧共百有余顷，自兹田无荒者，民悉力而开耕”。① 从上述记载可以看出，唐代江西省各县基本上都兴修了水利，但以鄱阳湖区较为集中，这表明当时水利工程还不是十分普遍。

（3）土地广泛开垦。随着人口的大量增加和水利事业的发展，鄱阳湖流域的土地垦种面积不断扩大，开始出现“圩田”和“梯田”。“圩田”也叫“围田”，就是在低洼区四周围筑坚固的圩堤，把河水或湖水隔离开来。圩堤之内设置排水渠，以便将多余的水排出。圩堤上设置门闸，旱天开闸即可引水灌田，雨天可闭闸防涝。“圩田”面积通常能达方圆几十里。“圩田”建设解决了鄱阳湖流域一些地方土地肥沃但地势低洼易涝的矛盾。所谓“梯田”，就是在山地丘陵上，缘山开垦成一层层的农田，并缘山引泉水用于灌溉。“圩田”和“梯田”的产生，是当时鄱阳湖流域农业生产力提高的重要表现。如信州的刘汾买田施舍佛僧，结果只买得乐平县归桂乡、丰乐乡之间的“崇山峻岭之间，人境寥绝”② 之处的山田800余亩，可见当时的农业开发区域已远离平原了。在吉州山区，唐文宗大和年间（827～835）镇压“赤石、徐庄等洞贼”之后，缴获“洞贼”开垦的水田、陆田达400顷之多。③

（4）粮食产量大量增加。唐朝时鄱阳湖流域，由于土地和水利工程的较大发展，水稻移栽技术传播开来，稻麦复种、双季稻等先进生产模式开始推行。水稻品种有了早稻、中稻和晚稻之分，分别在四月、五月和六月份移栽，到六七月、八月、九十月收获。小麦播种于九、十月份，于次年四、五月份收获，正好接茬中、晚稻进行连种。这些农业生产活动虽不见史籍的明文记载，但透过唐人的诗文还是可以看到一些真实的信息。如从李中描写鄱阳湖流域春景的诗：“极目青青垄麦齐，野塘波阔下凫鹥。阳鸟景暖林桑密，独立闲听戴胜啼”④ 中可以看出，阳春三月正是冬麦生长茂盛的时节。冬麦一般初冬播种，次年五月成熟，收讫后便可插秧种稻，至十月收获晚稻。《太平广记》中记载了洪州（治今南昌）胡氏子令其小儿押运一船麦子前往各州市去卖。⑤ 可见，麦子的种植已较为普遍。钱珝《江行》诗云：“万木已清霜，江边村事忙。故溪黄稻熟，一夜梦中香。”⑥ 描绘了鄱阳湖流域农村喜收晚稻的美好情景。戴叔伦诗：“麦秋桑叶大，梅雨稻田新。”⑦ 描述的也是鄱阳湖流域麦稻连种的情景。唐朝关于晚稻的称呼

① 《全唐文》卷八百五，柏虔冉：《新创千金陂记》。
② 《全唐文》卷七百九十三《大赦庵记》。
③ （北宋）王钦若等编纂：《册府元龟》［M］，卷六百九十四《武功》，南京：凤凰出版社2006年版。
④ 《全唐诗》卷七百四十八［M］，黄钧等校注，长沙：岳麓书社1998年版。
⑤ （北宋）李昉等编纂《太平广记》卷三百七十四《胡氏子》，北京：中华书局1966年版。
⑥ 《全唐诗》卷七百十二［M］，黄钧等校注，长沙：岳麓书社1998年版。
⑦ 《全唐诗》卷二百七十四［M］，黄钧等校注，长沙：岳麓书社1998年版。

已非常普遍了。唐朝饶州已有“亩钟之地”[①] 的记载，1 钟即 6 斛 4 斗。一般说当时一亩单季产量不可能如此之高，倘若早晚两季合计，则有可能。[②] 李建勋诗曰：“竹门桑径狭，春日稻畦青……厅院亦堆禾，病果因风落，寒蔬向日多。”[③] 前两句说的是早稻春季生长情况，后几句提到“寒蔬”二字，当是霜降后的情况，晚稻已收获堆在庭院中。早晚稻复种当属无疑。从以上记载我们不难看出，唐代鄱阳湖流域已开始广泛采用稻麦复种制。

双季稻的普遍推广，使唐代鄱阳湖流域的粮食产量迅速提高，逐渐成为全国著名的稻米产区。安史之乱后，唐王朝的财政收入逐渐开始依赖江南。据《资治通鉴》载江南 8 道 49 州 144 万户中，江西省有 8 州 29.3 万余户，占全国提供赋税户的 20.3%，[④] 可谓是纳税大户了。以比天宝年间少 3/4 的户口，供整个唐代的赋税需要，而其中 1/5 由江西人民承担，这既是剥削加剧的表现，也是经济发展的反映。

对鄱阳湖流域水稻生产的盛况，姚合诗云：“鄱阳胜事闻难比，千里连连是稻畦。”[⑤] 李白在庐山俯瞰山下田野，但见“黄云万里动风色”[⑥] 的壮观景象。唐五代时，鄱阳湖周围及赣江流域和今抚河、信江流域已发展成为重要的稻米产区，粮食充足。唐文宗曾令孟琯巡察米价得出结论：“江西、湖南地称沃壤，所出常倍他州，俾其通流，内资巡察。”[⑦] 唐僖宗也指出，“湖南、江西管内诸郡，出米至多。米熟之时，价亦极贱。”[⑧] 鄱阳湖流域不仅大米数量多，质量也堪称一流，如饶州从唐朝开元（713～741）时就出产贡米；抚州的南丰、临川等地出产的红朱稻米、银朱稻米质量特优，也相继成为“贡米”。[⑨]

唐代鄱阳湖流域的经济作物也得到广泛种植，包括茶叶、柑橘、葛、麻等。唐代鄱阳湖流域的茶叶生产以浮梁出产最多，是著名的商品茶产地之一。浮梁是昌江上的重要码头，附近婺源、祁门等县的茶叶都要运来这里集中，再转运出去。唐代大诗人白居易在其诗《琵琶行》中写道：“商人重利轻别离，前月浮梁买茶去。”为什么商人要到浮梁去买茶牟利？乃因浮梁茶多，多则价低，有利可图；还因为浮梁茶在西北、中原的销路好，是畅销的商品。另外，当时柑橘也成为鄱阳湖

---

① 《全唐文》卷六百四《答饶州元使君书》。
② 余也非：《中国历代粮食平均亩产量考略》[J]，《重庆师院学报》1980 年第 3 期。
③ 《全唐诗》卷七百三十九。
④ （北宋）司马光：《资治通鉴》卷二百三十七 [M]，北京：中华书局 1956 年版。
⑤ 《全唐诗》卷四百九十六，姚合：《送饶州张使君》。
⑥ 《全唐诗》卷一百七十三，李白：《庐山谣寄卢侍御虚舟》。
⑦ 《册府元龟》卷六百九十四《武功》。
⑧ 《唐大诏令集》卷七十二《乾符二年南郊赦》。
⑨ （明）正德：《建昌府志》卷四《贡赋》，中国地方志集成影印本。

流域的重要经济作物，橙、柚、梅煎和枇杷等水果也出产较多，一些水果还成为贡品。如《新唐书·地理志》记载，洪州的乳柑、抚州朱橘皆为当时有名的贡品。《文献通考》土贡篇载："唐豫章郡贡葛十五匹，柑子六千颗。"[①]《太平寰宇记》云："唐朝洪州贡梅煎。开元二十五年，都督韩朝宗以梅煎难得，取乳柑代之。"[②]唐开元年间，《太平御览》载虔州出产蜜梅、枇杷，其盛产的柑、橘、橙、柚等均有一定名气。唐代鄱阳湖流域的葛布、苎布都是重要的进贡物品。由此可推论，鄱阳湖流域麻的种植一定相当普遍，是农村重要的家庭副业。鄱阳湖流域各地的纺织业虽不如苏、杭等地发达，但各类布匹却享有盛誉。隋初豫章郡的妇女有娴熟的纺织技术，她们"勤于纺织，亦有夜浣纱而旦成布者，俗呼为鸡鸣布"。[③]洪、江、吉三州的葛布、丝布，虔州的丝布、夏布，袁州的白苎，抚州的葛布、金丝布皆为贡品。麻是鄱阳湖—赣江流域的传统经济作物，而以袁州最多，至今仍保持领先地位，产量居全国第2位；袁、虔等州的麻制品自唐代驰名于世，[④]历代不衰，今宜春地区万载县的夏布仍是江西省名优特产，大量出口。

以上情况充分说明唐五代时的鄱阳湖流域经济已从单一的粮食生产向多种经营发展，它至少可以包括三个层次，即以稻麦复种为特色的第一层次，以桑麻种植平分秋色的第二层次，以水陆养殖和果木生产为辅的第三层次。唐代鄱阳湖流域形成了以粮食生产为主的多元复合农业，为社会提供了比较丰富的农副产品，有利于农业经济的发展。

2. 隋唐五代鄱阳湖流域的生态环境

隋唐五代鄱阳湖流域农业经济取得长足进步，使江西省的经济地位在全国日趋重要。虽然人口密度逐渐增大，圩田、梯田的出现带来一定的生态环境变动，隐含着一定的生态破坏，但仍未达到过度开发的程度，森林资源和植被保持完好，水土流失较少，生态环境良好。据陈柏泉（1985）、[⑤]许怀林（2000）[⑥]等研究，当时的生态环境特征主要表现在如下几方面：

（1）森林资源和植被保持完好。在唐代诗文集中有许多反映当时森林植被资源情况的描写，所记多是作者亲身见闻，是值得珍视的第一手资料。李白有许多描绘鄱阳湖畔庐山的诗，如《夏日山中》云："懒摇白羽扇，裸袒青林中。脱

---

① （元）马端临：《文献通考》[M]，北京：中华书局2006年版。

② 《江城旧事》卷四《韩朝宗·梅煎贡》。

③ 《全唐史补》卷下。

④ 《通典》、《元和郡县图志》、《新唐书》等文献都载有江西各州的贡物。

⑤ 陈柏泉：《江西历史时期的森林》[J]，《农业考古》1985年第2期。

⑥ 许怀林：《江西历史上经济开发与生态环境的互动变迁》[J]，《农业考古》2000年第3期。

巾挂石壁，露顶洒松风。”① 白居易喜爱庐山秀丽的景色，特于庐山东林寺建立草堂，并作《庐山草堂记》云：“匡庐奇秀甲天下山”；作《与微之书》云：“（草堂）前有乔松十数株，修竹千余竿，青萝为墙垣，白石为桥道，流水闻于舍下，飞泉落于檐间”；在《游大林寺序》云：“大林穷远，人迹罕到，环寺多清流苍石、短松瘦竹”，并在诗中写道：“人间四月芳菲尽，山寺桃花始盛开。”② 张九龄的《湖口望庐山瀑布水》诗云：“万丈红泉落，迢迢半紫氛。奔流下杂树，洒落出重云。日照红霓似，天清风雨闻。灵山多秀色，空水共氤氲。”③ 赣江的发源地赣南山区是著名的竹木产地。张九龄在《开凿大庾岭路记》云：“……重林之表，飞梁嶪巘……缘磴道，披灌丛，相其山谷之宜。”④ 宋之问《题大庾岭北驿》诗云：“……江静潮初落，林昏瘴不开。明朝望乡处，应见陇头梅。”⑤ 遂川县（今属吉安市），原称龙泉，是个林谷茂密之区。据《太平寰宇记》载：“龙泉县，本吉州泰和县龙泉乡什善镇地。伪唐保大元年……置龙泉场，以乡为名；采择林木之故也。”⑥ 清同治：《龙泉县志》说：“李孟俊，隆兴人。保大元年以泰和十善镇为龙泉场，命孟俊以银青光禄大夫上柱国充龙泉都镇谒使知场事。南唐受吴禅，保大初采斫竹木修金陵宫室，又加采斫使。”⑦ 可见龙泉的设县，与当地森林资源丰富，盛产竹木有关。故自唐、五代以来，遂川就成为鄱阳湖流域有名的竹木产区。赣西的萍乡县北杨岐山，在唐代就是佛教名山。唐代刘廓诗云：“千峰围古寺，深处敞楼台……松杉寒更茂，岚霭昼还开。”⑧ 唐代张愕在描写万载县灵栖岩诗《灵栖岩》云：“上有绿树之阴阴，下有寒流之涔涔。”⑨ 唐代卢肇在描绘宜春县震山的《震山岩记》说：“在震山之西，又得枫树之林于溪南……予既得西林……因谓高公使郡人无得樵渔，于是林之檀、栾、杉、桧，不日丰茂以冠于郡。”⑩ 说明唐代宜春卢氏的园林已进行封山育林，取得了良好的效果。

由于山区森林茂密，蓄水力强，雨水不易下泄。如唐代赣州以下的十八滩河段，经常出现晴天涨水的现象，“土人谓之清涨”。⑪ 南朝梁大宝二年（551）六

---

① （唐）李白：《夏日山中》，《全唐诗》卷一百七十三。
② 《白居易集》［M］，北京：中华书局1979年版。
③ 萧涤非等著：《唐诗鉴赏辞典》［M］，上海辞书出版社1983年版。
④ （唐）张九龄：《曲江集》［M］，刘斯翰校注，广东人民出版社1986年版。
⑤ （清）孙洙：《唐诗三百首》［M］，武汉：湖北人民出版社2007年版。
⑥ （北宋）乐史：《太平寰宇记》卷一〇九［M］，北京：中华书局2008年版。
⑦ （清）王肇渭等修：同治《龙泉县志》［M］，民国（1912～1949）重印本。
⑧ （清）光绪：《江西通志》卷九十九，中国地方志集成影印本。
⑨ （清）光绪：《江西通志》卷一百二，中国地方志集成影印本。
⑩ （清）光绪：《江西通志》卷一百六，中国地方志集成影印本。
⑪ （北宋）方勺：《泊宅编》卷三［M］，北京：中华书局1983年版。

月，陈霸先率军过十八滩，“高祖之发也，水暴起数丈，三百里间巨石皆没。”① 与“清涨”相连的是烟瘴。由于山林幽邃，形成“烟瘴”致人疾病，“虔州龙南、安远二县有瘴，朝廷为立赏增俸，而邑官常缺不补；它官职事至者，率不敢留，甚则至界上移文索案牍行遣而已。”② 表明赣南的南半部地域，生态环境仍然是原始状态。

（2）水土流失少，河道畅通。由于唐五代鄱阳湖流域森林资源保持完好，上游森林能够涵养水源，加上植被完好，没有水土流失淤塞河道，故河道水量充足，有利航运。唐代赣江东源贡水、西源章水、中部支流桃江等源流，把赣南约 4 万平方公里山林的积水汇聚注入赣江干流，使得赣江常年保持足量的来水，尤其是中下游段水流深阔，江上航运繁盛，得“舟船之盛，尽于江西”之称。当时最大的航船“俞大娘航船”载重量超过万石，经常在赣江航行、停泊。③ 鄱阳湖流域境内的信江、鄱阳湖、赣江等组成的航道是唐代全国内河东南路线的重要组成部分。④

（3）与外界交通较少。唐五代时，鄱阳湖流域许多地方由于山深林密，“民居深山大泽”⑤ 的情况很多。当时鄱阳湖流域闭塞状态还可从佛、道等出家人聚集较密集的情况窥见一斑。如唐道士司马承祯所编《天地宫府图》所录的“洞天福地”，鄱阳湖流域就占有十八处，包括：庐山、龙虎山（贵溪）、灵山（上饶）、西山（新建）、閤皂山（清江）、麻姑山（南城）、玉笥山（峡江）、金精山（宁都）等。⑥ 鄱阳湖流域各地都有寺院道观，表明当时江西省的青山秀水清静无扰，适合修炼。

（4）人口流入增多，山林垦伐增多，生态环境出现隐忧。“安史之乱”导致了中国历史上的第二次大规模北人南迁运动，鄱阳湖流域成为移民聚集区之一，由此人口增长 1/4。朝廷为了安顿移民，就必然鼓励垦荒辟田，但还没有出现严重的山林砍伐，植被破坏；即使到北宋时山冈开垦出的良田，也可以“上资水利以为灌溉，而罕作池塘以备旱暵”。⑦ 表明当时的山林仍然茂密，涵养水源的能力很强。但由于山地的开垦，不可避免地增加了水土流失的风险。另外，由于烧瓷、开矿、造纸、造船等行业的兴起，也必然大量耗损林木、破坏植被，引起水土流失等现象。这些都导致农业自然灾害比前代呈现增多趋

① （唐）姚思廉：《陈书》卷一高祖上［M］，上海：上海古籍出版社 1986 年版。
② （宋）庄绰：《鸡肋编》（下）［M］，上海：上海三联书店 1990 年版。
③ （清）李肇：《唐国史补》卷下［M］，上海：上海古籍出版社 1957 年版。
④ （清）李肇《唐国史补》卷下。
⑤ 沈兴敬主编：《江西内河航运史（古、近代部分）》［M］，北京：人民邮电出版社 1991 年版。
⑥ （唐）司马承祯：《天地宫府图》［M］，上海：上海古籍出版社，1989。
⑦ （清）徐松：《宋会要辑稿》食货七之四十六［M］，北京：中华书局 2001 年版。

势。施由南（2000）根据江西省、府、县志及正史和有关文集的不完全统计，此期在鄱阳湖流域共发生农业自然灾害合计 17 次，平均每 22.3 年一个灾年。主要为水旱灾害，以水灾为主。其中一般性水灾 2 次，大水灾 7 次，特大水灾 3 次；一般性旱灾 1 次，大旱灾 2 次；另有蝗灾 1 次。① 如唐顺宗永贞七年（812）“夏五月，饶、抚、虔、吉、信五州暴水，虔尤甚，平地有深至四丈者”。② 唐顺宗永贞九年（814）“秋，江、抚、袁等州大水害稼”，③同时，“九江大水害稼”。④

六、宋元时期鄱阳湖流域的农业开发与生态环境（公元 960～1368 年）

1. 宋元时期鄱阳湖流域的农业开发

在宋（960～1279）元（1206～1368）两代共计 400 余年中，鄱阳湖流域经济取得了前所未有的成就，进入了繁荣时期。农业生产发展迅速，土地利用程度的提高，水利的兴修，生产技术的进步，促进了粮食产量的大幅度增长，鄱阳湖流域成为全国重要的粮食生产基地。

（1）人口和劳动力增加更快。江西省人口的数量，在宋代超过了以前任何时代，达到了新的高峰。根据《太平寰宇记》、《元丰九域志》、《宋史·地理志》所载，整理宋太宗时期（976～997）、神宗元丰三年（1080）、徽宗崇宁年间（1102～1106）江西省各军州的户数见表 2－1。

表 2－1　宋代江西省各军州的户数

州、军名称	太宗时户数	神宗元丰三年户数	徽宗崇宁年间户数
洪州	10348	256234	261105
虔州	85146	98130	272432
吉州	126453	273397	335710
袁州	79703	129684	132299
抚州	61279	155836	161480
筠州	46329	79591	111421
南安军	—	35799	37721
临江军	—	89397	91699

① 施由民：《东汉至清江西农业自然灾害探析》[J]，《中国农史》2000 年第 19 卷第 1 期。
②③ （清）光绪：《江西通志》卷九八《前事略二·祥异》，中国地方志集成影印本。
④ （清）同治：《都昌县志》卷十四《祥异》，中国地方志集成影印本。

续表

州、军名称	太宗时户数	神宗元丰三年户数	徽宗崇宁年间户数
建昌军	18847	115802	112887
江州	24364	95384	84569
饶州	45917	188195	181300
信州	40685	132617	154364
南康军	26948	70496	70615
合计	566019	1720562	2007602

南宋时期，文献没有记载各州的户口数，仅记载了各路的户口数，而江西省地区包括江南西路的绝大部分和江南东路的一部分州县，因此，难以统计出江西省的户口总数，我们只能从江南西路户口数的变化，看出南宋时期江西省人口的发展。绍兴三十二年（1162），江南西路有1891392户，到嘉定十六年（1223）有2267983户，60多年间，户口数增加了近20%。①

宋代江西省人口在宋朝总户数中的比重也是很大的。北宋太宗太平兴国（976~984）时，宋朝有649万余户，江西省近66万户，占宋朝总户数的10%；元丰三年（1080），宋朝有1673万余户，江西省为118万余户，占宋朝总户数的7.1%；崇宁年间（1102~1106），宋朝有2026万余户，江西省为200万余户，占宋朝总户数的9.9%。南宋绍兴三十二年（1162），宋朝有1158万户，江南西路为189万余户，占宋朝总户数的16.3%；嘉定十六年（1223），宋朝有1267万余户，江南西路为226万余户，占宋朝总户数的17.8%。②

《元史》卷六十二《地理志》中记载了至元二十七年（1290）江西省各路州的户口数，见表2-2。

表2-2　元代江西省各路州的户数

路、州名称	户数	口数
龙兴路	371436	1485744
吉安路	444083	2220415
瑞州路	144572	722302
袁州路	198563	992815
临江路	158348	791740

①② 陈荣华、余伯流、邹耕生、施由民等：《江西经济史》[M]，南昌：江西人民出版社2004年版。

续表

路、州名称	户数	口数
抚州路	218455	1092275
江州路	83977	503852
南康路	95678	478390
赣州路	71287	285148
建昌路	92223	553338
南安路	50611	303666
南丰州	25978	128900
饶州路	680235	4036570
信州路	132290	662258
铅山州	26035	—
合计	2793771	14257413

值得注意的是：元代江西省的户数占到了全国总户数的20%以上，人口数将近全国人口数的25%，比重之高，超过了其他任何地方。这在江西省历史上也是亘古未有的。

（2）耕地面积的扩大和水利的兴修。宋元时期，由于江西省人口的激增以及朝廷施行鼓励农民开垦荒地的政策，促使农民开荒种地的积极性提高，推动了田地的垦辟。江西省是当时垦田增加最多的地区之一，“昔人足迹所未当至者，今皆为膏腴之壤”。[①] 根据《文献通考·田赋考四·历代田赋之制》的记载，宋神宗元丰年间（1078～1085），南方各路的垦田数为：江南西路约4505万亩、江南东路约4216万亩、两浙路约3625万亩、荆湖南路约3243万亩、荆湖北路约2590万亩、福建路约1109万亩。可见江南西路的垦田数在南方诸路中列第一，全国第二，仅次于淮南路。[②] 又据《太平寰宇记》和《元丰九域志》载，江西省客户的总数，从北宋初年占全省户数的39.45%，至元丰初已下降为30.88%。[③] 客户在宋代是指无地不需要交地赋的农户。客户的减少，意味着占有土地的农户的增加，而这些由客户变为主户的人所拥有的土地，有相当一部分是通过开垦荒地得来的。

① （北宋）曾安止：《禾谱》序，见（清）光绪：《匡原曾氏重修族谱》，参见曹树基：《〈禾谱〉校释》，《中国农史》1985年第3期。

② （元）马端临：《文献通考》［M］，北京：中华书局2006年版。

③ （宋）乐史：《太平寰宇记》卷106－111［M］，北京：中华书局2008年版；（宋）王存：《元丰九域志》卷六［M］，北京：中华书局1984年版。

在宋代，鄱阳湖流域农民在充分利用平原已开垦了的土地的同时，还积极开垦丘陵、山区和边远地区的土地。梯田就是从宋代才开始普遍发展起来的。南宋诗人范成大在途经袁州时，曾目睹“岭坂上皆禾田，层层而上至顶，名梯田”。[①]这是梯田名称的首次出现。淳熙五年（1178），杨万里经过永丰（今广丰县），见石磨岭层层梯田，犹如青梯，直到山顶，赋诗曰：“翠带千环束翠峦，青梯万级搭青天。长淮见说田生棘，此地都将岭作田。”[②]

宋元时期，特别是在两宋的300年间，鄱阳湖流域各地兴修水利成效显著。仅鄱阳湖流域在宋元时就兴修各种类型的水利工程达1000多处。据陈文华、张忠宽主编的《中国古代农业科技成就展览资料汇编》统计，鄱阳湖流域兴修的大中型水利工程数宋朝为320处，元朝为88处。[③] 唐代时在南昌兴修的赣江大堤在北宋前期已经溃坏，经重修，“积石为江堤，浚章沟，揭北闸，以节水升降，后无水患”。[④] 唐代曾在丰城筑有赣江大堤，到北宋天圣、明道年间（1023～1032）改成了石堤。后又经南宋时多次修治，增筑了石埽、子堤、加长石堤，防洪能力更高。在加强对大江、大河堤防修治的同时，许多水利灌溉工程也得到修筑。如：北宋治平年间（1064～1067），安福县“筑堤潴水，灌田一万三千亩”；袁州宜春的李渠，在经北宋至道、天禧、宣和年间以及南宋淳熙、宝庆年间多次修浚后，恢复了其“引仰山水至郡城，灌田二万亩”[⑤] 的作用。宋元时期，大量水利工程的兴修，保护了江河两岸的大片农田，改善了农田的灌溉条件，在一定程度上提高了鄱阳湖流域的农业经济水平。

（3）农业生产技术的进步。宋元时期，鄱阳湖流域的农业生产技术有了相当大的进步。在农作物品种的培育和引进方面，出现了许多适宜本地气候、土壤、水分等自然条件的粮食和经济作物品种。北宋哲宗时期，泰和人曾安止撰写的《禾谱》，记载了当时西昌（今泰和）、吉安一带的水稻品种，是中国古代第一部水稻品种专著。仅在现存下来的《禾谱》残本中，就列出了早禾粳品、早禾糯品、晚禾粳品、晚禾糯品4大类不下50个水稻品种。[⑥] 在经济作物方面，宋代是我国植棉业发展的一个转折点。此前我国棉花的种植仅限于海南黎族、云南傣族以及新疆吐鲁番等少数地区，产量也很少。到唐、宋以后向内地扩展，已推

---

① （南宋）范成大：《骖鸾录》，见《历代日记丛谈》[M]，上海画报出版社2004年版。

② （南宋）杨万里：《诚斋集》卷十三《西归集》，《四库全书》本。

③ 陈文华、张忠宽：《中国古代农业科技成就展览资料汇编》[M]：南昌：江西省科协、江西省历史博物馆编，1980年版。

④ （元）脱脱等：《宋史》卷四百二十六《程师孟传》，中华书局1977年版。

⑤ （清）光绪：《江西通志》卷六十四《水利二》，中国地方志集成影印本。

⑥ （北宋）曾安止：《禾谱》序，见（清）光绪：《匡原曾氏重修族谱》，参见曹树基：《〈禾谱〉校释》[J]，《中国农史》1985年第3期。

广到江西、福建、广东、浙江、江苏等地，并发明了棉花枝打杈技术。到宋末元初，出现了“木绵，江南多有之”① 的局面。

宋代时，双季稻在江西省已广泛栽种。李觏在描述南城（今属抚州市）的农事时说：“自五月至十月，早晚诸稻随时登收，一岁间附郭早稻或再收。”② 此处所指的县城附近稻再收，明显是双季稻。吴泳在《隆兴劝农文》中说：“吴中厥壤沃，厥田腴，稻一岁再熟”，③ 虽然他所说的“吴中”不是江西省，但他倡导隆兴府（治今南昌）的农民多栽再熟稻，以期再种再收。在推广双季稻的同时，北方作物也逐步向南方推广。随着北人南迁的增多，小麦播种的地区也愈加扩大。南宋绍兴初年，麦价上涨，“一斛至万二千钱，农获其利，倍于种稻。而佃户输租，只有秋课，而种麦之利，独归客户”。于是江南农村出现“竞种春稼（小麦），极目不减淮北”④ 的兴旺景象。黄震在任抚州知州时，发布劝民种麦的文告：“且说江西，其地（他）十州皆种麦，何故抚州独不可种？抚州外县间亦种麦，何故临川界并小麦不可种？”⑤ 由此可见，宋代江西省各地已普遍种植小麦了。

在农业经营方式上，宋元时期，江西省已逐渐由广种薄收式的粗放经营向精耕细作式的集约经营转变，使农作物的产量得到了较大提高。陆九渊曾描述他的家乡抚州金溪的耕作方式：“每用长大镢头，两次锄至二尺许，深一尺半许，外方容秧一头。久旱时，田肉深，独得不旱。以他处禾穗数之，每穗谷多不过八九十粒，少者三五十粒而已。以此中禾穗数之，每穗少者尚百二十粒，多者至二百余粒，每一亩所收比他处一亩，不啻数倍。盖深耕易耨之法如此。”⑥ 但是，江西省的农业生产发展不平衡，各地区在耕作方式上存在着不小的差异。如南康军：“耕种耘耨，卤莽灭裂，较之他处，大段不同，所以土脉疏浅，草盛苗稀。”⑦ 似乎还属于广种薄收式的粗放经营。而且，江西省所谓的精耕细作与两浙相比，又有一定的差距。如：“吴中厥壤沃，厥田肥，稻一岁再熟，蚕一年八育；而豫章则襟江带湖，湖田多，山田少，禾大小一收，蚕早晚二熟而已。吴中之民，开荒垦洼，种粳稻，又种菜麦麻豆，耕无废墟，刈无遗垄；而豫章所种，占米为多，有八

---

① （北宋）司马光：《资治通鉴》卷一百五十九［M］，胡三省注“木绵”，中华书局1956年版。

② （北宋）李觏：《李觏集》［M］，北京：中华书局1981年版。

③ （南宋）吴泳：《鹤林集》卷二十九［M］，民国商务印书馆影印故宫博物院文渊阁本，1936年版。

④ （宋）庄绰：《鸡肋编》（上）［M］，上海：上海三联书店1990年版。

⑤ （南宋）黄震：《慈溪黄氏日抄分类古今纪要》［M］，卷七十八《咸淳七年中秋劝种麦文》，北京：图书馆出版社2005年版。

⑥ （南宋）陆九渊：《象山先生全集》卷三十四《语录》上，宣统庚戌年江左书林校印。

⑦ （南宋）朱熹：《晦庵先生朱文公文集》卷九十九《南康军劝农文》，朱杰人等编：《朱子全书》［M］，上海古籍出版社2002年版。

十占，有百占，有百二十占，率数日以待获，而自余三时则舍穑不务。”①

（4）国内重要的粮食基地。宋元时期，江西省粮食产量之多，可以从其发运京师的漕粮中证明之。北宋神宗熙宁八年至十年（1075～1077）间，沈括记录的当时东南六路的漕运数量是：“发运司岁供京师米以六百万石为额：淮南一百三十万石，江南东路九十九万一千一百石，江南西路一百二十万八千九百石，荆湖南路六十五万石，荆湖北路三十五万石，两浙路一百五十万石。通余羡岁入六百二十万石。”② 到政和七年（1117），“立东南六路州军知州、通判装发上供粮斛任满赏格，自一万石至四十万石升名次减年有差。张根为江南西路转运副使，岁漕米百二十万石给中都”。③ 由此，我们可以看出北宋时江南西路120万石的漕粮数额还是比较稳定的。但这里要注意的是：120万石并不是今江西省境内当时13个州军的总数，还应加上江南东路的饶州、信州、江州和南康军的数额，再减去今不属于江西省的兴国军的数额，那么，当时江西省每年向京师漕运的粮食远不止120万石，在全国漕粮总数中应占有极大的比例。南宋国土面积远远小于北宋，而每年从江西省征运的漕粮却比北宋时更多了。吴曾在写于绍兴二十四年至二十七年（1154～1157）的《能改斋漫录》中说：“惟本朝东南岁漕米六百万石，以此知本朝取米于东南者为多。然以今日计，诸路共六百万石，而江西居三之一，则江西所出为尤多。”④ 这里同样也应考虑到当时饶州、信州、南康军仍属于江南东路，这个三分之一约200万石还不是江西省全境的漕粮总额。到了元朝，据《元史·食货志》记载：天下岁入粮数总计1211万余石，其中江西的税粮为115.7万余石，占总数的9.55%，仅次于江浙、河南，居第三位。从至元二十年至天历年间（1283～1330），全国漕运的粮食由4万余石增至334万余石，其中江西省提供的数量相当多。海运至京的粮食中，江西省约占1/3。大德十一年（1307）十月，中书省奏：“常岁海运漕粮一百四十五万石，今江浙岁俭，不能如数；请仍旧例，湖广、江西省各输五十万石，并由海道达京师。从之。”⑤ 这些记载说明，江西省仍是元代粮食的主要产地。

宋元时期，江西省的农业不仅粮食产量大幅度增长，经济作物作为种植业的重要组成部分，也成了农民发展多种经营的主要内容之一。经济作物种类很多，当时在江西省普遍种植的主要有茶叶、柑橘、蚕桑、棉麻等。

---

① （南宋）吴泳：《鹤林集》卷二十九《隆兴府劝农文》［M］，民国商务印书馆影印故宫博物院文渊阁本1936年版。

② （北宋）沈括：《梦溪笔谈》卷二十［M］，重庆：重庆出版社2007年版。

③ （元）脱脱等：《宋史志》第一百二十，食货上三：布帛和籴漕运［M］，北京：中华书局1977年版。

④ （南宋）吴曾：《能改斋漫录》卷十三《唐宋运漕米数》［M］，上海：上海古籍出版社1979年版。

⑤ （明）宋濂等：《元史》卷二十二《武宗纪》一［M］，北京：中华书局2005年版。

2. 宋元鄱阳湖流域的生态环境

宋元时期，鄱阳湖流域的农业生产条件随着水利工程的不断兴修得到较大改善，但更突出的是，随着山区梯田的开垦，森林植被开始遭到较大和较深程度的破坏，生态环境出现失衡的趋势，主要表现在如下两方面：

（1）森林和植被破坏趋于严重。到宋代，鄱阳湖流域的森林开始被大肆砍伐，毁林现象极为严重。除战祸兵灾和自然灾害等因素外，经济因素是导致森林破坏的主要因素：①唐宋中国经济重心南移，江西地区人口迅速增加，为了垦辟田地，出现了“田尽而地，地尽而山”的现象，如梯田的出现必然毁坏大片森林资源。②对商品竹木的需求在宋代开始大增，大批竹木从鄱阳湖流域被采伐转运出去，这使鄱阳湖流域林区遭受毁坏的程度加剧。③宋代江西省瓷业极盛，省内各地都有产瓷窑场分布，著名的有景德镇瓷窑、吉州永和窑、南丰白舍窑、赣州七里镇窑、临川白浒窑、宁都东山坝窑、寻乌上甲窑、金溪窑等。民谚有云：“一里窑，五里焦”，可见窑场对森林和土地资源的破坏是非常严重的。④江西省在宋代以产纸闻名，纸张产品大量外销。吉州、抚州、信州都是出产名纸的地方。南康军的布水纸，吉州的竹纸，抚州的茶杉纸、牛舌纸，金溪的清江纸等，都是文人喜爱的上品纸。纸张的生产需要消耗大量竹木的原料，这也增加了对竹木的采伐量，破坏森林资源。⑤造船业一直是江西省主要的手工业之一。宋代江西省的造船业在经济发展的大前提下更趋兴旺。宋朝时江西省虔、吉两州的造船数占全国造船总数的43%，[①] 可见当时江西省造船的规模之大。造船业对木材的消耗是巨大的，对森林资源的破坏不小。⑥由于宋代人口的激增，用材林、薪炭林的砍伐量也必然随之增加。

元代时，统治者采取掠夺式经营，曾经18次下令“弛山禁”，使鄱阳湖流域的森林资源遭到了空前规模的破坏。[②] 据清朝光绪《江西通志》引用元代刘铣的《九日登鹿角山并序》云：“余旧家吉水，南岭有山峥嵘如鹿两角，……山下有乔木数千章，连抱参空，阴云蔽亏，鹭鹳号集，宛然深山太古意也。迨国朝始通是乡，为官廷创马驿，所谓乔木斩伐殆尽，莽为扩土。近年来或缭以长垣，限以棘沟，而所谓扩土，又将为果园蔬圃矣。嗟夫，是乡特宽闲寂寞之滨，而为谷为陵者如是不一，则通都大邑之改化，又何怪也。”[③] 十分触目地描述了元代官府

① 陈荣华、余伯流、邹耕生、施由民等：《江西经济史》［M］，南昌：江西人民出版社2004年版，第255页。

② 刘洪升：《唐宋以来海河流域水灾频繁原因分析》［J］，《河北大学学报》（哲学社会科学版）2002年第1期。

③ （清）光绪：《江西通志》卷一一八《胜迹略》，中国地方志集成影印本。

以创马驿为名而大肆滥伐森林。鄱阳湖流域是个多林之区，当时的“弛山禁”虽不至于使森林资源毁灭殆尽，但遭受重创则属事实。

（2）农业自然灾害呈多样化和高频率发展趋势。鄱阳湖流域河流与湖泊众多，由于宋元时代森林植被破坏加剧，以水旱为主的农业自然灾害较之前代开始频繁出现。

据不完全统计，北宋时期（960～1127）鄱阳湖流域农业自然灾害比隋唐时期显著增多，共发生农业自然灾害合计 30 次，平均每 5.6 年一个灾年。灾害的类型仍然主要为水旱灾害，较之前代，旱灾超过了水灾。其中一般性水灾 5 次，大水灾 4 次，特大水灾 2 次；一般性旱灾 5 次，大旱灾 6 次，特大旱灾 5 次；另出现雪灾 1 次，饥荒 2 次。[①] 如北宋雍熙二年（985）“南康军、南安府冬十二月大雪厚三尺，江水冻合，可胜重载”。[②] 淳化元年（990），“夏六月，吉州、龙泉、泰和、新干大雨，江涨丈三尺，漂坏民田庐舍。秋七月，洪州水涨，坏城三十堵，漂民舍二千余户。江州水涨二丈八尺。”[③] 咸平元年（998），“洪州，夏六月大水，坏洪州城，漂没二千余家”。[④] 咸平三年（1000），“江南诸路旱”。[⑤] 熙宁三年（1070），“铅山，春旱，至冬不雨，大饥。”[⑥]

南宋至元代（1127～1367）的 240 年间，鄱阳湖流域农业自然灾害更加表现为多样化和高频率特征。这一时期有记载的农业自然灾害合计 129 次，其频率达到平均 2.1 年就有一个灾年，较之北宋时期提高了 2 倍多。多样化表现在除了前代记载的水、旱、蝗、饥等灾害外，开始出现了冰凌（冻灾）、冰雹、风灾和疫灾等记载。这一时期冰凌记载有 4 次：宋淳熙五年（1178），南昌府“雨木冰，大饥”；[⑦] 宋嘉定十一年（1218）年“冬十一月，新昌州雨木冰”；[⑧] 元至正四年（1344）“春正月，靖安雨木冰”；[⑨] 元至正十四年（1354）“夏，江西大饥；冬，龙兴雨木冰”。[⑩] 关于冰雹的记载也有 4 次：宋绍兴二十一年（1151），“南安军大雨雹”；[⑪] 宋庆元四年（1200），“吉安大水，元月大雨雹如鸡卵”；[⑫] 宋端平元

① 施由民：《东汉至清江西农业自然灾害探析》[J]，《中国农史》2009 年第 1 期。
② （清）光绪：《江西通志》卷九八《前事略二·祥异》，中国地方志集成影印本。
③ 江西省水利厅：《江西历代水旱灾害辑录》[M]，南昌：江西人民出版社 1988 年版。
④ 江西省水利厅：《江西历代水旱灾害辑录》[M]，南昌：江西人民出版社 1988 年版。
⑤ 江西省水利厅：《江西历代水旱灾害辑录》[M]，南昌：江西人民出版社 1988 年版。
⑥ 江西省水利厅：《江西历代水旱灾害辑录》[M]，南昌：江西人民出版社 1988 年版。
⑦ （清）同治：《南昌府志》卷五六《祥异》，中国地方志集成影印本。
⑧ （清）光绪：《江西通志》卷九八《前事略二·祥异》，中国地方志集成影印本。
⑨ （清）光绪：《江西通志》卷九八《前事略二·祥异》，中国地方志集成影印本。
⑩ （清）光绪：《江西通志》卷九八《前事略二·祥异》，中国地方志集成影印本。
⑪ （清）光绪：《江西通志》卷九八《前事略二·祥异》，中国地方志集成影印本。
⑫ （清）光绪：《江西通志》卷九八《前事略二·祥异》，中国地方志集成影印本。

年（1234年），“靖安、丰城，夏六月大风雨雹，屋瓦皆飞，吹濒江庐舍于水，人多溺死”;① 元至正八年（1348年），“龙兴，奉新夏四月大雨雹，伤禾折木”。② 南宋以前不见记载疫灾、风灾等，到了南宋和元朝时期也开始出现了。疫灾共有7次。③ 南宋的两次大的风灾对农作物和人身安全造成严重损害，如端平元年（公元1234）“夏六月，朔，大风雷，屋瓦皆飞，鸟惊骇。丰城县昼晦，大风雨雹，吹濒江庐舍於水，人多溺死”。④ 咸淳四年（1268年）“五月，抚州大风拔庐舍，伤田稼”。⑤

七、明及清前期鄱阳湖流域的农业开发与生态环境（公元1368～1840年）

1. 明及清前期鄱阳湖流域的农业开发

明朝及清朝前期，鄱阳湖流域的农业开发继续拓展，特别是福建、广东等省几十万人口迁入江西省，在鄱阳湖流域山区进行经济作物和经济林木的种植，鄱阳湖流域因而成为中国南方重要的经济作物和经济林木种植区。随着商品性经济作物种植的发展及全国商品经济的发展，鄱阳湖流域的商品经济在这一时期也得到了极大的发展，形成了四大名镇，农村圩市大量增加，商品交易活跃。鄱阳湖流域的粮食大量运销江、浙、闽、粤等省，农林产品运销大江南北。鄱阳湖流域的手工业得到极大发展，景德镇成为全国的制瓷业中心，赣东北的造纸业在全国占有重要地位。

（1）粮食产量大幅度提高。明清以来，江西省一直是全国有名的产粮大省。明代江西省的粮食产量曾经位居首位。朝廷在江西省的征粮数位居全国各区域前列。据明代万历《会典》记载了朝廷在江西省的征米情况：洪武二十六年（1393）为258.5万石，居全国第二位；弘治十五年（1520）252.8万石，万历六年（1578）252.8万石，均居全国第一位。

清代江西省的耕地面积在5000万亩左右，⑥ 以每亩产粮二石计，一年可产粮食一亿石左右。清代江西省粮食的丰富，以下事例可为凭证：《大清会典则例》载有乾隆二十年（1765）江西省常平仓储稻谷达1341921石，社仓储稻谷达

① 江西省水利厅：《江西历代水旱灾害辑录》［M］，南昌：江西人民出版社1988年版，第17～18页。
② 江西省水利厅：《江西历代水旱灾害辑录》［M］，南昌：江西人民出版社1988年版，第23页。
③ 施由民：《东汉至清江西农业自然灾害探析》［J］，《中国农史》2009年第1期。
④ （清）同治：《南昌府志》卷56《祥异》，中国地方志集成影印本。
⑤ （清）《雍正硃批谕旨》何天培，雍正四年七月二十四日。
⑥ 李文治编：《中国近代农业史资料》［M］，北京：生活·读书·新知三联书店1957年版。

731768石，义仓储稻谷达5358石。可见清前期的江西省粮食仓储比较充裕，一直到清代中后期基本如此。在清前期，朝廷在江西省征粮每年达89万~96万余石，同时还征收许多地丁银。在完成税粮和漕粮任务外，江西省所产粮食，还得养活日趋增加的人口。乾隆十八年（1753），江西省人口有505.5万人；嘉庆二十五年（1820），增加到2365.2万人；光绪二十四年（1898），再增至2461.7万人。这众多的人口必须有充足的粮食以供消费。另外，清代江西省每年运销江、浙、闽、粤等四省的粮食总量大致在1000万石。如“广东之米取给于广西、江西、湖广，而江、浙之米皆取给于江西、湖广。”① “（福建汀州）山多田少，产谷不敷民食，江右人肩挑背负以米易盐，汀民赖以接济。”②

（2）水稻新品种的传入和稻作技术的进步。明清时期，鄱阳湖流域传入的最突出水稻品种是占城稻，促进了双季稻的推广，成为鄱阳湖流域的水稻主要品种。③ 并发展成为一系列适合于鄱阳湖流域自然环境的占城稻系列品种。这些品种都具有耐旱、成熟期短的特点。明清时期在江西省较普遍栽种的占城稻品种有：①救公饥，“三月种五月熟，他种青黄不接而此种先可食，故可以救公饥也。”④ 因为成熟期仅52天左右，又称为“五十二占”。⑤ 这个品种产量不高，一般不大面积栽种。②六十日占，又名龙旱、芒花旱等，“种入地仅两月而熟故名。米粒小而纯白。”⑥ ③八十日占，又名大谷早，“八十余日熟。”⑦ ④百日占，又名百日早：“九十余日熟，气足最益人。”⑧ 此外，大谷占、细谷占、须占等的种植也较普遍。⑨ 还有一些品种富有地方特色：如赣州早、宁都早等。占城稻传入之后，鄱阳湖流域的粳型水稻逐渐减少，至清代仅剩下一些优良的粳型品种。如八月白：“晚稻极早熟者，香白尤可贵，又名银珠米。”⑩ 这个品种至清后期江西省各地都还有栽种，因品种好，在唐宋时是贡米。糯稻的品种很多，从类型上分有粳糯和籼糯，而以籼糯为主。从播种或收获时间上分有早糯和晚糯。“早糯以七

① 转引自陈支平：《清代江西的粮食运销》［J］，《江西社会科学》1983年第1期。

② （清）卞宝第：《闽峤輶轩录》卷二，清光绪刻本。

③ 曾雄生：《宋代江西水稻品种的变化——试论占城稻对江西稻作之影响》［J］，《中国农史》1989年第3期。

④ （明）正德：《建昌府志》卷三《物产》，中国地方志集成影印本。

⑤ （清）何德刚：《抚郡农产考略》，光绪二十九年抚郡学堂校刊。

⑥ （明）正德：《建昌府志》卷三《物产》，中国地方志集成影印本。

⑦ （清）同治：《赣州府志》卷二十一《物产》，中国地方志集成影印本。

⑧ （清）同治：《赣州府志》卷二十一《物产》，中国地方志集成影印本。

⑨ 江西地方志农产资料汇编编委会：《江西地方志农产资料汇编》［M］，南昌：江西人民出版社1963年版。

⑩ （清）同治：《赣州府志》卷二十一《物产》，中国地方志集成影印本。

月熟，晚糯以十月熟。”①

明代中后期和清代前期，移入江西省的闽粤客家人带来了新的水稻品种，如丫禾等，有利于改进山区耕作制度、提高土地利用率。如赣西北有些山区在清前期还是一季稻，客家人传入丫禾之后而变成了双季间作稻。乾隆时传入萍乡，《萍乡县志》载：“午建之月……丫禾始莳。”② 嘉庆时传入万载：“丫禾……嘉庆初来自闽广，早禾耘毕就行间莳之，刈去早禾乃粪而锄理焉，性耐旱，近时艺者特多。”③ 清代中后期，丫禾在赣中、赣西北各县广泛种植。奉新县“莳于早稻之中者曰丫禾，莳于早稻既获之后者曰番耕”。④ 宜黄县“丫子禾，四月间于早禾行内插，俟早稻收割耘之，九月始获”。⑤

明清时期，鄱阳湖流域的水稻施肥技术有了长足的进步。从宋应星的《天工开物》可知，明代出现了先进的黄豆肥田法：“一粒烂土方三寸，得谷之息倍焉。”⑥ 至清代仍然存在这种肥田技术，如九江“山乡以豆萁未老者肥田”。⑦ 清代出现了用烟梗肥田及防治水稻虫害新技术，主要施行于赣南。安远“每秋间稻插田，值秋阳蒸郁，多生虫贼，食根食节。农人以烟骨椿碎，或以烟梗断寸许，撮以根旁，虫杀而槁者立苏，兼能肥禾”。⑧ 于都“晚稻俗名翻粳，有赤白三种，小暑下种。农人立秋前后登其前禾，而以此下莳，十月点以烟梗，又十日壅以稻灰，信矣”。⑨ 赣南其他一些县志也有类似的记载。另外还有将烟与薯芋同种以肥田和防治虫害技术。瑞金“（芋）二三月与烟同种，烟六月收，芋必八九月乃收，亦先后不妨。且烟田肥，故芋繁衍而味尤佳，松脆香滑”。⑩ 宁都“薯，俗呼为山薯，种出交趾，故又名番薯，山土田土皆种。瑞金多于种烟隙地种之”。⑪

（3）耕作制度的变化与土地利用率的提高。到明代，鄱阳湖流域一些水热资源较丰富的地区已普遍出现稻麦、稻豆两熟制，以提高土地利用率。如在明代正德年间（1506～1521）赣东南的建昌府，早稻收割后在十月种麦：“麦，十月种四月收。”⑫ 同期的赣西北一些平原和盆地的耕作习惯是：“有黄豆、青皮

---

① （清）乾隆：《袁州府志》卷七《物产》，中国地方志集成影印本。
② （清）乾隆：《萍乡县志》，中国地方志集成影印本。
③ （清）同治：《建昌府志》卷十之三《祥异》，中国地方志集成影印本。
④ 曾雄生：《〈天工开物〉水稻生产技术的调查研究》[J]，《中国农史》1987年第1期。
⑤ （清）道光：《宜黄县志》，中国地方志集成影印本。
⑥ （明）宋应星：《天工开物·乃粒》[M]，广州：广东人民出版社1976年版。
⑦ （清）同治：《九江府志》，中国地方志集成影印本。
⑧ （清）乾隆：《安远县志》，中国地方志集成影印本。
⑨ （清）道光：《雩都县志》，中国地方志集成影印本。
⑩ （清）光绪：《瑞金县志》，中国地方志集成影印本。
⑪ （清）道光：《宁都直隶州志》，中国地方志集成影印本。
⑫ （明）正德：《建昌府志·物产》，中国地方志集成影印本。

豆……泥豆，秋刈稻涸田种之，十月刈。”① 明代中后期开始的闽粤客家人大量移民入赣，到清康熙后期带来“地小人众”，“人稠而土窄”② 的人口压力，为了解决粮食紧张问题，间接地促进了耕作技术发展。清代鄱阳湖流域出现的多形式的多熟制，提高了土地的利用率。多熟制的形式有水稻双季连作，稻麦、稻油（菜）、稻豆、稻荞复种制，水稻双季间作及稻豆间作制。③ 清代，康熙（1661～1722）和乾隆（1735～1795）两朝都很重视在长江流域推广双季稻。康熙五十七年（1718），江西省巡抚白潢将康熙帝选育的“御稻”分发给南昌、瑞州、袁州、临江、吉安、抚州、建昌、广信、饶州、南康、九江、南安、赣州等13府，进行试验示范。共试验示范175亩，总产达485石。④ 这次试验示范对推广双季稻起了一定的作用。至乾隆年间，鄱阳湖流域已普遍栽种双季连作稻。如赣东的南城县“早稻收后再种”。⑤ 赣南的瑞金县“六月早稻登场，晚禾布种”。⑥ 赣西北的袁州府“膏腴之地再熟，俗名二禾；六月莳艺九月收获”。⑦ 到清代中后期，赣南和赣东北还盛行双季三熟制：“稻有早、中、晚三种。早稻，春种夏收；中稻，春种秋收；晚稻，于刈早稻后下种，十月始收。种虽有三，实二收而已。”⑧

在一些山区或者水热资源较少的地方，基本上实行稻麦、稻豆、稻荞两熟制，以提高土地利用率。如上述乾隆年间的南城县和瑞金县即有“收晚稻种麦”或水稻收获后接种“大麦、油菜”的记载。⑨ 袁州府“有黄豆、黑豆、青皮豆刈禾后种”。⑩ 广信府“惟黄豆刈禾后种诸田间，春豆多取山地种之”。⑪ 九江府“或于获稻后种荞麦、苦麦，不欲虚地力也”。⑫ 赣州府“其气候不齐之乡，再收不过菽芋之属，无晚稻也”。⑬

间作制也是充分提高土地利用率的有效方法，清代鄱阳湖流域盛行的主要是稻豆间作制。如九江府“诸豆诸瓜俱于田畔地沟及山麓硗瘠处种之，不以美

① （明）正德：《袁州府志·物产》，中国地方志集成影印本。

② （清）乾隆：《石城县志·风俗》，中国地方志集成影印本。

③ 陈荣华、余伯流、邹耕生、施由民等：《江西经济史》［M］，南昌：江西人民出版社2004年版，第338页。

④ 转引自郭文韬：《试论康乾时期南方的耕作改制》［J］，《中国农史》1990年第1期。

⑤ （清）乾隆：《南城县志·物产》，中国地方志集成影印本。

⑥ （清）乾隆：《瑞金县志·物产》，中国地方志集成影印本。

⑦ （清）乾隆：《袁州府志·物产》，中国地方志集成影印本。

⑧ （清）同治：《广信府志》卷四《物产》，中国地方志集成影印本。

⑨ （清）乾隆：《南城县志·物产》、乾隆：《瑞金县志·物产》，中国地方志集成影印本。

⑩ （清）乾隆：《袁州府志》，中国地方志集成影印本。

⑪ （清）同治：《广信府志》，中国地方志集成影印本。

⑫ （清）同治：《九江府志》卷九《物产》，中国地方志集成影印本。

⑬ （清）同治：《赣州府志》卷二十一《物产》，中国地方志集成影印本。

壤”。[①] 袁州府“其红豆、绛豆、绿豆、豌豆、泥豆、蛾眉豆皆取山间及隙地种之”。[②] 广信、赣州、抚州等府县志也有相似的记载。

明清时期，利用田头、地尾及河岸、山地乃至于房前屋后广种杂粮，也是鄱阳湖流域农户提高土地利用率的常用方法。鄱阳湖流域广泛种植的杂粮有麦、粟、黍、豆、玉米、番薯、芋等。[③]

明清时期，鄱阳湖流域土地利用率的提高还表现在各地利用山地、丘陵、河谷等种植苎麻、蓝靛、棉花、茶叶、油茶、甘蔗、水果和花卉等，发展商品农业。[④]

2. 明及清前期鄱阳湖流域的生态环境

受特定时代的气候寒冷和人为破坏双重因素的影响，明及清前期鄱阳湖流域的生态环境较之前代，呈现进一步恶化的趋势，表现为气候特别寒冷、自然生态环境破坏严重、农业自然灾害更加频仍。

（1）气候异常寒冷。气候是影响生态环境的重要因素，明清时期正处于欧洲现代小冰期的寒冷期，[⑤] 鄱阳湖流域的气候变冷。根据地方志记载，鄱阳湖流域的江、湖等水域在明清时期的冰情相当严重，详见表 2－3。

表 2－3　明清时代鄱阳湖流域冰情

序号	年份	史料记载	文献来源
1	1513 （明正德八年）	都昌：冬，彭蠡湖冰合，可通人行	清同治十一年 《都昌县志》
2	1569 （明隆庆三年）	余干：冬，彭蠡湖大冰，五日方解	清同治十一年 《余干县志》
3	1670 （清康熙九年）	星子：冬，大雨雪，寒凝异常，江水冻合，途无行者数日	清同治十年 《星子县志》
4	1715 （清康熙五十四年）	湖口：冬，湖口江冻，舟楫不通	清同治十二年 《九江府志》
5	1718 （清康熙五十七年）	九江：元旦雨冰，冰厚数尺，竹木摧折，鸟兽冻死	清同治十一年 《德化县志》（德化即今德安县一带）

① （清）同治：《赣州府志》卷二十一《物产》，中国地方志集成影印本。

② （清）乾隆：《安远县志·物产》，中国地方志集成影印本。

③ （清）道光：《义宁州志》卷八《土产》，乾隆：《广信府志》卷七《物产》，乾隆：《袁州府志》，同治：《玉山县志》，乾隆：《瑞金县志》，同治：《广信府志》卷一《物产》，乾隆：《广信府志》卷二《风俗》，中国地方志集成影印本。

④ 陈荣华、余伯流、邹耕生、施由民等：《江西经济史》[M]，南昌：江西人民出版社 2004 年版。

⑤ 竺可桢：《中国近五千年来气候变迁的初步研究》[J]，《考古学报》1972 年第 1 期。

续表

序号	年份	史料记载	文献来源
6	1790（清乾隆五十五年）	余干：雪深数尺，坚冰经旬	清同治十一年《余干县志》
7	1814（清嘉庆十九年）	九江：德化正月大冻，树木多折，长江皆结厚冰	清同治十一年《德化县志》
8	1840（清道光二十年）	都昌：冬，大雪，湖水冻合，可胜重载	清同治十一年《都昌县志》
9	1857（咸丰七年）	新建：十二月大寒，雨冻，橘、大樟树诸果木俱冻枯。章江（即赣江）冻合十余日	清同治十年《新建县志》
10	1861～1862（清咸丰十一年至十二年）	鄱阳、余干：十二月二十七日至三十日大雪寒甚，河尽冻，河冰坚厚可过车马，七日后始稍解	清同治十一年《饶州府志》
11	1865～1866（清同治四年至五年）	九江：正月坚冰厚六七寸，长江大河可过车马，急湍亦冻	清同治十一年《德化县志》

另外，方志中也记载了其他23年的大雪或严重的地面冰冻情况，分别是：明弘治六年（1493）、明嘉靖二年（1523）、明嘉靖三十九年（1560）、明万历四十四年（1616）、明天启元年（1621）、明崇祯十年（1637）、明崇祯十四年（1641）、清康熙元年（1662）、清康熙八年（1669）、清康熙五十七年（1718）、清乾隆三年（1739）、清乾隆二十年（1755）、清乾隆五十一年（1786）、清嘉庆元年（1796）、清嘉庆三年（1798）、清嘉庆六年（1801）、清嘉庆二十一年（1816）、清道光二年（1822）、清道光二十一年（1841）、清道光二十五年（1845）、清咸丰七年（1857）、清同治三年（1864）和清光绪十八年（1892）。①

从上述地方志所载寒冷气候来看，对鄱阳湖流域的生态环境影响很大。首先，直接导致树木大量受冻死亡。如分宜县“康熙九年十一月大雪，深五六尺，月余始消，树木尽折，鸟飞蔽天”；② 武宁县“咸丰十一年辛酉十二月……二十八日大雪三日，深五六尺，月余始消……樟枨等大五六围多萎”；③ 湖口县“咸丰十一年十二月十六日，大雪五日，平地深四五尺……木多冻死”；④ 丰城县

① 闵骞：《鄱阳湖历史冰情的考证》[J]，《湖泊科学》1996年第8期。
② （清）同治：《分宜县志》卷一〇《杂类·祥异》，中国地方志集成影印本。
③ （清）同治：《武宁县志》卷四三《祥异》，中国地方志集成影印本。
④ （清）同治：《湖口县志》卷一〇《杂汇·祥异》，中国地方志集成影印本。

“咸丰十一年十二月雨木冰，老樟多枯死”;[①] 奉新县“咸丰十一年辛酉春元旦大冻，树木多损”;[②] 星子县“咸丰十一年辛酉十二月二十六日，大雪连下五日，至三十日止，平地深七八尺及丈余不等……数百年中洲柑林尽萎，树木枯槁，大树俱冻死”;[③] 乐平县“咸丰十一年冬大雪，树木苹果多冻死”;[④] 宜春县“咸丰十一年十二月多雨雪，二十后冰冻愈甚，柑橘等树多摧折”;[⑤] 宜黄县“咸丰十一年冬大冻，陂塘水结可行……橘柚之属皆冻死”;[⑥] 安义县“同治元年壬戌春正月大雪……樟树皆枯”;[⑦] 贵溪县“同治元年正月十三日始霁，池塘水结，厚三四尺，樟木橙柚之属多冻折”;[⑧] 安仁县“同治元年朔平明雪止，河尽冰，人从冰上行，天晴十日不解，樟、竹、柚俱冻死”。[⑨] 其次，寒冷气候下林木的再生恢复能力减弱，森林被冻死或人为破坏后很难恢复，间接地造成其涵养水源、保持水土、防风固沙、调节气候的功能减弱或消失，从而加剧水土流失。

（2）农业自然灾害“多频连重”。根据省志、府志、县志及有关正史、文集的不完全统计，从东汉至清末（1911）的1900多年中，鄱阳湖流域的农业自然灾害共发生810次。其中明至清末的543年间各种农业自然灾害有594次，占统计中全部灾害的比例达到73.3%，比重之高是前所未有的。明清农业自然灾害的统计情况如表2－4所示。

表2－4　明清时代鄱阳湖流域农业自然灾害统计

灾种/朝代	水灾	大水灾	特大水灾	旱灾	大旱灾	特大旱灾	蝗灾	风灾	冰雹	雪灾	冻灾	饥馑	疫灾
明	45	24	3	46	13	2	4	13	33	7	19	34	34
清	52	29	5	38	18	4	20	7	48	19	23	33	21

资料来源：《明实录》、光绪《江西通志》、同治年间各府志及部分县志等。

根据表2－4分析，明清时代鄱阳湖流域农业自然灾害的特点可以概括为“多频连重”，即表现为多样性、高频率、连续性和严重性。

① （清）同治：《丰城县志》卷三八《祥异》，中国地方志集成影印本。
② （清）同治：《奉新县志》卷三六《杂志·祥异》，中国地方志集成影印本。
③ （清）同治：《星子县志》卷一四《杂志·祥异》，中国地方志集成影印本。
④ （清）同治：《乐平县志》卷一〇《杂类·祥异》，中国地方志集成影印本。
⑤ （民国）：《宜春县志》卷三四《杂志·祥异》，中国地方志集成影印本。
⑥ （清）同治：《宜黄县志》卷四九《杂类·祥异》，中国地方志集成影印本。
⑦ （清）同治：《安义县志》卷一《杂志·祥异》，中国地方志集成影印本。
⑧ （清）同治：《贵溪县志》卷一〇之三《杂类·祥异》，中国地方志集成影印本。
⑨ （清）同治：《安仁县志》卷三四《杂类·祥异》，中国地方志集成影印本。

多样性表现在前代常见的水、旱、蝗灾等灾害类型，明清都发生过，前代未有或少见的风、雹、雪、冻、饥、疫等灾害类型，明清也经常发生。尤其是受全球小冰期的影响，雪、冻、风、雹等灾害较前代非常突出：明清时期的雪灾有26次，风灾20次，冰雹灾害81次，冻灾42次。冻灾包括冰凌、江湖结冰、果木冻害、倒春寒、早霜、夏寒等，危害特别严重，农作物常被直接冻害而死，甚至也可冻死人、畜。据地方志等史料记载，冰凌有15次；江湖结冰前所未有，而明清时期可见到11次，其中鄱阳湖结冰的记载见有明正德八年（1513）、明隆庆三年（1569）、清康熙九年（1670）、清康熙五十四年（1715）、清嘉庆十九年（1814）、同治六年（1862）、清同治四至五年（1865～1866）等7次；鄱阳湖流域的赣、抚、信、饶、修五大河流结冰的记载见有清康熙十年（1671）、清嘉庆五年（1800）、清咸丰三年（1853）、同治六年（1862）。尤其在同治六年（1862）发生的冰冻灾害范围覆盖鄱阳湖全流域，“河（冰）坚厚而通车马……鱼鸟冻毙”。[①] 果木冻害见有记载4次：明正德九年（1514）“南丰雪深数尺，层冰冻裂，品果各种几绝”；[②] 清顺治十一年（1654）“冬严寒，大冰至春，桔贾橙柑之类尽槁”；[③] 清咸丰十一年至同治六年（1861～1862）全省发生大冻害，如前文所述之武宁县、湖口县、丰城县、奉新县、星子县、乐平县、宜春县、宜黄县等均有记载，包括樟树、柑橘等果木被冻死的非常多。倒春寒指三四月间所发生的严寒，正常年份鄱阳湖流域二月份寒气已逐渐消退，三四月份已经比较温暖，但明清时期三四月份却经常有大雪、冰冻乃至大霜等严寒天气现象出现，其中见有大霜的记载有3次：清顺治四年（1647）三月贵溪“大霜，大降三日，麦菜尽无”；[④] 乾隆八年（1743）三月中旬，赣县大霜；[⑤] 清同治二年（1863）三月二十一日，饶州府大霜，竹木霑之尽陨。[⑥] 早霜是指11月中旬之前降霜，正常年份鄱阳湖流域最早的降霜在十一月中旬后。明清时期见有早霜的记载有4次：万历十五年（1587）7月义宁州“下霜三天，禾尽萎死”；[⑦] 明崇祯元年（1628）九月九江、都昌、南昌、新建、新干等地大霜；[⑧] 乾隆五十九年（1794）九月定南陨霜；[⑨] 道光十二年（1832）九月寻乌秋霜伤稼。[⑩] 五至七月是鄱阳湖

---

① （清）光绪：《江西通志》卷九八《前事略二·祥异》，中国地方志集成影印本。
② （清）同治：《建昌府志》卷一〇之三《祥异》，中国地方志集成影印本。
③ （清）光绪：《江西通志》卷九八《前事略二·祥异》，中国地方志集成影印本。
④ （清）同治：《广信府志》卷一之一《地理·祥异》，中国地方志集成影印本。
⑤ （清）同治：《赣州府志》卷二二《祥异》，中国地方志集成影印本。
⑥ （清）同治：《饶州府志》卷三一《杂类志·祥异》，中国地方志集成影印本。
⑦ （清）光绪：《江西通志》卷九八《前事略二·祥异》，中国地方志集成影印本。
⑧ （清）光绪：《江西通志》卷九八《前事略二·祥异》，中国地方志集成影印本。
⑨ （清）同治：《赣州府志》卷二《祥异》，中国地方志集成影印本。
⑩ （清）同治：《赣州府志》卷二《祥异》，中国地方志集成影印本。

流域的夏季，明清时期却出现5次夏季下雪的反常天气：1653年、1655年、1660年、1678年、1817年。[①] 如1653年，金溪县“夏六月，炎日正中，忽下大雪，仰视半空，玉鳞照耀，至檐前则溶湿不见”。[②]

高频率表现为明清时期鄱阳湖流域农业自然灾害频率达到0.9年/次，较之南宋至元代的频率2.1年/次，提高了1.3倍多，频率之高也是前所未有，可谓无年不灾。

连续性是与高频率相关的，明清时期鄱阳湖流域农业自然灾害在同一年内连续，同时上下年也连续出现。如江西省水利厅1988年编制的《江西历代水旱灾害辑录》就反映了这一点。

严重性表现在两个方面：一是破坏性大，如表2-4所统计的明清279次水旱灾害中，35%是大型水旱灾害。再如前述之雪灾、冻灾等较多的遍及全鄱阳湖流域，大范围冻死动植物。明清时期发生的饥荒、疫病多而重，在明代34次疫病灾害中，其中9次为特大疫灾：永乐五年（1407）、天顺五年（1461）、成化十一年（1475）、成化二十年（1484）、嘉靖二十四年（1545）、嘉靖四十二年（1563）、万历五年（1577）、万历十七年（1589）、万历十八年（1590），死亡人数众多。如永乐五年（1407）“疫死者万余人”；[③] 万历十八年（1590）“南昌死者枕藉载道”。[④] 在表2-4所统计的明清记载的67次饥荒中，大都覆盖面广，如嘉靖十九年（1540）“抚州夏大饥，斗米银二钱，民采菌以为食”；[⑤] “贵溪、永丰、兴安大饥，民掘草根树皮以食”；[⑥] “建昌路民大饥，多殍”；[⑦] “袁州万载旱正月不雨至五月，民大饥，升米百钱”。[⑧] 二是受灾面积大，往往水、旱、蝗、饥、疫、风雹等多种灾害在全鄱阳湖流域各地区同时或连续发生。如嘉靖二十四年（1545），“春，临江府大水无麦，吉州大饥大疫，赣州大疫；四月泰和土赤饭亦赤，新城大水浸城堞，官民房屋千余所，田地二千余亩，男、妇溺死者二千余人”；[⑨] 同时，“南昌旱，上犹水”；[⑩] 九江“七月雨雹，大饥”；[⑪] 抚州“郡大

---

① 施由民：《东汉至清江西农业自然灾害探析》[J]，《中国农史》2009年第1期。
② （清）同治：《金溪县志》卷一一《杂志·祥异》，中国地方志集成影印本。
③ （清）光绪：《江西通志》卷九八《前事略二·祥异》，中国地方志集成影印本。
④ （清）光绪：《江西通志》卷九八《前事略二·祥异》，中国地方志集成影印本。
⑤ （清）光绪：《江西通志》卷九八《前事略二·祥异》，中国地方志集成影印本。
⑥ （清）同治：《广信府志》卷一之一《地理·祥异》，中国地方志集成影印本。
⑦ （清）光绪：《江西通志》卷九八《前事略二·祥异》，中国地方志集成影印本。
⑧ （清）同治：《袁州府志》卷一之一《地理·祥异》，中国地方志集成影印本。
⑨ （清）光绪：《江西通志》卷九八《前事略二·祥异》，中国地方志集成影印本。
⑩ （清）光绪：《江西通志》卷九八《前事略二·祥异》，中国地方志集成影印本。
⑪ （清）同治：《九江府志》卷五三《祥异》，中国地方志集成影印本。

饥，民掘白土杂米屑食之，殍死者众”;[①] 宁州（治今宁都）“五、六月不雨，饥”；瑞金“五、六月不雨，饥”。[②] 像这种各种灾害在同年内连续或同时并发的记载，在明清时期的江西省比比皆是。

（3）森林植被破坏造成严重的生态问题。明清时期鄱阳湖流域的森林植被的变迁是沿着前代农业对山区开发的脚步进行下去的，前代的开发尚在生态环境所能承受的范围之内，到了明代，鄱阳湖流域的森林植被破坏更为严重，开始导致水土流失、水利淤塞等严重的生态问题。

明代前期，鄱阳湖流域山区大部分开发程度还比较低，森林和植被保持原生态。如明弘治（1488～1500）前后，许多破产农民逃亡聚集到鄱阳、余干、乐平、贵溪、安仁（今余江县）等五县交界处的姚源山谋生，当时山林茂密，“官府平日不到，法度有所不加。各村人民守一隅而无拘束，界五县而自成一家”。[③] 赣东北的铜塘山、怀玉山等山周围几百里山区由于实行封禁政策，森林植被非常茂盛：铜塘山，“兽之属，人熊野猪惟封禁山有之，不逢不若久矣”。[④] 怀玉山，“德兴、玉山等县地方，勘得云雾山场，界连开花等县，山势陡峻……穿心四五十里，周回百余里，遍生大木森肥，矿砂涌盛，官不征粮，民不佃种……是山自叶宗留窟穴盗矿以来，虽久已封禁安辑，而不许生心利孔者窥伺而动”。[⑤] 据曹树基（1986）研究，明代流民运动发生前，赣西北地区大部分地广人稀，呈现出一种较原始的自然生态景观，其北部山区尤其如此。[⑥] 在赣南，明中期流民运动发展以前，大部分土地没有得到大规模开发，人烟稀少，森林植被茂盛：“赣为郡，居江右上流，所治十邑皆僻远，民少而散处山溪间，或数十里不见民居。里胥持公碟征召，或行数日不抵其舍。而岩壑深邃，瘴烟毒雾，不习而冒之辄病，而死者常什七八。”[⑦]

明代中后期，由于人地矛盾加剧，鄱阳湖流域山区农业垦殖活动非常活跃。山区经济发展水平提高，人口增多，为了有效管理流民、稳定这些地区的统治，明清政府先后增设了12个县。其中明代增设了万年、东乡、兴安（今横峰县）、泸溪（今资溪县）、安义、崇义、峡江、定南、寻乌等9个县，清代再增设莲花、全南和铜鼓等3个厅（民国初改称县）。这些县治的增设虽然有其特定的政治目的，但是也可见山区农业开发所带来的经济兴旺已经形成了县治行政设置的经济基础。山区

① （清）同治：《抚州府志》卷八四《杂类·祥异》，中国地方志集成影印本。
② （清）道光：《宁都直隶州志》卷二七《祥异志》，中国地方志集成影印本。
③ （清）同治：《万年县志》卷九《艺文志》，（明）陈金：《请建万年县疏》，中国地方志集成影印本。
④ （清）同治：《广信府志》卷一《物产》，中国地方志集成影印本。
⑤ （清）顾炎武：《天下郡国利病书》卷八二，《江西四》，文渊阁四库全书本。
⑥ 曹树基：《明清时期的流民和赣北山区的开发》［J］，《中国农史》1986年第12期。
⑦ （清）同治：《赣州府志》卷六《艺文》，明·杨士奇：《送张玉鸣序》，中国地方志集成影印本。

的开垦虽然有利于经济的发展，但盲目的开发必然带来森林植被的破坏。

在赣南，明正德年间（1506～1521）开始有赣中的吉安等府人民前往南安府、赣州府等赣南地区从事砍伐竹木、种靛、栽杉、烧炭、锯板等开发活动，“惟南（安府）、赣（州府）地方田地山场坐落开旷，禾稻竹木生殖颇蕃，利之所在，人所共趋。吉安等府各县人民平常前来谋求生理，结党成群，日新月盛，其搬运谷石，斫伐竹木及种靛栽杉烧炭锯板等项，所在有之。”① 明天启年间（1621～1627），闽、粤流民也开始进入赣南山区从事开垦种植蓝靛的农事活动，到明后期，赣南已成为国内著名的蓝靛产区之一。其产品甚至远销到西北省境“（赣州）城南人种蓝作靛，西北大贾岁一至汛舟而下，州人颇食其利”。② 整个明朝，在赣南地区的外来移民增建了许多村落，据饶伟新（2000）研究，信丰县建村231个，崇义县建村140个，石城县建村98个。③ 随着当地人口的增长与山区的经济作物的大量种植，到明万历丙辰年（1616），部分州县森林、草皮等原始植被开始消失，出现水土流失现象。据康熙《续修赣州府志》记载：“赣田地于江右为下下，非有平原旷野，阡陌相连。不过因两山之夼，岭麓之隙，聚土筑沙，稍储水而耕之，望之层层若阶级，即名为田。昔人所云，山到上头犹自耕者是也。十日不雨便已龟柝，搰搰一日暴注，则又冲决累坎……加以丙辰（1616年）水灾，田土崩柝，仅存山骨，以故丙辰而后，民多徙居他邑，不复依恋故土。”④ 据此可见，明末赣南部分山麓已经开垦过度，森林植被受到破坏，从而导致水土流失。到了清代，更是由于大量进行商业采伐、薪柴采伐，导致一些山区的森林、草皮等原始植被消失，山岭几成“童巅”。兴国县“自甲寅逆寇盘踞诸寨，肆行斫伐，迄今悉属童山”；⑤ 会昌县“山居十之六，田居十之四”，康熙、雍正年间“杉木之利甚大，客货之者众”，“尚有运至金陵以售者”。⑥ 致以“大木伐尽而小木未长，每岁所入盖少矣”，“山之童然，不生草木，又居六之二”，甚至导致当时“木油（广行于江浙闽粤间）价高于往时三倍”，因过度开采，导致山林土壤肥力下降，出现“屡年来山中之结实甚稀”⑦ 现象；石城县因过度开采山林、采伐薪柴，时人甚至发出“旦旦而伐，将来大有童巅之患，不早

① （明）周用：《乞专官分守地方书》，康熙：《西江志》卷一四〇《艺文》，中国地方志集成影印本。

② 曹树基：《明清时期的流民与赣南山区的开发》[J]，《中国农史》1985年第3期。

③ 饶伟新：《明代赣南的移民运动及其分布特征》[J]，《中国社会经济史研究》2000年第3期。

④ （清）康熙：《续修赣州府志》，卷六《食货》中国地方志集成影印本。

⑤ （清）康熙：《兴国县志》卷一《土产》，中国地方志集成影印本。

⑥ （清）同治：《会昌县志》卷一一《风俗志》，中国地方志集成影印本。

⑦ （清）乾隆：《会昌县志》卷一六《土物》，中国地方志集成影印本。

培植，恐饮桂滋惧也”[①] 的感慨。甚至一些封禁山也难逃被开采的命运，如定南厅（今定南县）的符山“一切山场历奉封禁，不许开采，在案”。但当地官府却查得“符山一堡在在俱有居民、庐舍、田园、坟墓”。[②]

在赣东北山区，由于流民大量涌入，人口剧增，农业开发加快，加上手工业、工矿业的发达，森林植被被大量破坏。如广信府“山多散木，鲜任栋梁，竹利七邑皆有，惟上饶、铅山、贵溪之南境尤饶，大半用以造纸，桐子、木子树皆可为油，上饶、兴安所出较旺，他邑闽人种山者，亦多资为生计”。[③] 弋阳县的储亭山则成为童山：“其色赤，无林木。”[④] 铅山县的九石山也是童秃一片：“无林木，色如生铁，状如覆金。”[⑤] 即使是禁山，也被开垦，开始变得有名无实。乾隆九年（1744）陈宏谋（乾隆年间宰相）与广信知府及知县查得“封禁之地原属广阔，我朝承平日久，附近居民渐于四周垦殖，以资生计。今树艺已蕃，渐成村落。现在所立界碑封禁者，较诸从前已窄，非复旧时广阔”。[⑥] 禁山既有自然资源之盛，又无赋税徭役之征，当然成为当时流民首选之地。到乾隆（1736～1795）中期，禁山之一怀玉山的生态环境景观已经由昔时的“树木丛杂，竹箐蒙密”变为“竹树扩清，人烟稠密”，“山无巨木，不任栋梁”[⑦] 了。到道光元年（1821）之前，呈现“材之巨者颇难得，皂斗树，杞树或往往有之，独古枫不适于用，乃得以全焉。斧斤所及，山木为之一空，故松之价比于樟楠”，[⑧]“猢狲缘栗树上争食，声狺狺然，今不复见矣，即鹿兔亦少”的面貌，[⑨] 砍伐树木所带来的环境破坏非常明显。到同治时期（1862～1874）更是“木之属，西北乡产杉颇富，山邻开化者，雍乾间且资于杭州，近则生齿繁，地力尽，所在不待拱把，而斧斤之声丁丁然矣”。[⑩] 赣东北地区另一禁山铜塘山（属今广丰县）也遭受同样的命运。乾隆十九年（1754），昔时方圆约 300 里的禁区，由于外围贫民逐渐私自采樵开垦，禁区范围已经缩小了 2/3，“约计禁内不过百里”。[⑪] 当时地方官

---

① （清）乾隆：《石城县志》卷一《舆地志·物产》，中国地方志集成影印本。

② （清）陈宏谋：《请开广信封禁山并玉山铅矿疏》（乾隆九年），见（清）贺长龄辑《皇朝经世文编》卷三四，清道光年间刻本。

③ （清）同治：《广信府志》卷一《地理志·物产》，中国地方志集成影印本。

④ （清）同治：《弋阳县志》卷一《地理志·山川》，中国地方志集成影印本。

⑤ （清）同治：《铅山县志》卷三《地理志·山川》，中国地方志集成影印本。

⑥ （清）何葡：《禁采铁矿详文》，乾隆：《定南厅志》卷八《艺文志记》，中国地方志集成影印本。

⑦ （清）乾隆：《广信府志》卷二《地理志·物产》，中国地方志集成影印本。

⑧ （清）道光：《玉山县志》卷十二《土产》，中国地方志集成影印本。

⑨ （清）道光：《玉山县志》卷十二《土产》，中国地方志集成影印本。

⑩ （清）同治：《玉山县志》卷一《地理志·物产》，中国地方志集成影印本。

⑪ （清）胡宝瑔：《勘封禁山奏请永禁疏》，同治：《广丰县志》，《艺文疏》，中国地方志集成影印本。

勘查所见“凡山头地角靡不开种殆尽”，“大东坑约有零星开田至百余亩……洞门底亦有零开田地共二百余亩”。[①] 到嘉庆年间（1796～1820）地方官大多主张弛禁，放松对禁山的管制，山内棚民也益发增多，“有自嘉庆年间入山者，有自道光年间入山者”。[②] 当时这个还没有正式弛禁的大山区，已经再现“高阜处所，种植茶树、山薯、杂粮等物，低洼之处，尽属稻田：或傍崖为屋，或砌石成蹊，谷口崖腰，人烟相接”[③] 的景象了。到同治八年（1869）正式开禁时，已经是“山内可垦之田有限，可辟之地无多，可取之利无几，所得不偿所失”。[④]

除了上述农业开垦导致森林植被的破坏外，赣东北地区的陶瓷业、造纸业等手工业的发展也加速了森林的衰减。

如景德镇及其周边的陶瓷业在清朝康乾时期达到全盛阶段，“民窑二三百区，工匠人夫不下数十余万”。[⑤] 陶瓷生产对燃料的需求非常大，直接导致森林植被减少。据梁淼泰（1991）研究，清代景德镇用于陶瓷业消耗的松柴每年达 240 万担，槎柴折松柴数 125 万担，两项合计达 365 万担。[⑥] 当地民谣“一里窑，七里焦”就是对其破坏森林植被的生动反映。景德镇烧制陶瓷所用窑柴开始来源于附近的浮梁县四乡，由于长期消耗，到康熙末年，窑柴的来源逐渐扩展到鄱阳、乐平，再到都昌、余干，直到安徽省的婺源、祁门、至德等县。[⑦] 由此可知，浮梁本地的松林等山林资源损耗严重，必须取自他方了。

明清时期广信府是江西省的造纸业中心，尤以铅山县最负盛名。据明嘉靖（1522～1566）的《江西省大志》记载：“自洪武年间创于玉山一县，至嘉靖以来，始有永丰（今广丰）、铅山、上饶三县续告官司，亦各起立槽房。玉山槽坐峡口等处，永丰槽坐柘杨等处，铅山槽坐石塘、石垅等处，上饶槽坐黄坑、周村、高洲、铁山等处。……玉山县槽房不啻五百余座，永、铅、上三县不啻百余座，皆系民间自备竹木砖瓦材料，构结房厂，可容百数十人。”[⑧] 铅山造纸业规模发展最快，工人数量迅速增多，到明万历时，单是石塘镇一处，“槽户不下三十余槽，各槽帮工不下一二千人”。[⑨] 到清乾隆时期（1736～1795），全县有十分

① （清）伍诸玺：《请罢弛封禁山议详》，同治：《上饶县志》卷五，阪塞，中国地方志集成影印本。
② （清）王恩溥：《察请铜塘山驰禁稿》，同治：《上饶县志》卷五，阪塞，中国地方志集成影印本。
③ （清）同治：《广信府志》卷一《地理·山川》，中国地方志集成影印本。
④ （清）同治：《广信府志》卷一《地理·山川》，中国地方志集成影印本。
⑤ （清）乾隆：《浮梁县志》卷五《陶政》，中国地方志集成影印本。
⑥ 梁淼泰：《明清景德镇城市经济研究》[M]，南昌：江西人民出版社 1991 年版。
⑦ 梁淼泰：《明清景德镇城市经济研究》[M]，南昌：江西人民出版社 1991 年版。
⑧ （明）嘉靖：《江西省大志》卷二十七《土产》，中国地方志集成影印本。
⑨ （明）嘉靖：《江西省大志》卷二十七《土产》，中国地方志集成影印本。

之三四的人口从事此业，所谓“食其力十之四三焉”，[①] “四山之民，多煮竹焉”[②] 由于广信府纸张质量好，朝廷用纸大量取自此处，需求量巨大。据万历《江西省大志》记载：“奉上供间五岁一征，征则费矩万，它所不时之需大都称是。”[③] “嘉靖四十五年（1566）取各样纸二百三十五万，隆庆四年（1570）取用各样纸七十六万，六年（1572）取用各样纸九百万，万历六年（1578）取用各样纸一百九十六万，十四年（1586）取用各样纸一百九十六万，十八年（1590）取用各样纸一百九十六万，二十二年（1594）取用各样纸一百九十六万。”[④] 由上述材料可知，自明嘉靖四十五年（1566）至明万历二十二年（1594），29 年之间，共取用御纸 7 次，平均 4 年一次，共取用 1995 万张，平均每年约 68 万张。另外当时江西省本地官府用纸，大多也是取自广信府：“（本省）都院岁用纸张，每季取解奏本纸一千三百张、连四纸一千张、衢红纸二百张”。[⑤] 三种纸张每年合计约为 1 万张。以上仅是广信府每年必须向朝廷和官府提供的纸张数量。实际上，明中后期广信府纸张产品更大宗的是供给市场所需。其中不仅有民间所需用纸，也有外省官府的采购。如据同治《广信府志》记载：“出产多而行远者莫如纸”，“富商大贾挟资而来者，大率徽闽之人，西北亦间有”。[⑥] 明朝除江西省征用纸张外，也在湖广、福建、浙江等省征用，三省因本地所产纸张不足，“俱各差官赍捧现银前来玉山县收买”。[⑦] 造纸的材料主要是竹、树皮和稻草等，如此巨量的纸张供给和需求，必然造成对森林植被的掠夺性开发。据舒惠国等（1996）研究，1 吨土纸需使用老竹 3 ~4 吨，如用嫩竹则需要 8 ~9 吨。[⑧] 这样由于连年砍伐嫩竹，母竹减少，竹林逐渐残败。其次是废水对环境的污染。据上述统计的明嘉靖四十五年（1566）至明万历二十二年（1594）间，御用与本省府每年自取纸张 69 万张，加上更大宗的市场供纸，每年至少出产纸张 200 万张左右，按 250 克/张计，每年纸张重量达 5000 吨，需消耗嫩竹材料 4 万 ~4. 5 万吨，按每亩竹林年产 1 万吨嫩竹计算，[⑨] 消耗 4 万 ~5 万亩的竹林。可见造纸业对当地的森林植被的消耗是巨大的。

在赣西北地区，到明崇祯时期（1628 ~1644），已有十万之众闽省流民迁入，

① （清）乾隆：《广信府志》卷一之二《风俗》，中国地方志集成影印本。
② （清）康熙：《铅山县志》卷八《杂志》，中国地方志集成影印本。
③ （明）万历：《江西省大志》卷八《楮书》，中国地方志集成影印本。
④ （明）万历：《江西省大志》卷八《楮书・解运・御用》，中国地方志集成影印本。
⑤ （明）万历：《江西省大志》卷八《楮书・解运・本省》，中国地方志集成影印本。
⑥ （清）同治：《广信府志》卷一之二《物产》，中国地方志集成影印本。
⑦ （明）万历：《江西省大志》卷八《楮书・解运・御用》，中国地方志集成影印本。
⑧ 舒惠国：《江西竹业》[J]，《江西省林业厅企业经济杂志》，1996 年。
⑨ 舒惠国：《江西竹业》[J]，《江西省林业厅企业经济杂志》，1996 年。

他们“赁山种麻”，“凿山种麻”，“平山填堑掘坟墓，种苎割蓝其利溥”。[①] 一方面促进了该地区苎麻业、蓝靛业等山区经济作物的较大发展，另一方面，也导致森林植被的破坏，部分地区出现童山。如清初顺治十六年（1659），万载县的“山林深谷”，变为“不毛之地，山高田隘，土瘠贫稀”。[②] 万载县城北去35里的金鸡山：“山童不毛，有巨石在山下，入夜现金鸡，故名。”[③] 但总体来看，森林覆盖率仍然很高，这可以从当时的虎患佐证。如上高县“顺治十三年（1656）丙申冬三虎入城，擒获其二”，“顺治十五年（1658）戊戌五月，五虎入城，全获”；[④] 义宁州“康熙三年（1664）八九月内（虎）乘夜入城，……连杀二虎，虎患遂绝”；[⑤] 永新县“康熙五年（1666）秋连月虎出，四乡死者百余人”；[⑥] 德化县（今德安县）“康熙八年（1669）旱，……群虎食人”；[⑦] 安义县“康熙十二年（1673）癸丑虎白昼走平坂，噬人，死者无数，有毙虎者，剖其胎，一胎七子”；[⑧] 新昌县“康熙二十二年（1683）二月八乡多虎，环城四五里及西乡尤甚，其伤男妇七八人，山僻之田愈荒”；[⑨] 宜春县“康熙二十二年（1683）北乡白昼虎出，食人无算”。[⑩] 从清康熙中期开始，由于政府招民开荒，大量闽粤鄂流民进入或重新进入了赣西北的幕阜山区、九岭山区以及丘陵地区从事苎麻种植、造纸业和其他作物的种植等农业开发，导致森林植被迅速减少甚至出现衰竭。如在赣西北的幕阜山区，乾隆（1736～1795）时“自楚来垦山者百余户，蓁巘密嶂尽为所据，焚树掘根山已童秃，虽穷乡深谷京俭炊薪”。[⑪] 当时该地区的武宁县垦山者有万余户之多，对森林破坏相当严重，造成许多童山的出现：“棚民垦山，深者五六尺，土疏而种植十倍，然大雨时行，溪流湮淤，十余年后，沃土无存，地力亦竭。今太平山、大源洞、果子洞诸乡，山形骨立，非数十年休息不能下种。”[⑫] 宜黄县在同治时期（1862～1874）由于当地百姓进山开采铁矿，导致山体破坏、林木减少，涵养水源的能力减低，洪涝灾害严重。如当地的新丰、获竹、侯坊山谷就出现这种情况：“不植树木，雨骤崖崩，绿河积众，其蚩民淘铁

① （清）同治：《袁州府志》卷十七《艺文》辑录《前井蛙行》，中国地方志集成影印本。
② （民国）《万载县志》卷一《食货·屯田》，中国地方志集成影印本。
③ （清）雍正：《江西通志》卷八《地理志·山川》，中国地方志集成影印本。
④ （清）同治：《重修上高县志》卷九《祥异》，中国地方志集成影印本。
⑤ （清）同治：《义宁州志》卷三九《杂类志·祥异》，中国地方志集成影印本。
⑥ （清）同治：《永新县志》卷二六《杂类志·祥异》，中国地方志集成影印本。
⑦ （清）同治：《德化县志》卷五三《杂类·祥异》，中国地方志集成影印本。
⑧ （清）同治：《安义县志》卷一六《杂类志·祥异》，中国地方志集成影印本。
⑨ （清）同治：《新昌县志》卷四《地舆志·纪异》，中国地方志集成影印本。
⑩ （民国）《宜春县志》卷二四《杂记·祥异》，中国地方志集成影印本。
⑪ （清）道光：《武宁县志》卷十一，中国地方志集成影印本。
⑫ （清）乾隆：《武宁县志》卷十，中国地方志集成影印本。

渔利，港扒砂松，每洪涨随流直下至九都，上游渐平旷，水势泛滥，遇狭口填塞，日雍日高，沿河居民受害伊於胡底。"① 道光二十九年（1849）位于宜丰、修水、铜鼓、万载等四县之间黄冈山，也因为巨大的人口压力被迫开禁，"从巡抚柯逢时请，开地以益民"。② 又如安福县在同治时期（1862～1874）也因开采矿产导致部分山地成为童山，该县的紫霄石山，由于出产石灰岩，山体被破坏得面目全非："居民利其山，烧石灰，剷消过半，游人惜之"。③ 从而导致同治八年（1869 年）的山崩，"十五都江头村后山横裂十余丈，七都太平山裂，西坑水溢充田，沙石堆积成洲"。④ 上高县由于百姓对煤、铁、高岭土等矿产资源开采过度，屡禁不止，对当地环境影响很大。如在旺贤岗："被近地居民开塘挖窖赀榨炼钢，多有伤害。康熙五十一年（1712）知县王枟勒碑封禁，久复如故。嘉庆二十五年（1820）冬合邑绅士醵资填补，察请署县李大云碑示永禁伤害。道光二年（1822）复纠费竣工，并置田数亩，善后另有培龙始末一册，刊布各团以垂久远"。在草莽山："屡被近地居民射利挖煤，大伤龙脉。"在钟鼓岭："屡被近地居民射利挖掘土青（制造瓷器的原料——高岭土），害伤龙脉。邑田荒民逃科第寥落皆由於此"；"土地堆积在钟鼓岭脊上，南、西、北三面及岭下掘挖土青之孔不下数百，深或一二丈及二丈不等……"⑤

上述各地森林植被的破坏导致了严重的生态问题，主要表现为水土流失、旱涝灾害等。

如在赣中和赣南地区，百姓垦殖山地、开采矿产的经济活动，在清初就开始造成当地水利和农田的严重损害。安远县于康熙二十年（1681）"五龙堡忽天地昏霾，溪流陡涨，各山顶吐气涌水，土石俱裂"；乾隆十四年（1749）"濂江坊，白兰山、右陂潭、面路通熊岭，崩陷数丈"；乾隆四十二年（1777）"大雷雨，狮子石等处山崩，冲塌庐舍"。⑥ 在宁都则出现"山溪崩射，高于畎亩，因陂而泽之，以水其田。苟废弛不修，则土病干，而岁收失十之三四"的现象。⑦ 大庾县水土流失严重，"傍溪之山，迩来开垦，不遗尺寸，山无草木，难受雨淋。土既松动，不敌水力，一经大雨，沙泥俱下，流及大江，尚犹斗水升泥"。⑧ 到清末时，水土流失更加严重，出现水利设施损坏、土地沙化、自然灾害加重等现

① （清）同治：《宜黄县志》卷四十六《杂类·祥异》，中国地方志集成影印本。
② 赵尔巽：《清史稿》卷一百二十《食货》，北京：中华书局 1977 年版。
③ （清）同治：《安福县志》卷二《舆地志·山川》，中国地方志集成影印本。
④ （清）同治：《安福县志》卷二《天文志·祥瑞灾异》，中国地方志集成影印本。
⑤ （清）同治：《安福县志》卷二《天文志·祥瑞灾异》，中国地方志集成影印本。
⑥ （清）同治：《安远县志》卷十《杂类·祥异》，中国地方志集成影印本。
⑦ （清）道光：《宁都直隶州志》卷六《水利志》，中国地方志集成影印本。
⑧ （清）乾隆：《南安府大庾县志》卷三《地舆志·山川》，中国地方志集成影印本。

象。由于乡民在山地开垦大量种植烟草等经济作物，从而使山土松动，一遇大雨，山土被水冲下，不仅田地水土流失严重，还填塞河流，损害水利工程。如在宁都，有识之士曾呼吁："州治多种山烟，山土锄松，大雨时沙土随水下，不无河满之患，山烟在所宜禁！"① "今溪涧湮塞，川流非旧。揆厥所以，良由近数十年，土人铲除草皮，开偏圳，又掘山冶铁，矿砂入溪，水利先坏，田庐即从而继之，是尤司民牧者所宜知也。"② 过度垦山还导致良田沙化，出现"近以沙淤，失南亩之利"③ 的现象。在宁都出现水土流失导致的水利废坏，进而影响农田的现象："盖山无草木，则泥沙乘雨势拥入田中，势不得不开偏圳以遏山上之暴雨。自偏圳既开，山泉日益枯竭，田之肥者日瘠。"④

森林植被资源的破坏也导致水旱灾害的加剧，造成诸如山崩等巨大的危害。如崇义县在光绪二年（1876）的大水灾致使"禾镰石山崩移河中，城外不通舟楫自此始。"⑤ 黄志繁（2003）根据地方志描述性资料参数化得出明清时期赣州府水旱灾害指数，分析指出：赣南在明朝末期开始进入涝害增多，清中期以后，赣南的涝灾趋于严重。⑥ 这是与水土流失密切相关的，时人也认识到这一点："邑之患莫大于城河……自乾隆五十年后，日形淤浅。至嘉庆五年，山水暴涨，沙石岔涌，决城北之堤防，而故道遂没，河身淤为平地，平地又积为高埠。西南两面徒涨沙洲，外高内深，形如釜底。每遇春夏水盛，泛滥横溢，合城惴惴有昏垫之患。治苦无术，已历有年矣"。⑦ 就是说，由于水土流失导致河道阻塞，河床抬高，一旦暴雨，河流的高水位对城镇人民的生命财产造成严重的威胁。

在赣东北地区，正如前述之山区垦殖、制瓷、造纸、开矿等经济活动造成森林植被的破坏，进而也引起水土流失甚至泥石流等生态问题。如广信府的上饶县"比年山乡广植桐及靛，全山耕为陇亩，利亦反有之，然而山上疏松，遇雨则沙石崩溃，填塞谿壑殆遍，诸水浅"。⑧ "按本邑南北两乡及裹西乡，多土山，农民力作，年年掘动山土，每值春夏大雨，辄土崩沙涌，阻遏涧溪，塞填陇亩，遂使膏腴变为跷瘠，为害甚巨，固不止蓄水浅而致旱也。"⑨ 当时比较严重的生态灾

① （清）道光：《宁都直隶州志》卷十二《土产志》，中国地方志集成影印本。

② （清）道光：《宁都直隶州志》卷六《山川》，中国地方志集成影印本。

③ （清）同治：《赣州府志》卷二十《风俗》，中国地方志集成影印本。

④ （清）道光：《宁都直隶州志》卷六《山川》，中国地方志集成影印本。

⑤ （清）光绪：《崇义县志》卷一《祥异》，中国地方志集成影印本。

⑥ 黄志繁：《清代赣南的生态与生计——兼析山区商品生产发展之限制》，《中国农史》2003 年第 3 期。

⑦ （清）朱一谦：《筑城浚河记》，道光《宁都直隶州志》卷三十一之三《艺文》，中国地方志集成影印本。

⑧ （清）同治：《广信府志》卷十二《杂记》，中国地方志集成影印本。

⑨ （清）同治：《上饶县志》卷十《土产》，中国地方志集成影印本。

害泥石流屡有发生，如贵溪县在嘉庆十八年（1813）爆发泥石流，“倾盆大雨，逾时不止，山水陡发，洪涛巨浸，由泸闽界直达上清而下，冲坍田亩，漂没庐舍，而鱼塘地方为尤甚，有阖家男妇大小淹毙者（旧志）。”又于同治七年（1868）发生大水导致泥石流：“沿河庐舍漂荡无数，石壁源之水涌，山中泥石纷下，民田有被掩者。”[①] 上饶县在咸丰九年（1859）爆发泥石流，“溪流暴涨，奇形怪状或类马或类牛随波出没，灵北诸山同时土裂石奔，水从地出”。[②] 弋阳县在同治元年（1862）夏五月爆发泥石流，“南乡霆雨十日，湖田成洲，峻岭皆裂”。[③] 玉山县在咸丰九年（1859）爆发泥石流，“灵湖水溢，大雨如注，诸山有倏裂数丈，或数十丈者，异地同时裂……某竹山倏移置田中”。[④] 铅山县在同治七年（1868）爆发泥石流，“长寿源、天坪岭，山顶陡然崩裂，庙基里洪水涌出，破民田百余亩，山径一带冲未川渠”。[⑤] 兴安县（今横峰县）在同治四年（1865）爆发泥石流，“刘源坑郑家屋背半山声响如雷，山崩水涌，砂石流滚三四丈乃止。”[⑥] 制瓷业所消耗的原料，一是以木柴为主的燃料，二是高岭土。大量消耗木柴必然伴随着山林的无节制砍伐，从而减少森林植被，降低涵养水源的能力，导致水土流失。大量采挖高岭土矿石，必须经粉碎、淘洗成泥才能外运，剩下的泥沙，也不加节制地倾倒，淤塞沟渠，冲刷河溪，对水利破坏甚巨。如在道光初年，星子、都昌县由于大量开采高岭土，“厂户挖洞取土，绵亘数里，年深月久，山崩土裂，坟墓伤残，牲畜跌毙……农田受害，水旱皆忧。盖大水则被沙塞，大旱则堰被沙塞，将见土地尽成荒土，民生日促，赋课难输”，[⑦] 但禁而不止。其淘洗高岭土矿的尾沙却越积越厚，堆积如山。造纸业除了破坏竹林等森林植被导致水土流失外，其产生的废水对环境也造成污染。明清时期赣东北的造纸业中心，如铅山的石塘、石垅，玉山的峡口，上饶的黄坑、周村、高洲、铁山等处都设在山间溪流的上游，造纸时所排放的废物如树皮、碎木片、草根、煤灰渣和腐烂的浆渣、浆料等有害物质以及废水等，下雨时随溪流向下游漂流，污染河流和地下水源，导致河水浑浊、发臭，水草不生，鱼虾灭迹，蚊蝇孳生，蛆虫遍地，严重影响农田灌溉用水和人畜饮水安全。

在赣西北地区，由于发展苎麻业和其他旱粮作物，以及土纸业的兴起，同样造成山区过度垦殖、森林植被的破坏，进而也引起水土流失等生态问题。如安福

① （清）同治：《贵溪县志》卷十三《杂类·祥异》，中国地方志集成影印本。
② （清）同治：《上饶县志》卷二十四《祥异》，中国地方志集成影印本。
③ （清）同治：《弋阳县志》卷十四《杂类·祥异》，中国地方志集成影印本。
④ （清）同治：《玉山县志》卷十《杂类·祥异》，中国地方志集成影印本。
⑤ （清）同治：《铅山县志》卷三十《杂类·祥异》，中国地方志集成影印本。
⑥ （清）同治：《兴安县志》卷十六《杂类·祥异》，中国地方志集成影印本。
⑦ （清）同治：《南康府志》卷四《关于白土讼案始末》，中国地方志集成影印本。

县由于过度开采矿石，于同治八年（1869）发生山崩，崩塌的石块堆积成洲："十五都江头村后山横裂十余丈，七都太平山裂，西坑水溢充田，沙石堆积成洲"。[①] 宜春县明清时期山区开发过度，水土流失严重，损害水利设施，屡经兴废。如当地的接水沟"每雨骤，至沟狭既不足以容而渠湮塞不流，卒泛滥于街……今于学之西墙外拓地几十丈凿新沟"。再如李渠"岁久复湮，雍正六年知府薄履青、知县王淑京倡众捐修渠，复通。自雍正迄道光，中隔九十年有塞，邑侯程国观议开浚"。[②]

（4）鄱阳湖水域淤塞，湖区生态问题严重。鄱阳湖是接受赣江、抚河、饶河、信江和修河等五大河流来水以及部分长江倒灌来水而形成的湖泊，上述五河水量、泥沙量变化情况，必然引起鄱阳湖水域的涨退变化、湖滩草洲的变化等。因此，鄱阳湖就形成一个吞吐型、季节性湖，呈现"高水是湖，低水似河"，"洪水一片、枯水一线"的独特景观。进入汛期，"五河"洪水入湖湖水漫滩、湖面扩大；冬、春季节，湖水落槽，湖滩显露，湖面变小比降增大，水流湍急，与河道无异。洪、枯水的湖体面积、湖体容积相差极大，湖体面积可相差 22 倍，湖体容积可相差 56 倍。[③]

明清时期，由于上述五大河流上游山区大规模的农垦开发和手工业生产等因素，引起上游山区森林植被、山体面貌的破坏，导致水土流失，大量泥沙冲入河流下游及鄱阳湖水域，从而导致鄱阳湖水域淤塞加快，沙滩草洲不断扩大。同时，正是由于鄱阳湖水域沙滩草洲的形成与扩大，以及水体的季节性伸缩，易于围垦，当地百姓在湖区筑圩围湖造田的活动日益扩大，形成与水争田的现象，从而带来严重的生态问题。

一是泥沙堆积，沙滩草洲不断扩大。据朱海虹、张本等（1997）研究，由于上游河流冲刷下来的泥沙淤积于湖中，形成湖滩草洲，发育扩张的历史已经有 1600 多年了。由于沉积载荷和水动力条件是控制和影响湖滩草洲形成和发育的主导因素，因此，不同入湖河流的水文、泥沙状况差异，发育了不同规模和特点的三角洲。在五大入湖河流中，无论是多年平均入湖水量，汛期洪水组成（汛期是主要淤积期）、还是总入湖沙量，均以赣江最大，故堆积了鄱阳湖最大的湖滩草洲。而信江的入湖沙量远低于赣江，故在余干县境内梅港堆积的湖滩草洲小得多，且发育历史只有 800 年。[④]

---

① （清）同治：《安福县志》卷二《舆地志·山川》，中国地方志集成影印本。

② （民国）《宜春县志》卷三《地理志·水利》，中国地方志集成影印本。

③ 《鄱阳湖研究》编委会：《鄱阳湖研究》［M］，上海：上海科学技术出版社 1988 年版。

④ 朱海虹、张本等：《鄱阳湖——水文、生物、沉积、湿地、开发整治》［M］，合肥：中国科学技术大学出版社 1997 年版。

据项亮（1999）研究，鄱阳湖水域沉积物演变的历史时期可以分为6个阶段，其中第5个阶段为1180~1790年，正处于我国宋元明及清前期阶段，该阶段一方面鄱阳湖水面扩大、开放；另一方面湖滩草洲在向前推进。[①] 对比历史资料，这一阶段鄱阳湖西部的大汊湖与鄱阳湖主体再次连成一体。[②]如在元末明初朱元璋、陈友谅大战鄱阳湖，陈军庞大的舰队在湖中活动自如："友谅兵号六十万，联巨舟为阵，楼橹高十余丈，绵亘数十里。"[③] 明清以后，鄱阳湖水域扩张趋势并未终止，清光绪年间绘制的《江西全省舆图》圈出的湖岸线，与20世纪80年代的湖泊岸线比较，水域更小。[④] 而鄱阳湖在扩张的同时，入湖河流泥沙堆积的湖滩草洲也得到迅速生长。其发育生长过程与鄱阳湖流域自宋代以来大量在开垦山区所造成的水土流失的过程是一致的。如在南昌府，咸丰时期以前在东湖"南边一段新旧填塞湖面一千九百五十三丈七尺五寸"，在北湖"新旧填塞湖面七千三百三十三丈零五寸"，西湖"新旧填塞湖面二千一百零七丈五尺五寸"；从咸丰时期至同治十一年在东湖"复侵占一千一百四十五丈二尺五寸"，在北湖"又侵占三千二百二十三丈五尺"，在西湖"又侵占五百三十四丈二尺五寸"。[⑤] 在新建县，乾隆时期（1735~1795）的三河草洲总计有四十五洲，绵延达三百余里。"洲之大小，自数里至六七十里不等；洲之价值，自数十金至千余金不等。东西两乡人民，世居洲侧，村落星落。洲之高者为田，食米于是乎出；洲之下者为港，鱼鲜于是乎取；洲之生获草者，柴薪于是乎供。惜其地处下游，春秋二涨，水必伤稼，惟藉网鱼卖草以足食。而其民又非皆有洲地者也，佃而耕之，租而渔与樵焉。计三百余里之洲中间，贫者不含数万户，终岁勤动，不足事畜，心老抚字者亦莫之衰益耳"。[⑥] 对比乾隆十五年（1750）刊印的《新建县志·草洲图》与同治十年（1871）刊印的《新建县志·草洲图》，我们可以发现，经过120余年的发展，到同治时期（1862~1874），三河草洲不断向北扩展，水域面积减少，洲地面积大幅度增加，增加了将近1/3，且原先各分立的草洲连成一片。鄱阳湖区湖滩洲地，往往被开辟成农田。如新建县黄白湖一带"湖故浅与田相埒，大都田皆故湖也"。[⑦] 在德安县，乾隆年间由于开辟湖滩洲地，曾多次上报洲地达6956亩。"乾隆八年（1743）五月，报升长河及附近河湖洲地5739亩，俱有渔草

---

①② 项亮：《鄱阳湖历史时期水面扩张和人类活动的环境指标判识》[J]，《湖泊科学》1999年第11卷第4期。

③ （清）张廷玉：《明史》卷一《太祖本纪》[M]，北京：中华书局，1974。

④ 《鄱阳湖研究》编委会：《鄱阳湖研究》[M]，上海：上海科学技术出版社1988年版，第66期。

⑤ （清）同治：《南昌府志》卷三《府城·水利》，中国地方志集成影印本。

⑥ （清）曹绳柱：《三河草洲图记》，乾隆：《南昌府志》卷八《水利》，中国地方志集成影印本。

⑦ （清）俞均：《黄白湖田则碑记》，同治：《新建县志》卷七十五，中国地方志集成影印本。

之利；十六年（1751）十二月，报升深思湖姚家洲等处草地1217亩”。[①]

正如项亮（1999）研究所指出的：影响历史上鄱阳湖地区环境演变的主要因素有：①鄱阳湖水量的增减导致湖泊的扩展和收缩；②入湖河流河口泥沙堆积的湖滩草洲的迁移及两者的相互作用。而以上环境变化又直接影响着人类生产或土地利用方式的转变，而这种转变常常反馈于环境变化。如水面扩张导致对山坡地开垦强度增加，水土流失加剧，湖滩草洲发育和扩张，而洲滩的扩展又为围垦创造了条件，过度围垦又是导致洪水频繁泛滥的因素之一。[②]

二是湖区筑堤围垦活动大增。随着明清时期湖区人口的增加，向湖要田的需求越来越旺盛，加之湖滩草洲垦殖汛期易受洪水淹没，所以湖区各地都十分重视圩堤的修筑，筑堤围垦活动出现高潮。

在余干县，由于属“滨湖之地，居于广信下游，六七百里之水道悉由此而纳于鄱湖，每岁一番泛滥，势所不免者。低乡之藉圩挡水而后圩内之田始得耕种耘褥，以待收获。若无圩挡水于外则夏初水涨而田皆浸没矣”。[③] 圩堤一直兴修不衰。明洪武二年（1369）由州同李宁修复了三年前溃决30里的南塘圩，这是余干县最早的圩堤。[④] 明永乐年间（1403～1424），民间也有富户倡议捐资筑堤以防洪水。如永乐七年（1409），由余干县城南关舒家村人舒彦祥倡议，捐资修筑南门外圩堤，与原先的八字嘴圩连接约十余里；由五都人何伯杰倡议，捐资修筑五都陈塘圩十二里；塔前人庠生盛时府因三十二都“观音闸纪，河水冲突田芜，居民无所得食，多迁徙，而赋遂虚”，而“慨然独任修筑，前后捐资千余金”。[⑤] 明成化年间（1465～1487），余干县与邻县进贤合筑郭坪圩。[⑥] 明万历三十六年（1608），全县修筑圩堤24座；万历四十八年（1620）余干知县姜应麟筑西津八字等圩；明天启四年（1624），饶州府直指使田珍在修筑余干西津、八字圩等。[⑦] 到清道光年间，全县有“旧圩堤二十四条，绵亘二百余里”，[⑧] 清同治年间，全县有大圩堤25座，子圩28座，全长157100余丈，围成圩田达20.14万亩。[⑨] 而清顺治年间的圩田有11.71万亩，可见，由清初到清后期，该县围湖造田增加了

---

① 《清高宗实录》卷一百九十三、卷四百四，台北：新文丰出版社1978年版。

② 项亮：《鄱阳湖历史时期水面扩张和人类活动的环境指标判识》[J]，《湖泊科学》1999年第11卷第4期。

③ （清）胡天佑：《培补圩堤以防水害书》，同治：《余干县志》卷十七《艺文》，中国地方志集成影印本。

④ （清）同治：《余干县志》卷四《圩渠》，中国地方志集成影印本。

⑤ （清）康熙：《余干县志》卷九《笃行》，中国地方志集成影印本。

⑥ （清）同治：《进贤县志》卷五《建置》，中国地方志集成影印本。

⑦ （清）同治：《余干县志》卷四《圩渠》，中国地方志集成影印本。

⑧ （清）道光：《余干县志》卷十九，李光元：《直指田公捐金筑堤碑记》，中国地方志集成影印本。

⑨ （清）同治：《余干县志》卷四《圩渠》，中国地方志集成影印本。

将近 9 万亩。这正是水害与淤塞并重的反映。

在鄱阳县，其县境西部滨临湖体，东有乐安江、昌江合流而来，南有信江东支汇入饶河，境内水网纵横，因此修筑圩堤的活动也十分频繁。唐代就有了东湖堤和马公堤等圩堤，至宋元期间，增加了黄花陂等 14 条，到明洪武二十八年（1395）对上述圩堤进行了修复疏浚："黄花陂等十四所陂塘，盖宋元时旧陂也。至正末政荒民散，多淹塞没芜。洪武二十八年县丞周从恭行县一一修复，旱涝有备，今赖之。"① 明成化年间（1465～1487），鄱阳知县刘焕筑壕湖圩，周十八里，圩田三千一百余亩。明弘治间（1488～1505），知县余本实筑郭溪圩、汤湾圩；县丞刘兴修筑北湖圩。明嘉靖三年（1524），知县徐俊民在德新桥岭组织修筑一道石堤。② 清康熙五十七年（1718），修筑项洲圩、万家圩、大湾圩等；雍正年间，修阁山圩，光绪四年（1878）重修。根据同治《鄱阳县志》统计，从明朝至清光绪年间，鄱阳县共修筑大的圩堤有 102 座，尚不含子圩，圩田面积达到了 20 余万亩。③

在南昌县，由于湖岸线较长，加之流经境内的赣江、抚河"初不为患，厥后河日淤而堤日增，堤增而河益淤，害乃不可胜穷矣。初，滨河之上流者以水之消长易，犹未有堤，迨下流之堤逼，河不得疾行，而害及上流，势亦不得不加建焉。迄今（指光绪年间，笔者注）全境四达，殆无无圩之田"。④ 农业生产活动对圩堤的依赖性很强。所谓"国赋民命，专恃于堤"，"圩者，低乡之民命，不可不修者"。⑤ 在唐宋时期，就修有赣江大堤以防水患，至明清时期，圩堤修筑非常频繁。明成化年间（1465～1487），修建了章江石堤；明嘉靖三年（1524），筑谯堤保障民居五千余家、田数万亩；明嘉靖三十八年（1559），增修鸟土溪闸；明隆庆间两次重修大有圩；明万历十四年（1586），南昌知县何选筑大有圩等 138 座；清康熙八年（1669）修筑舒家垱圩，康熙十二年（1673）重修大有圩及闸，康熙二十二年（1683）重修大有堤及闸；清乾隆元年（1736）疏浚豫章沟，七年（1742）修螺狮港垱圩及茅泗塔闸，三十一年（1766）再次疏浚豫章沟；道光十六年（1836）重浚豫章沟，二十三年（1843）重修螺狮港垱圩；同治五年（1866）修集义圩，八年（1869）修集义、丰乐等 30 圩；光绪年间两次重修章江堤、疏浚豫章沟。据统计，到清朝末期，南昌县共有圩堤 315 座，全县多于 90% 的农田属于圩田。⑥ 圩堤虽然年年加修，一方面保护了圩田，另一方面与洪水的斗争却年年加

① （清）同治：《鄱阳县志》卷四《建置二》，中国地方志集成影印本。
② （清）同治：《鄱阳县志》卷四《水利》，中国地方志集成影印本。
③ （清）同治：《鄱阳县志》卷四《水利》，中国地方志集成影印本。
④ （清）同治：《南昌县志》卷四《水利》，中国地方志集成影印本。
⑤ （清）邓以瓒：《救荒议》，光绪：《南昌县志》卷六，中国地方志集成影印本。
⑥ （清）同治：《南昌县志》卷四《水利》，中国地方志集成影印本。

剧。正如光绪《南昌县志》所载："明弘治间，知府祝瀚修筑圩堤六十四所，其害始著，万历十四年（1586），增筑至一百三十八所，则水之为害亟矣。"①

在新建县，与南昌县类似，由于赣江、抚河为患，在宋元时期修有古额陂塘堰垱29所，明洪武四年（1371），建上丰实圩（即今廿四联圩的上段）；② 到明弘治十二年（1499），修圩堤49所；万历十四年（1586）水灾之后重筑新修圩堤174所，万历三十六年（1608），修复或新修圩堤185座、石枧76座、石闸10座。清康熙十六年（1677）修复润泽圩、筑吴城石堤；道光二十八年（1848）修补圩堤四十八座；同治七年（1868）修隆庆、新增等十七圩，八年（1869）修隆庆、永丰等十五圩；光绪二年（1876）修多处圩堤，四年（1878）又修。据统计，到清末，新建县圩堤总长度达265.14公里，圩田面积达到23.6万亩。③

在进贤县，位于鄱阳湖南岸，抚河流经县域北境，"逼近都湖，地势较低之处，每遇春夏，阴雨连绵，河湖水涨，即被漫溢"，④ 全县农田大多需要圩堤的保护，明清时期圩堤也是屡屡修筑。明万历年间修筑周家圩、泉白湖圩、官圩、邓林圩、紫溪圩、裘家渡圩等6所圩堤；⑤ 明万历十六年（1588）修圩6所；万历三十六年（1608），补修或新修被大水毁坏的圩堤8所，但只列出了5所圩堤的名称：官圩、泉白湖圩、邓林圩、罗家渡圩、裘家渡圩。⑥ 道光《进贤县志》中记载了上述万历年间圩堤，另外又列出其他丰乐牙、白沙堤、墎坪圩、六合圩、画图圩、中排圩、梓溪圩、西熟圩、大成圩、柳树垱、安福垱等11圩。⑦ 明清时期进贤县的圩堤多为联圩，如明万历年间进贤县圩堤虽仅9所，但总长却达14300余丈，平均每圩长达近1600丈，而修建于万历年间的丰乐圩就有子圩48条之多。⑧ 另外，进贤县所筑之圩堤多为"民修官督"。⑨

上述列举的余干、鄱阳、南昌、新建、进贤等五县在明清时期圩堤数量不断增加，一方面说明农民围圩造田在扩大，另一方面也说明河身湖底淤积越来越严重，更多的地方需要圩堤的保护。

除了上述的圩堤数量增加外，明清时期鄱阳湖区圩堤的高度也在不断增加。如南昌县的拦江坝："旧志高宽丈余，光绪初犹不甚相远。近十年滨河大圩，皆

① （清）光绪：《南昌县志》卷一，中国地方志集成影印本。
② （清）同治：《新建县志》卷十二《水利》，中国地方志集成影印本。
③ （清）同治：《新建县志》卷十二《水利》，中国地方志集成影印本。
④ （清）同治：《进贤县志》卷五《建置》，中国地方志集成影印本。
⑤ （明）万历：《新修南昌府志》卷六《水利》，中国地方志集成影印本。
⑥ （清）康熙：《进贤县志》卷五《建置志四·水利》，中国地方志集成影印本。
⑦ （清）道光：《进贤县志》卷五《建置·水利》，中国地方志集成影印本。
⑧ （清）道光：《进贤县志》卷五《建置·水利》，中国地方志集成影印本。
⑨ （清）光绪：《南昌县志》卷五《河渠中》，中国地方志集成影印本。

高至二三丈，宽亦一两丈。盛涨辄与堤平，河身淤垫可知。”① 星子县的黄埔湾圩、赵家圩、石山圩、殷家圩、大塘圩、横汊圩、熊家圩、团圩及万年圩等9所圩堤共计长3796丈，“俱在下七都境，每圩田庐，不下百余顷。近数十年间，屡被水淹。同治八年，……每圩加高三尺”。② 圩堤高度不断升高，说明鄱阳湖区五大河流携带的泥沙量不断增加导致河床湖底逐年淤高，水位升高，为了免受洪涝，不得不增加圩堤高度。

上述鄱阳湖区各地过度的筑圩围垦造成的生态环境破坏主要表现在：一是泥沙淤积导致河、湖床增高，汛期水位高，外洪内涝灾害威胁更大。如万历十四年（1586）南昌县“春大雨至于夏四月，湖江海相接，圩浮若线，闸沉若窦，势且决东闸”。③ 南昌县三洞圩“自道光十一年以来，连年大水，闸外河底淤高，兼之闸口狭小，圩内湖水不能消泄，积水成灾，十年中竟居七八，困苦难堪，无以为计”。④ 如果汛期洪水大于往常，很容易溃坝决堤。如道光二十八年（1848），发生特大湖滨洪涝灾害，南昌、新建等县无数圩堤被冲溃堤，良田屋舍汪洋一片，生命和财产损失惨重。当时新建县涂玉兰曾指出这次水灾的最根本原因是上游山地开垦所带来的水土流失淤塞河道：“大水由水溢，水溢由河底之淤，河底之淤由积渐沙泥之壅，沙泥之壅由上游山地开垦之繁兴”。⑤ 观点非常正确，但不足之处就是并没有点明筑堤围垦是泥沙淤积于河道的最主要原因。在滨湖地区，泥沙淤积与筑堤形成一种恶性循环，即泥沙淤积促使筑堤渐增，筑堤渐增反过来又导致泥沙更加淤积，而下游筑堤则缩小了行洪道，汛期雍水回流，抬高上游水位，从而溃坝决堤，酿成水灾。

八、近代鄱阳湖流域的农业经济演变与生态环境（公元1840～1949年）

1. 近代鄱阳湖流域的农业经济演变

近代以来，鄱阳湖流域的农业发展开始滞缓，失去了在全国农业经济中的举足轻重的地位，民国年间，“江西在外之商人，几全归破产”，省内“各产业均呈急速衰落与崩溃之势”，⑥ 不但落后于粤、闽、苏、浙等沿海邻省，也落后于

① （清）道光：《进贤县志》卷五《建置·水利》，中国地方志集成影印本。

② （清）光绪：《南昌县志》卷五《河渠中》，中国地方志集成影印本。

③ （明）万恭：《修牛尾闸记》，同治：《南昌县志》卷三《建置志下》，中国地方志集成影印本。

④ （清）张建翎：《三洞抒石闸记》，同治：《南昌县志》卷三《建置志下》，中国地方志集成影印本。

⑤ （清）涂兰玉：《水灾记》，同治：《新建县志》卷七九《艺文记》，中国地方志集成影印本。

⑥ “民国”二十六年江西省政府经济委员会编：《江西经济问题》[M]，台北：台湾学生书局1971年版。

湘、皖、鄂等中部地区。其原因主要在于阻碍中国近代化的一般性因素同江西省近代的特殊因素交织在一起，从而形成一股强大的阻碍鄱阳湖流域的农业发展的反作用力，使传统农业处于日益严重的困境和危机。

（1）外资扼住了近代鄱阳湖流域的农业经济的命脉。1858 年《天津条约》签订，九江被划为通商口岸，九江海关被帝国主义控制，他们利用其政治、经济特权和资金、技术、经营管理优势，从 19 世纪 60 年代开始对广大鄱阳湖流域的农村进行以掠夺原料，倾销商品为内容的经济侵略，逐渐瓦解了江西省农村的自然经济，扼住了近代鄱阳湖流域的农业的命脉。

鄱阳湖流域自古以来久负盛名的夏布、茶叶和纸张等名牌产品，由于外货入侵，销售日益减少，商品的生产者和经营者纷纷破产失业。如夏布，由于洋布倾销挤压，夏布业一落千丈："江西布业分大布、夏布两种，销售国内各行省，权利甚厚，亦赣省出产之大宗，乃自洋布、洋纱盛行，非但各省销路顿窒，即赣省本地人，亦竞购外货。布业一落千丈，纷纷亏蚀收歇，而染织坊亦受此影响，去岁秋冬两季即停，因之失业工人，不知凡几"。① 再如茶叶，著名的产茶区义宁州自九江开埠以后，因茶叶价格、市场皆为俄国人所掌握，其茶业"任其抑勒，亏折不少，行销既滞，山户自益疲弊"。② 以致"宁州茶实本六十两，今只售三十四五两"。③ 明清时期全国著名的三大茶市之一九江的茶叶经营者每个季度的损失"估计有一百万两"。④ 到光绪十九年（1893），九江茶市基本消失，"刻下九江街市已无一人从苦茗中求生计者，茶市之衰大可知也"。⑤ 再如造纸业，光绪年间，江西造纸业中心之一铅山县"纸张一项，从前洋纸未行时，每年可售银四五十万两……近年洋纸盛行，不免滞销亏折……售价不满十万"。⑥ 另一造纸业中心石城县农民"向以造纸为业……出口不下百万元，近来洋纸盛行，销路既滞，歇业者十居八九。"⑦可见近代江西造纸业，在外国纸张竞争的挤压下，市场份额萎缩近 75%，纸厂倒闭达 90%。

鄱阳湖流域的主打商品稻米也因外国米、麦的倾销，粮食价格下跌致使"谷贱伤农"，严重挫伤了粮农的积极性，加上太平军与清军在江西省战争的冲击，清道光四年（1825）江西省的粮食仓库"缺谷自数百石至一万余石不等"。⑧ 同

① 《时报》宣统三年正月二十八日。

② 傅春官：《江西农工商矿纪略》，《义宁州商务》，光绪三十四年（1908）：石印本。

③ 《农学报》第四期，光绪二十三年五月下。

④ 英文本《一八八七年海关报告》。

⑤ 《益闻录》，光绪十九年五月初一日。

⑥⑦ 彭泽益：《中国近代手工业史资料》第 2 卷［M］，北京：生活·读书·新知三联书店 1957 年版。

⑧ （清）道光：《江西通志》卷首，道光四年十月上谕。

治年间（1862～1874）“南昌所属丰城及饶州鄱阳诸县储粮仓库、仓舍荡然”。①光绪年间（1875～1908）江西省“各属米价骤贵至四五两有奇，饶（州）、广（信府）以东并无米可购”。② 到民国年间一度出现大量进口国外粮食的情况。③此外，其他行业如糖、油等的情况也差不多，“江西近年洋糖、洋油盛行内地，致油、糖各行诸多亏本歇业……油糖二宗，因此大为减色”。④

总之，在外国资本主义经济的侵略下，江西省农业经济经过同治、光绪年间的畸形发展，到第一次世界大战爆发以后，江西省近代农业商品经济全面崩溃。

（2）农村中土地占有先分散、后集中，封建地主土地所有制依然占主体。太平天国运动前期，在江西省实行“凡天下田，天下人同耕”的政治主张，收缴地主土地分给无地或少地农民，从而缓解了之前的土地高度集中的情形。到光绪年间以后，农村中两极分化较严重，土地再次逐渐集中，在辛亥革命前后，鄱阳湖流域农村中虽然仍以中小地主居多，但不少大地主也拥有几千甚至万亩田地。如：“武宁全县拥田七千亩之地主一家，千余亩之地主十余家，数十亩至百亩者颇多”；“贵溪收租有六七千担者，中小地主亦多……”；“广昌拥田一万亩者一二人，二千余亩者十余人，数十亩至百亩者甚多”；“宁都有陈、赖两家，曾收租亦各五六千担，武村肖家有十万富，曾收租万担”。⑤ 到20世纪30～40年代，江西省农村土地更加集中在少数地主手中。从1931年毛泽东调查兴国、寻乌等县农村情况可知，当时占农村人口总数6%弱的地主、富农占有耕地总数的80%强，占人口总数70%强的贫雇农则处于无地或少地状态。

（3）近代鄱阳湖流域农业生产力处于停滞状况。

1）劳动力数量下降，素质偏低。根据许道夫（1983）研究，由于近代以来的太平天国运动战争、土地革命战争、抗日战争等多次战争的杀戮，近代鄱阳湖流域的人口数量呈下降趋势，具体数字见表2－5。

表2－5　近代鄱阳湖流域人口变化趋势

年份	1840	1850	1910	1928	1947
人数（万人）	2449.8	2451.5	1697.7	1810.8	1247.2

资料来源：许道夫：《中国近代农业生产及贸易统计资料》[M]，上海：上海人民出版社1983年版，第2～3页。

① （清）同治：《南昌县志》，中国地方志集成影印本。

② （清）《皇清道威同光奏议》。

③ 陈荣华：《江西近代贸易史资料》，南昌：江西人民出版社1987年版。

④ 彭泽益：《中国近代手工业史资料》第2卷[M]，北京：生活·读书·新知三联书店1957年版。

⑤ 章有义：《中国近代农业史资料（第三辑）》[M]，北京：生活·读书·新知三联书店1957年版。

表2-5反映了近代鄱阳湖流域人口的数量，在鸦片战争到新中国成立前夕的100余年时间下降近50%，下降幅度相当大。在近代鄱阳湖流域人口结构中，农业人口占总人口的80%多，总人口的下降必然引起农业劳动力的下降，从而也引起近代鄱阳湖流域农业生产力的下降。

近代鄱阳湖流域农业劳动力数量下降的同时，农业劳动力素质也是相当低下。这可以从1936~1938年的江西省农村社会调查看出，具体情况见表2-6。

表2-6　1936~1938年鄱阳湖流域农民素质调查情况

调查年份	素质	评价指标	比例
1936	身体素质	患病农民占总数的比例	57.54%
		残疾农民占总数的比例	0.99%
		儿童死亡率	20.9%
		农民平均寿命	<40岁
1938	文化素质	文盲	80%
		初小	>16%
		初中及以上	<4%

资料来源："民国"经济部江西省农村服务区管理处编印：《江西农村社会调查》，第102页。

2）近代鄱阳湖流域的农业生产工具改进极小。鸦片战争后30多年，鄱阳湖流域的农业生产工具没有任何进步，如同治十一年（1832）《余干县志》记载当时普遍使用的农事器具为："耖田为牛；平田为耙、为荡、为碌碡；起土为锹；挖土为锄、为铁耙；耘禾为耘禾耙；灌田为水车；灌平田为牛车，巨轮旋转，一车可灌数十亩；打稻为禾斛；割禾为镰；扇谷为风车；晒谷为堵篁；簸谷为筛；舂米为碓，砻米为木椤"。[①] 上述农业生产工具与几百年甚至是千年前的生产工具基本一样。

20世纪初以后，拖拉机、抽水机等农业机械在中国其他省的农村有所引进，如20世纪30年代的江苏无锡，80%左右的农户采用抽水机，50%多的城郊农户使用新式插秧机。[②] 但在鄱阳湖流域，农户的农业动力来源仍然几乎全靠畜力与人力。"新式农具，在本省仅农业学校及农事试验场稍有使用……一般农民多忸于习惯，购用者极少。"[③] 然而，在民国时期的鄱阳湖流域拥有原始的农具和畜力的农户也不是很多，具体情况如表2-7所示。

① 同治十一年版《余干县志》。

② 薛暮桥：《旧中国的农村经济》[M]，北京：中国农业出版社1980年版。

③ 江西省政府统计室：《江西年鉴》(1936)[Z]，南昌1936年。

表 2-7　1935 年鄱阳湖流域拥有各类农具和畜力的农户百分比

农具和畜力	农户比例（%）
犁	50
钉耙	65.3
锹	79.1
耙	55.5
大锄	73.3
小锄	45.1
箩	50.9
镰刀	85.1
扁担	58.7
牛车	18.3
脚车	52
手车	62
禾耙	76.7
禾斛	62
米砻	29.8
连枷	42.6
风车	26
石滚	69.6
黄牛	33.5
水牛	12.96

资料来源：章有义：《中国近代农业史资料》第三辑，北京：生活·读书·新知三联书店 1957 年版。“民国”经济部江西省农村服务区管理处编印：《江西农村社会调查》，1938 年编印，第 115 页。

3）近代鄱阳湖流域的农业生产技术进步缓慢。近代鄱阳湖流域的耕作制度同古代一样，使用老式犁翻地，田间操作技术如栽禾、割禾、耘禾、打禾等都很落后。如光绪年间（1875～1908）抚州农村耘禾技术就非常原始：“有跪而手耘者、有立而足耘者、有用铁齿耙推而耘者。”手足耘禾，则存在由于“黄泥田土质太坚”达不到足够的深度，用铁齿耙耘，则存在“恐铁齿损伤苗根”的情况，① 因此耘禾效率很低。

晚清时期鄱阳湖流域的施肥技术较之以前有了一定的进步，能够针对不同的土质、作物品种以及生长期等施用不同的肥料。如光绪年间抚州各县农民就很注重施肥，“施肥方法有原肥、补肥之分，有大肥、杂肥之别。施之未种之先，谓之垫底；施之既种之后，谓之接力。垫底之粪在土下，根得之而愈深；接力之粪在土上，根见之而上吸。故善稼者于未下种时设法粪壅，尤为着意。大都用粪

① （清）何德刚：《抚郡农产考略》卷下，光绪二十九年抚郡学堂校刊。

者，要使化土，不徒滋苗。化土则用粪于先，而使瘠者以肥；滋苗则用粪于后，徒使苗枝畅茂而实不繁，故粪田最宜斟酌得宜，若骤用生粪及布粪过多，粪力峻势，反为害矣。"① 可见当地农民施肥方法比较科学合理。

到民国初期施肥技术得到了进一步的发展，开始施用农业化肥。在许多经济作物区，种植技术集约化，精耕细作的程度也有所提高，一般包括治土、育秧、移栽、压枝、除草、收获等几十道工序。作物套种制和二季稻耕作制度在民国年间的江西省也得到了进一步的推广。民国年间设立的江西省农业院等机构，专门研究各种新技术、新品种，但效果并不显著。

4）近代鄱阳湖流域的耕地面积日益减少。据万振凡（1993）研究，近代鄱阳湖流域呈现耕地面积不断下降、荒地不断增加的趋势，而且这种现象日趋严重，详见表2-8。

表2-8　近代鄱阳湖流域耕地面积指数变化趋势

年份	1873	1893	1913	1933	1949
耕地面积指数	100	99	93	91	82

资料来源：万振凡：《江西近代农业的生产关系与生产力》[J]，《江西社会科学》1993年第6期。

据清光绪《江西通志》、光绪年间《农工商部调查报告》和《江西赋役全书》等史料统计，1862年鄱阳湖流域耕地总面积为283万公顷，1912年减少到215万公顷，1931年减少到208万多公顷，70年间耕地面积减少了74万多公顷，将近1/4。另据民国时期江西省政府经济委员会调查，1918年鄱阳湖流域的粳稻种植面积为31275629亩，到1931年减少到28660000亩，减少了8.3%；1918年鄱阳湖流域的糯稻种植面积为4146142亩，到1931年减少到3530000亩，减少了14.8%。1931年粳、糯稻种植面积较1918年总共减少达23.1%。② 自1931年以后，鄱阳湖流域的农作物种植面积呈继续下降趋势。据民国时期全国土地委员会的统计，1937年鄱阳湖流域的荒地占耕地面积的59.27%，即每10亩耕地中有近6亩被荒芜，是当时调查统计的19个省当中荒地比例最高的省份。③

到抗日战争时期，由于日寇对鄱阳湖流域生产力的破坏，致使大片农田抛荒。"估计全省因战事抛荒之农田约在1500万亩以上，以赣北各县为最高"，仅南昌一县就达30万亩之多。另据该救济分署的第一任署长张国焘1946年1月在上海的谈话中估计，"全省至少有三百万亩土地荒芜"。④

① （清）何德刚：《抚郡农产考略》卷上，光绪二十九年抚郡学堂校刊。
② 江西省政府经济委员会：《江西经济问题》[M]，台北：学生书局1971年版。
③ 郑大华：《民国乡村建设运动》[M]，北京：社会科学文献出版社2000年版。
④ 陈文华、陈荣华主编：《江西通史》[M]，南昌：江西人民出版社1999年版。

5）近代鄱阳湖流域的农业劳动生产率十分低下，在有足够牛力、农具和土地的理想情况下，光绪年间鄱阳湖流域的一个农民的一年可种早稻田 30 亩和晚稻田 7～8 亩。“早稻田……一夫之力，可种二十亩，一牛之力可种三十亩。二遍稻田……人借牛以为力，一牛之力可七八亩。”① 但是由于近代鄱阳湖流域农户农具和畜力的缺乏，加上土地所有制的限制，农民的劳动潜能不可能得到充分发挥。这可从近代鄱阳湖流域农业经营规模狭小的状况得到佐证：“江西省农业经营规模一律是很狭小的。其中面积最小者为 3 亩，最大者为 26 亩，平均面积约为 8 亩。”②但近代鄱阳湖流域的农户家庭平均人口为 4.4 个，至少有 1 个壮劳动力，③ 其余人口可以经常辅助田间劳动，仅仅耕种 8 亩土地，劳动潜能受到极大限制，劳动率可谓极其低下。

6）近代鄱阳湖流域的农作物产量呈下降趋势。第一，近代鄱阳湖流域的农作物单产没有提高。早在明代时我国南方水稻就达到平均 380 斤/亩的水平，④ 而近代鄱阳湖流域的水稻的单产不仅未突破明代的水平，而且呈不断下降趋势。如在光绪年间，鄱阳湖流域重要的稻作区抚河平原早稻单产为“上田亩收三石有奇，次者三石”；晚稻单产为“上田亩收谷四石，中田三石，下田二石”；糯谷单产为“亩收三石”。⑤而 1931 年调查的鄱阳湖流域几种主要农作物的平均亩产如表 2－9 所示。

表 2－9　1931 年鄱阳湖流域主要农作物的平均亩产　　单位：斤

早稻	晚稻	油菜籽	棉花	小麦	芝麻
296	246	68	45	83	48

资料来源：万振凡：《江西近代农业的生产关系与生产力》［J］，《江西社会科学》1993 年第 6 期，第 26 页。

第二，近代鄱阳湖流域的农业生产的总产量也呈不断下降趋势。据《中国近代农业史资料（第一辑）》中的数据，1821～1911 年的 90 年间，鄱阳湖流域的夏、秋两季收成一般只及历史上最高收成的 50%～70%。⑥昔日的“鱼米之乡”，漕粮大省，在咸丰、同治时代就出现了每年都不能如数缴纳田赋漕粮的现象，平均每年要拖欠漕赋折银“四五十万两不等”。⑦ 此后由于频繁的水旱灾害和连续不断的战乱，以及耕地面积减少 23.1%～59.27%，鄱阳湖流域农业总产量更少。到 1930 年后，鄱阳湖流域的主要农作物产量都出现下降，抗日战争时期“南昌

①②⑤⑥　李文治：《中国近代农业史资料（第一辑）》［M］，北京：生活·读书·新知三联书店 1957 年版。

③　民国经济部江西省农村服务区管理处编印：《江西农村社会调查》，1938 年。

④　吴慧：《中国历代粮食亩产研究》［M］，北京：农业出版社 1985 年版。

⑦　（清）刘坤一：《近代中国史料丛刊》本《刘忠诚公遗集》［M］，台北：台湾文海出版社 1966 年版。

附近地区水稻产量仅及战前30%”。[①] 这可以从1929～1934年鄱阳湖流域的主要农产品出口情况一窥端倪，如表2－10所示。

表2－10 1929～1934年鄱阳湖流域主要农产品出口情况 单位：担

农产品/年份	1929	1930	1931	1932	1933	1934
大米	1099290	344846	297979	128526	530943	73877
茶叶	160144	109818	100520	80421	65472	87646
苎麻	131989	43564	70970	56554	57224	74973
柏籽油	16884	15573	11123	9681	7092	7969
烟草	102108	101389	53137	61121	35294	24953
瓜子	17063	30036	49083	6998	10449	7981
靛青	202	—	—	—	—	—
豆	329869	398721	133972	48175	116422	74072
芝麻	104074	86239	21180	17036	13947	29407

资料来源：民国江西省政府：《江西年鉴》，1936年编印，第1010～1020页。

从表2－10推算可知，1934年鄱阳湖流域的主要农产品出口量较之1929年下降幅度达43.20%～93.28%，平均下降幅度为80.58%。出口农产品的大幅度下降也反映了农产品的产出大幅度减少。

到新中国成立前夕，粮食产量更是直线下降，1945年尚在8000万市石以上，1948年却只有6000万市石，1949年更跌至5700万余市石。[②] 历来以产粮大省著称的江西省，在全国各省的粮食产量排名中，跌到了南方大部分省区之后。

2. 近代鄱阳湖流域的生态环境的特点

（1）森林覆盖率进一步下降。近代以来，经过长期的破坏，鄱阳湖流域森林面积大为减少。民国时期曾通过踏查估计法获得了一些森林资源的资料，但不完整也不准确。如1936年出版的《江西年鉴》记载："全省林地面积尚无精确调查，据实业部估计全省林地共有9841.80万亩，约占全省面积的39%，其中森林地面积为3028.25万亩，占林地面积34%、全省面积12%。宜林地面积为6813.56万亩，占林地面积69.6%，全省面积27%。惟据本室估计，全省森林地面积为71600平方里，约占全省面积14%，较实业部之估计数字则甚低也"。[③]

到1949年江西省森林面积约为673.33万公顷，森林覆盖率约为40.3%，活

① 陈文华、陈荣华：《江西通史》[M]，南昌：江西人民出版社1999年版。

② 《中央治安考察第三组（江西方面）报告书》，1948年12月8日，转引自《江西通史》，江西人民出版社1999年版。

③ 转引自：《江西生态（第三卷）》[M]，南昌：江西人民出版社2007年版。

立木蓄积5.19亿立方米。①

近代鄱阳湖流域的森林覆盖率下降的主要原因有两个。一是近代以来多次战争对鄱阳湖流域的森林资源造成巨大破坏。如在第二次国内革命战争时期（1927～1937），国民党在江西省发动了五次大规模的反革命“围剿”，革命根据地“沿路各县原有森林征伐殆尽”。②红军北上抗日离开苏区后，卷土重来的国民党反动派，叫嚷“茅草要过火，石头要过刀，人要换种”，③ 致使赣南的井冈山区、永新、宁冈、遂川、瑞金、兴国等地的数百里林区，大片大片的葱翠山林尽被烧成秃岭焦山，破坏极其惨重，景象至为凄凉。抗日战争在江西省足足打了8年（自日寇1937年轰炸南昌至1945年9月投降止），给鄱阳湖流域的森林植被带来极大破坏。1938年日军侵占庐山，将10万多株风景林进行砍伐焚烧。而进驻江西省的中国抗日军队也大量砍伐森林。如1946年江西省参议会曾指出抗日战争时期江西省“地处前线，驻军星罗棋布，无地无之，对于森林无论关系地方资源或风景，均借口副食费不足维持军队生活而肆（意）砍伐，间有自供炊用之外，而售炭售薪以图利。以致交通便利军队常驻之乡村，遍成童山濯濯，有土无林”。1946年9月9日，江西省政府发出训令指出：“赣南森林在战前已受损失，抗战期间复因战事需要，曾大量采伐，胜利后偷砍强伐之风更益严重，生长不满十年之树木均在砍伐之列，濯濯童山，到处可见。”④二是木材输出数额巨大而森林抚育缺乏。明清以来，鄱阳湖流域以木材输出为大宗，至民国时期依然产出大量杉木、樟木和竹等。据《江西年鉴》载：1929年全省杉木出产1670万根，1933年全省杉木产量1650万根。这些杉木除供应省内者外，多运销常州、芜湖、镇江、南京等地。1921～1949年，全省出口杉木总计为405万码（约合653.265万立方米）。虽然自晚清以来，官方开始管理造林，如民国时期江西省政府曾先后制定颁布《江西造林奖励暂行条例》、《江西强制造林暂行规程》等，以奖励和强制民众植树造林，但由于执行效果差，只能是一纸空文而已。⑤

近代鄱阳湖流域森林植被的进一步减少，导致涵养水源、保持水土的能力大幅度下降，直接带来的环境灾难就是水旱灾害更加频繁和严重。

（2）水旱灾害频繁且严重。近代鄱阳湖流域水旱灾害较之前代，有增无减，对近代江西省农业经济的发展产生了巨大的阻碍作用。根据对有关史料的整理和不完全统计，近代鄱阳湖流域水旱灾害的基本情况，可概括如表2－11所示。

根据上述统计数字，可以分析出近代鄱阳湖流域水旱灾害的频率日趋加快、强度不断加大等特点。

①②④ 杨子江主编：《江西省林业志》［M］，合肥：黄山书社1999年版。

③ 遂川县志办：《遂川县志·萧家璧传》［M］，南昌：江西人民出版社1996年版。

⑤ 江西省人民代表大会环境与资源保护委员会编：《江西生态·第二卷·历史卷》［M］，南昌：江西人民出版社2007年版。

表2－11 近代鄱阳湖流域水旱灾害统计

年份	灾害类型	受灾府州县数	年份	灾害类型	受灾府州县数	年份	灾害类型	受灾府州县数
1847	水、旱	22	1881	大水	6	1915	大水	4
1848	大水	21	1882	水、旱	7	1916	水	5
1849	大水	18	1883	水、旱	35	1917		
1850	水、旱	21	1884	大水、旱	19	1918	水	7
1851	水	12	1885	水、旱	24	1919	水	33
1852	水、旱	13	1886	大水、旱	14	1920	大水	3
1853	大水	15	1887	水、旱	34	1921		
1854	水、旱	20	1888	水、旱	33	1922	大水	4
1855	水、旱	5	1889	水、旱	14	1923	水	1
1856	大旱	8	1890	水、旱	18	1924	大水	6
1857	水	5	1891	水、旱	21	1925	大水、旱	42
1858	大水	9	1892	水、旱	20	1926	大水	7
1859	水	8	1893	水、旱	21	1927		
1860	大水	11	1894	旱	1	1928	大旱	70
1861	水、旱	5	1895	水、旱	21	1929	旱	
1862	大水	9	1896	水、旱	17	1930	水	
1863	水、旱	20	1897	水、旱	27	1931	大水	60
1864	水、旱	11	1898	水、旱	28	1932	大水	21
1865	水	5	1899	水、旱	35	1933	大水	20
1866	水、旱	11	1900	水、旱	31	1934	水、旱	84
1867	水、旱	9	1901	大水、旱	29	1935	大水、旱	64
1868	水	8	1902	水、旱	22	1936	大水	36
1869	大水	24	1903	水、旱	17	1937	大水	51
1870	水、旱	20	1904	水	10	1938	水、旱	20
1871	水、旱	11	1905	水、旱	27	1939		
1872	水	2	1906	水、旱	25	1940		
1873			1907	水、旱	24	1941		
1874			1908	水、旱	32	1942		
1875			1909	水、旱	21	1943	大旱、水	80
1876	大水	8	1910	水、旱	14	1944	大旱	9
1877	水	2	1911	水	2	1945		
1878	大水	18	1912	大水	10	1946		
1879	水	29	1913	大水、大旱	5	1947	水	26
1880	水、旱	30	1914	大水	22	1948	大水	64

资料来源：1847～1911年，摘自李文治《中国近代农业史资料（第一辑）》［M］，北京：生活·读书·新知三联书店1957年版，第720～722页；1912～1932年，依据邓云特《中国救荒史》［M］，北京：商务印书馆1937年版，第28～36页编制而成；1933～1937年，摘自“民国”二十七年经济部江西农村服务区管理处编《江西农村社会调查》第120页“最近五年来水旱灾害状况”。其中上述资料缺如的1853、1857～1862、1864～1872、1877、1878、1881、1894、1911～1932以及1938～1948等年份的记录依据江西省水利厅1988年编制的《江西历代水旱灾害辑录》第126～186页补齐。

1）水旱灾害发生的频率不断加快。从表 2 - 11 可以看出，1847 ~ 1948 年的 102 年间，有记录的鄱阳湖流域共发生水、旱灾害共计 136 次，水、旱灾害发生的频率平均为 1.35 次/年。较之明及清前期鄱阳湖流域水旱灾害频率 0.58 次/年（根据本书表 2 - 3 统计），提高了 1.33 倍多，频率之高为前所未有。如果把这 102 年分成 3 个阶段，每 34 年为一个阶段，可以看出，随着时间阶段的由远至近，近代鄱阳湖流域水旱灾害的频率呈现不断加快的趋势：第一阶段（1847 ~ 1880）34 年间，发生水旱灾害 44 次，水、旱灾害发生的频率平均为 1.29 次/年，低于整个近代时期水旱灾害平均频率 1.35 次/年。其中水灾 30 次，旱灾 14 次；水灾发生的周期平均为 1.13 次/年，旱灾发生的周期平均为 2.43 次/年。第二阶段（1881 ~ 1914）34 年间，共发生水旱灾害 62 次，水、旱灾害发生的频率平均为 1.82 次/年，较前一阶段明显加快。其中水灾 33 次，旱灾 29 次；尤其是旱灾增加的幅度达 1 倍多。第三阶段（1915 ~ 1948）34 年间，共发生水旱灾害 30 次，其中水灾 22 次，旱灾 8 次，水、旱灾害发生的频率平均为 0.88 次/年。尽管第三阶段水旱灾害发生频率较之第二个阶段大大下降，但较之明及清前期鄱阳湖流域水旱灾害频率 0.58 次/年仍然是大大提高的，而且特大水灾、大水灾在这个阶段特别多，共有 13 次，是本阶段水灾的约 59%。

2）水旱灾害覆盖范围日益扩大。从上表可以看出，1847 ~ 1948 年的 102 年间，鄱阳湖流域水旱灾害受灾的州县数合计 1812 个，平均每年受灾州县数约 20 个。且水旱灾害覆盖范围呈日益扩大趋势：第一阶段（1847 ~ 1880）34 年间，水旱灾害受灾的州县数合计 410 个，平均每年受灾州县数约 12 个；第二阶段（1881 ~ 1914）34 年间，水旱灾害受灾的州县数合计 686 个，平均每年受灾州县数约 20 个；第三阶段（1915 ~ 1948）34 年间，水旱灾害受灾的州县数合计 717 个，平均每年受灾州县数约 21 个。

3）水旱灾害的烈度加大。按照《江西省水利志》对水旱灾害等级的划分标准："按范围大小、历时长短和灾情轻重，将历史水灾年份划分三个等级：凡史料中有'江西大水'、'全省大水'、'江西诸郡皆水'、'全省十三府大水'等记载，定为大水年。其灾害程度近似新中国成立前后发生的特大洪水，如 1915 年、1931 年、1954 年，定为特大洪水年。其他水灾年份定为一般洪水年。……旱灾等级标准划分：史料上有'江西大旱'、'全省大旱'、'诸郡大旱'等类似记载，大旱 100 天以上，受旱面积在 1000 万亩以上的年份，定为特大旱年。全省有 1/2 以上的县份发生 50 天以上旱情，受旱面积在 600 万 ~ 1000 万亩年份作为大旱年。干旱 30 ~ 50 天，受旱面积 600 万亩以内为一般旱年"。本书将表 2 - 11 中的鄱阳湖流域特大水旱灾害、大水旱灾害的年份归纳如下：大水灾年 18 次，分别是 1848 年、1849 年、1858 年、1860 年、1862 年、1881 年、1884 年、1886 年、

1901年、1912年、1913年、1914年、1920年、1922年、1926年、1932年、1936年、1938年等年份；特大水灾年14次，分别是1853年、1868年、1869年、1870年、1876年、1878年、1882年、1915年、1924年、1931年、1933年、1935年、1937年、1948年等年份；大旱灾年6次，分别是1847年、1863年、1864年、1913年、1938年、1943年等年份；特大旱灾年4次，分别是1856年、1925年、1928年、1934年等年份。

上述大水灾、特大水灾合计为32年，其中清末阶段为16年，占50%；民国时期为16年，占50%。大旱灾、特大旱灾合计为10年，其中清末阶段为4年，占40%；民国时期为6年，占60%。可见大水旱灾害的烈度呈不断加强趋势。

4）水灾为主，水灾与旱灾相连发生。从灾害的类型来看，水灾是近代鄱阳湖流域最主要的自然灾害。从表2－11可以看出：1847～1948年的102年间，鄱阳湖流域的水灾合计85次，旱灾合计51次，水灾是旱灾的1.67倍。在前两个阶段的灾害中，水灾是旱灾的1.47倍，而在第三阶段水灾与旱灾的比例陡升为2.75:1，且特大水灾的比例占到50%。可见自民国以后，旱灾次数、强度在逐渐下降，而水灾则成为近代鄱阳湖流域主要的自然灾害。近代鄱阳湖流域自然灾害还有一个明显的特征，即水灾过后接着出现旱灾。在1847～1948年的136次灾害中，有47次是水旱灾害连接出现。如1934年水灾过后出现全省74县大旱，全省灾民774.5万人，受灾面积2713万多亩，损失稻谷4711万多担，杂粮315万担，棉花9.11万担，花生58.04万担，胡麻18.03万担，损失价值共1.83亿元。①

水灾与旱灾相连发生，反映了土壤涵养水源的能力不足，这是与森林植被遭到破坏直接相关的，是生态环境恶化的表现。

通过以上多角度的统计分析，我们对近代鄱阳湖流域水旱灾害的发展规律可作如下描述：水灾是主要的灾害，但往往是水灾之后接着会出现旱灾，灾害发生的周期越来越短，破坏程度越来越大。

（3）农田及其水利设施受水灾破坏严重。近代一百多年鄱阳湖流域水旱灾害加剧的趋势，不但是生态环境不断恶化的后果，水旱灾害同样造成了对生态环境的破坏性影响，二者关系是相辅相成，互为因果的。水灾淹没农田、毁坏水利设施，旱灾导致树木枯死、植被萎缩，造成水土流失进一步加剧，生态环境更加恶化，从而形成灾害——环境变化的恶性循环。统计江西省水利厅1988年编制的《江西历代水旱灾害辑录》中的水灾冲毁农田及各种水利设施的资料，在1847～1948年的102年间，共有53个年份记下了水灾冲毁农田及各种水利设施的情况。史料中大部分是概括性地记载农田被毁的情况，如1847年“分宜……

① 江西省水利厅1988年编制的《江西历代水旱灾害辑录》，第177页。

禾稼伤甚。新余……坏禾稼”；1849 年“泰和、峡江夏大水，坏田庐”；1851 年“兴国四月方山地水暴发；漂没村民田亩”；1852 年“赣县六月大水；攸兴、沙地等处漂没田庐无算”；1868 年“弋阳……漂没田庐”；1912 年“袁州……田禾庐舍，多被冲没”；1928 年“铜鼓……冲毁田地、房屋不计其数”等。也有较具体的记述，如 1848 年分宜“五月邑西北江涨甚大，坏屋淹禾，田多壅塞、冲毁”，1862 年弋阳大水，“湖田成洲”，1868 年乐平大水“泥沙壅塞田亩”，1869 年丰城“四月大雷雨……南沙岸堤决，田多淤塞”，新城（黎川）“田涂倾淤者不可胜数”，崇仁“东南乡山崩田陷，或山裂成沟，或小山移坐田内，树木如故”，1870 年丰城“南沙岸堤冲塌，长安、长乐两乡田多淤塞”，1881 年吉安、吉水、泰和、永丰等地大水导致“田庐冲刷成渠”，1882 年婺源“田亩沙积”，1901 年武宁水灾导致“堤决，稻田化为沙碛”，1904 年乐平县“水冲红土掩盖田地”，1915 年新建县“西山之齐源、潭源等处山洪并由，冲流而下，太平乡数十里的田亩圩堤几无完土”，铜鼓三都田被冲毁壅塞成沙坝，1924 年吉安“水退后沙留田地，半成沙洲，禾苗化为乌有，早稻绝收”，丰城县“田地沙塞”，1932 年铜鼓“水田冲成沙地”。另有较少部分则记述了水灾毁坏农田的面积数，如表 2－12 所示。

表 2－12　近代鄱阳湖流域水灾毁坏农田部分统计

年份	县域	毁田面积	年份	县域	毁田面积
1869	崇仁	冲决田段不下千余石	1932	寻乌	毁田 80 亩
1876	宁都	耕地淤为沙洲者 19 万亩	1935	贵溪	毁田 9000 亩
1878	永新	毁田 50 亩	1937	瑞昌	冲毁农田 4230 亩
1879	瑞金	冲坏稻田数百亩	1942	南康	毁坏田地 10200 亩
1904	南康	坏民田数百亩		崇义	冲毁农田 2500 亩
1908	婺源	沙壅、石积之田 800 亩	1943	铜鼓	毁田 8850 亩
1914	龙南	冲毁粮田 1.3 万余亩	1946	铜鼓	沙没田 120 亩
1924	丰城	塞田 155 亩		信丰	冲毁农田 2147 亩
1928	寻乌	冲毁农田 2000 亩			

资料来源：江西省水利厅 1988 年编制的《江西历代水旱灾害辑录》，第 126～186 页。

上述水灾冲毁农田的现象主要是发生在河流上游的山区县域，由于丘陵山区森林植被破坏严重，在汛期时雨水得不到缓冲，山洪一泻而下，冲刷下大量泥沙，甚而导致山体崩溃，将附近农田冲毁淤塞，归根结底还是生态环境恶化的结果。

在河流中下游沿岸及鄱阳湖区，水灾则更多地造成圩堤溃坝，洪水外泄淹没庄稼、城乡，同时巨量泥沙随着洪水冲入下游，淤塞河床和湖盆，使湖滩草洲不断扩大。统计江西省水利厅 1988 年编制的《江西历代水旱灾害辑录》中的水灾冲毁各地圩堤的资料，在 1847～1948 年的 102 年间，共有 41 个年份较具体地记载水灾冲毁各种圩堤的情况，详见表 2－13。

表 2－13　近代鄱阳湖流域水灾毁坏圩堤部分情况统计

年份	县域	毁圩堤数
1847	丰城	决甘家石堤
1848	德化	溃圩、闸 3 座
	丰城	决堤 2 座
1849	武宁	沿河堤岸俱平
	丰城	决堤 1 座
1853	丰城	决堤 1 座
1854	广昌	毁坝 1 座
	丰城	决堤 1 座
1858	建昌	圩堤全溃
	丰城	决堤千余尺
1859	余干	溃西北二乡圩
	丰城	决堤 2 座
1860	南昌	决各堤
1861	余干	圩尽坏
	鄱阳	圩尽坏
1862	清江	决堤 1 座
	丰城	决堤、闸 10 座
	余干	溃堤 1 座
1863	丰城	溃堤 1 座
1864	丰城	溃堤 1 座
1865	余干	溃堤 1 座
	丰城	溃堤 1 座
1866	丰城	溃堤 1 座
	南昌	溃堤 1 座
	新建	溃堤 1 座
	鄱阳	各处圩圮
	余干	各处圩圮
1868	南昌	倒圩 1 座
	丰城	倒圩 1 座
1869	余干	圩堤尽没
	鄱阳	圩堤尽没
	德化	溃堤 1 座
	瑞昌	溃堤 1 座
	德安	各圩堤倒塌
	建昌	各圩堤倒塌
1870	丰城	溃堤 1 座
1876	南丰	倒圩 3 座
	新干	各堤冲决
	清江	各堤冲决
	丰城	各堤冲决
1878	余干	倒圩 54 处
1885	丰城	决垱 1 处
1889	丰城	决垱 1 处
1901	余干	圩尽溃
1906	丰城	决堤 1 座，倒闸 1 处
	南昌	决堤 1 座
1908	余干	圩尽溃
1909	余干	圩尽溃
1911	南昌	圩堤尽塌
1912	进贤	倒堤 1 处
1913	进贤	决垱 1 处
1914	丰城	决堤 1 座
	南昌	决堤 1 座
	新建	决堤 6 座
	永修	决堤 1 处
1916	景德镇	各圩尽决
1920	进贤	倒圩 1 座，决垱 2 处
1922	新干	溃堤 6 处
	南昌	流芳圩决口 10 余丈
1924	丰城	决堤 34 处、垱 25 处
	清江	决堤 1 处
	南昌	决堤 4 处、垱 60 余丈
1925	丰城	各堤溃决
1926	南昌	决堤 10 余处

续表

年份	县域	毁圩堤数	年份	县域	毁圩堤数
1931	南昌	溃决 14 圩	1933	全省	毁圩 120 余处
	新建	溃决 17 圩	1935	鄱阳	倒圩 81 处
	九江	决圩 120 余处		余干	倒圩 57 处
	余干	倒圩 45 座		武宁	倒圩 81 处
	星子	圩堤均决口		永修	倒圩 38 处
	彭泽	圩堤均决口		全省	倒圩 704 处
	永修	圩堤均决口	1936	永修	决圩 1 座
	德安	圩堤均决口	1937	南昌	圩决口七八丈
	都昌	圩堤均决口		丰城	赣江堤决 500 米
	湖口	圩堤均决口	1939	丰城	决圩 70 多处
	瑞昌	圩堤均决口	1943	余干	决圩 54 座
1932	新建	决 3 圩		丰城	赣江堤决 28 处
	南昌	溃 2 圩	1947	临川	决圩 1 座，毁闸 1 处
1933	德安	圩全倒	1948	丰城	赣江堤决 40 米
	新建	溃 6 圩		鄱阳	圩尽倒
	南昌	溃 1 圩		全省	倒圩 331 座
	鄱阳	圩全倒			

资料来源：江西省水利厅 1988 年编制的《江西历代水旱灾害辑录》第 126 ~ 186 页。

根据史料记载，在上述各地区中丰城县是洪水冲毁圩堤年份最多的县城之一，而余干县是洪水毁堤致害最严重的县域之一。《江西省水利志》和《江西历代水旱灾害辑录》记载余干县在 1847 ~ 1948 年的 102 年间共发生水灾毁堤事件 13 次，其中有 5 次是全县圩堤无一幸免、4 次是溃堤平均达 50 座左右，且每次水灾都会导致 10 万左右的灾民外出逃荒，最多时达到 15 万人（1878），最少时也有 9 万人（1907）。在 1931 年、1934 年、1935 年和 1943 年发生的 4 次大洪灾，余干县外出逃荒人口合计达 50 万人次。其主要原因在于余干县位于鄱阳湖南滨，信江下游，信江由该县东南方入境，纵贯全县，分两支从西北注入鄱阳湖，流域面积占全境国土面积的 86%，导致县域内湖汉河港呈网络分布，农业生产和生命财产安全都要依赖圩堤保护。但由于信江上中游的森林植被遭到破坏，水土流失严重，大量冲刷而来的泥沙在境内信江沿线淤积成大小沙滩 30 多处，河床由深变浅，每到汛期来临，洪水通泻不畅，经常导致圩堤溃决。县内圩堤筑不胜筑，在修复圩堤过程中反复进行泥土搬运，容易导致更大范围的水土流失，导致水灾的恶性循环。据新版《余干县志》记载，南宋初年（1139）至明末（1643）的504年间共发生22次水灾，平均24年发生1次水灾；清代的267年间共发生76次水灾，平均约3.5年发生1次水灾；民国的38年间共发生15次水灾，平均约2.5年发生1次水灾。[①] 800余年间，大水灾由24年一遇上升到2.5年一遇，水灾频发的趋势深刻地揭示了生态环境恶化所带来的灾难的严重性，这也是整个近代鄱阳湖流域生态环境恶化的一个缩影。

九、新中国鄱阳湖流域农业发展与生态环境变动（1949年至今）

1. 新中国鄱阳湖流域农业发展

自1949年新中国成立以来，经过60多年的探索、改革与发展，鄱阳湖流域农业经济取得了前所未有的发展成就。从《江西统计年鉴》的数据和江西省农业厅提供的有关资料，可以看出如下变化（见表2-14）。

表2-14　新中国成立以来鄱阳湖流域农业产值增长变化　　单位：亿元

年份	1949	1978	2011
全省农林牧渔业总产值（当年价）	9.9	49.3	2207.3
2011年较1949年、1978年的年均递增率	9.11%	12.21%	——
种植业产值（当年价）	6.24	36.5	917.8
2011年较1949年、1978年的年均递增率	8.38%	10.27%	——
林业产值（当年价）	0.86	5.87	206.1
2011年较1949年、1978年的年均递增率	9.24%	11.39%	——
牧业产值（当年价）	2.15	6.3	734.3
2011年较1949年、1978年的年均递增率	9.87%	15.51%	——
渔业产值（当年价）	0.096	0.64	272.2
2011年较1949年、1978年的年均递增率	13.68%	20.13%	——

资料来源：1950年、1979年、2012年《江西省统计年鉴》，并以其为依据进行计算所得。

（1）农业综合生产能力得到极大提高。新中国成立后，1952年在江西省农村完成了土地改革，消灭了封建剥削制度；到1956年开始在江西农村建立社会主义集体经济，为农业的发展奠定了基础；自1978年党的十一届三中全会以来，农村家庭承包责任制改革调动了广大农民的生产积极性，极大地提高了土地生产率和劳

① 余干县县志编纂委员会：《余干县志》[M]，北京：新华出版社1991年版。

动生产率，农业综合生产能力显著增强。主要表现在以下几个方面：

1）农业生产总值增长幅度大。从表2－14可以看出，2011年全省农林牧渔业总产值，较之1949年和1978年，年均分别递增9.11%、12.21%。其中：2011年种植业产值较之1949年和1978年，年均分别递增8.38%、10.27%；2011年林业产值较之1949年和1978年，年均分别递增9.24%、11.39%；牧业产值较之1949年和1978年，年均分别递增9.87%、15.51%；渔业产值较之1949年和1978年，年均分别递增13.68%、20.13%。

2）主要农产品产量大幅增长。首先，粮食生产迈上新台阶。1949年，全省粮食产量仅387.7万吨，1978年为1125.7万吨，至2004年，粮食产量突破1800万吨，2011年，粮食总产量连续8年创历史新高，达到2052.8万吨，比1949年增长4.29倍，全省水稻面积、产量居全国第二位。其次，主要农产品成倍增长。2011年，全省棉花产量达14.3万吨，比1949年增长87.6倍；油料产量115万吨，增长11.85倍；甘蔗产量62.8万吨，增长2.5倍；苎麻产量1.1万吨，增长2.4倍；烟叶产量3.3万吨，增长2.2倍；水果产量275.4万吨，增长371倍。2011年，全省肉类总产量316.8万吨，比1952年增长29倍；禽蛋产量39.8万吨，比1949年增长27.7倍；蜂蜜1.179万吨，比1949年增长17.7倍；牛奶产量12.67万吨，比1975年增长457倍；水产品产量222.81万吨，比1949年增长92.5倍。

3）主要农产品人均占有量不断提高。随着农业综合生产能力的提高，农产品产量成倍增长，全省主要农产品人均占有量不断提高，为社会提供了丰富的生产生活资源，大大提高了人民的物质生活水平。2011年较之1949年，人均占有粮食458.69公斤，增长53.7%；棉花3.19公斤，增长22.5倍；油料25.6公斤，增长2.6倍；水果86.62公斤，增长108倍；禽蛋8.87公斤，增长5.3倍；水产品49.79公斤，增长26.5倍；肉类70.78公斤，比1952年增长7.7倍。

4）优质农产品大量外销。经过60多年的发展，特别是改革开放以来的快速发展，江西省再次成为粮食、生猪、水产品等主要农产品生产基地和输出大省。近几年来，江西省每年调出省外稻谷80亿斤以上，是全国仅有的两个从未间断向省外输出粮食的省份之一，为解决全国的粮食问题做出了巨大贡献；每年销往省外生猪800万头以上，成为全国主要的生猪生产基地之一；淡水产品由过去供不应求变为大量销往省外，销往省外水产品达到60万吨以上。2011年，农产品海关出口贸易总额达2.91亿美元，南丰蜜橘、赣南脐橙、大鄣山有机茶、广昌白莲、军山湖大闸蟹等优质农产品不仅畅销东南沿海等国内市场，而且还走向了欧盟、美国、日本等国际市场。

5）林业建设取得显著成效。2004 年，江西省开始实施林业产权制度改革，极大地调动了林农的生产积极性，有力地推动了江西省林业的发展，林业产业逐步壮大，生态状况显著改善，全省林业建设取得显著成效，实现了森林面积、蓄积量“双增长”。2011 年，全省森林覆盖率由 1983 年的 34.73% 提高到 63.1%，居全国第二位。全省已建成国家和省级森林公园 156 个，其中国家级 44 个；林业自然保护区 201 个，其中国家级 9 个，自然保护区总面积 1141415 公顷，占全省国土面积 6.83%。全省林地面积达到 9278.57 千公顷，比 1983 年增长 67.7%；活立木蓄积量 44530.55 万立方米，增长 75.5%；毛竹林面积 986.45 千公顷，增长 93.4%，毛竹产量居全国前列。

（2）农业现代化水平显著提高。新中国成立以来，江西省加大对农业的财力、物力投入，大力加强农业基础设施建设，进行大规模农田水利基本建设，积极实施农业综合开发项目，推进农业产业化经营的发展。全省农业生产条件明显改善，农业现代化水平显著提高，产业化经营步入了快速发展的轨道。

1）财政支农资金投入大幅增加。为改善农业基础设施和生产条件，提高农业的综合生产能力，各级政府加大了对农业支持的力度，有计划、有重点地对农业进行资金扶持，财政支农资金大幅增加。1950 年，全省财政用于农业的支出只有 333 万元，1978 年增长至 2.03 亿元，2011 年，达到 287.99 亿元，比 1950 年和 1978 年分别增长了 8647 倍和 141 倍，年均分别递增 16.0% 和 16.2%。

2）农田水利建设取得显著成效。新中国成立以后，面对长期战争带来的创伤和基础十分薄弱的水利条件，省委、省政府把防治水患、兴修水利、发展农业生产放在十分重要的地位，投入大量资金。特别是改革开放以后，全省用于农田基本建设的投入逐年增加，建成了一批灌溉、防洪、排涝等工程设施，为农业和农村经济发展提供了强有力的服务和保障体系，极大地增强了农业抗御自然灾害的能力，促进了农业生产的稳定增长。到 2011 年末，全省已建成蓄水工程 25.74 万座，大中型水库 266 座，蓄水工程总库容达 306.9 亿立方米，比 1978 年增长 28.1%。全省有效灌溉面积 1841.17 千公顷，占耕地面积的比重由 1949 年的 33% 上升到 85.4%；旱涝保收面积 1481.97 千公顷，占耕地面积的比重由 1949 年的 20.3% 上升到 69%。

3）农业现代化水平逐步提高。新中国建立以来，江西省的农业机械化从无到有，逐步发展，农业物资装备、现代化水平得到很大提高。2011 年全省水稻机耕、机插、机收水平分别达到 83%、13% 和 66%，水稻生产综合机械化水平达到 56.9%，以年均 4 个百分点的速度提升，从 2008 年进入农机化中级发展阶段后一直保持稳步发展。此外，果业、花生、油菜等生产机械化得到巩固提高，茶叶、畜牧业、渔业等生产机械化取得较大突破。2011 年，全省农业机械总动力从1952年的0.19万千瓦增长至4200万千瓦；大中型拖拉机从1952年的43台增长至18247台；农用排灌动力机械从1952年的94台增长至91.6万台。2008年，机耕面积达2485.9千公顷，占耕地面积的比重从1954年的0.03%提高到81%。1957年，全省农村用电量仅82万千瓦时，2011年，达到77.31亿千瓦时。1954年，全省化肥施用量（折纯量）仅0.09吨/亩，2011年，达到141.1万吨。20世纪80年代开始使用农用塑料薄膜覆盖农作物，经过近30年的发展，地膜覆盖技术已广泛地应用于全省农作物生产中，有效地提高了农作物的产出水平。

4）农业产业化进入快车道。进入20世纪90年代中期，随着农业商品化和市场化程度不断提高，农业逐步转变为社会化、现代化、市场化的产业。省委、省政府围绕推动农业产业化和促进龙头企业发展，出台了一系列相关政策措施，全省农业产业化生产规模不断扩大，经营效益稳定提高，以龙头企业为代表的各类产业化经营组织带动农户的增收能力不断增强，参与农户增收效果明显，农产品加工增值能力不断提升，产业化经营步入了快速发展的轨道。2011年，全省规模以上加工型龙头企业达2800家，实现销售收入2000亿元；472家省级龙头企业实现销售收入1500亿元，同比增长15%。其中销售收入超百亿元的企业3家、超10亿元的24家、超亿元的273家。省级龙头企业辐射带动农户数430万户，直接带动农户316万户，农户从事农业化经营增加收入71.4亿元，户均增收1661元。全省依托龙头企业带动，基本形成了粮食、生猪、水产、禽类、水果五大省级主导产业和商品蔬菜、茶叶、中药材、油茶、毛竹五大特色产业，一批区域性地方特色产业蓬勃兴起。

2. 新中国鄱阳湖流域的生态环境变动

新中国成立后，鄱阳湖流域的农业生态环境问题除了历史时期存在的森林植被破坏、水土流失和自然灾害等以外，还有受工业化、农业现代化的影响所带来的环境污染问题，这些问题经历了一个恶化—治理—改善的过程。以下分别对上述环境问题变动过程作一概述。

（1）森林植被变迁过程。

1）轻度破坏时期（1949～1957）。新中国成立后，江西省各地在“普遍护林、重点造林，合理采伐、合理利用”的建设方针指导下，一方面开展植树造林，（1949～1952年全省造林7073.33公顷，1953～1956年全省造林约16万公顷），另一方面对森林植被强化保护和管理。20世纪50年代初期，江西省的群众护林公约、护林联防组织和护林机构等纷纷订立和成立。20世纪50年代中期，江西省林业厅设置了林政处、护林防火指挥部和森林病虫害防治办公室等机构，并于重点林业区、乡设立森林经营所13个、森林派出所35个，加强了森林经营管理和护林防火的领导，有效地保护了森林植被。[①] 尽管这时期，各地还一定程度上存在砍伐木材建房、开垦荒地种粮等破坏生态的现象，但全省生态环境破坏总体上还是轻度的、局部的。

2）重度破坏期（1958～1976）。这一时期对生态的破坏可分为两个阶段：第一阶段，1958～1965年。从1958年开始，在全国性“大跃进”热潮中，江西省也大炼钢铁、大办粮食、大量开荒、大伐森林，可算是全省，也是全国范围内的第一次生态大破坏。1958年6月开始，全省共建炼钢小高炉2万多座，而“小土群”炼钢炉则遍地开花，消耗木炭量巨大。[②] 据《江西冶金志》记载，当时吉安地区各县（市）组织37万多人，进驻深山密林伐木烧炭，日产炭数万吨，除保证各高炉日用外，还储备2.1万多吨；于都县组织7千人伐木烧炭，日产炭量1400吨。[③]《江西日报》1958年9月25日报道了当时需3吨木炭才能炼出1吨生铁，而需4吨木材（实际上不止此数）才能烧成1吨木炭。据此估算，三年“大跃进”大炼钢铁毁林面积达数十万公顷。在三年困难时期，江西省提出“以粮为纲、大办粮食”的号召，许多地区尤其是人多田少的山区，出现了陡坡开荒、毁林种粮的情况，森林植被同样遭到破坏。据1962年江西省农业厅土壤肥力调查队报告，上饶市华坛山垦殖场成片的茅竹林、松杉林、油茶林被砍光、烧毁，用于种植玉米和甘薯等粮食作物。该场1958～1962年共毁林开荒7.61平方公里，开垦坡度一般40°～50°，由于地表土层松薄，只能种植三四年粮食作物，表土就被雨水冲刷成石头山，只得弃荒另开。[④]第二阶段，1966～1976年。“文化大革命”期间，全省工业建设大搞“小而全”体系，任意兴建污染严重的工厂，农业生产则强调“以粮为纲”，毁林开荒，围湖造田，实际上是全省的第二次生态大破坏。这一时期虽无完整统计资料，但据1960～1969年的统计，全省共发生山林火灾9051起，毁林26.67万公顷，砍伐森林33.33万公顷。1964年，全省森林覆盖率从1949年的40.3%下降至37.39%，水土流失面积达180万公顷。[⑤] 据当时赣州地区于都等9县的调查统计，“文革”时期毁林面积达1060平方公里。另据调查，1976年鄱阳湖因盲目围湖造田，水域面积下降至3913平方公里，比1954年5053平方公里缩小1100多平方公里，防洪抗旱能力降低。[⑥]

3）严重破坏期（1977～1989）。20世纪70年代末至80年代初，全省林业实行“划定自留山、确定责任山、稳定山林权属”政策，由于政策执行走样，

① 《江西生态（第二卷）》[M]，南昌：江西人民出版社2007年版。

②④⑥ 黄国勤：《江西生态安全研究》[M]，北京：中国环境科学出版社2006年版。

③ 胡瑞林主编：《江西省志（17江西省冶金工业志）》[M]，北京：方志出版社1999年版。

⑤ 《中国农业全书（江西卷）》[M]，北京：中国农业出版社1999年版。

许多地方出现先砍树后分山的情况，大片森林植被被砍伐一空。据赣州地区8个县的调查统计，这一阶段的毁林面积达520平方公里。另外，因为这一时期，由于江西省的乡镇企业、农产品加工业等发展加速，对木材资源的需求加快，森林植被的砍伐受经济利益的驱使迅速增多，导致从1970年代末到1985年，全省森林覆盖率由36.6%减少至33.1%；20世纪50年代全省缺材县只有15个，到80年代中、后期就增加到35~40个。①

4）森林植被的保护与恢复期（1990年至今）。1992年，我国确立了“可持续发展”战略，江西省也开始进入森林植被的保护与恢复期，实施了“山江湖”治理工程，“既要金山银山，更要绿水青山”的发展理念及指导方针逐步成为全省上下的共识，使森林植被得到较好的保护与恢复。第一，封山育林，植树造林，森林覆盖率不断提高。1995~2000年，全省人工造林57.392万公顷，飞机播种造林7.36万公顷，全民义务植树47389万株；2001~2005年，全省人工造林51.60万公顷，飞机播种造林8837公顷。② 通过各方的努力，江西全省森林覆盖率由1989年的53.3%提高到1999年的59.7%，再到2008年的60.05%，③ 仅次于福建省的63.1%，④ 居全国第2位。第二，推广生态农业，保护了森林植被。进入20世纪90年代，全省大力推广农田集约种养模式、山地立体开发模式、资源综合利用模式等各种类型的生态农业模式，其中，尤以被农业部誉为“赣南模式”的“猪—沼—果”为代表的生态农业模式成效最为突出。到2005年末，全省共兴建沼气池113万户，使用沼气的农户比例由1995年的2.8%提高到14.5%，发展“猪—沼—果（菜、鱼、棉、粮等）”生态农业模式户40.1万户。其产生的效果相当于每年减少约21.6万公顷森林薪柴消耗量，年创直接经济效益近10亿元，⑤有效地保护了森林植被，改善了生态环境，使经济效益、社会效益和生态效益同步增长。

综上所述，江西省森林植被资源经过曲折的发展过程，正在朝着不断改善的趋势发展。但目前森林活立木蓄积量只有3.5亿立方米，⑥仍然没有恢复到1949年的5.19亿立方米的水平，且存在结构不合理、质量不高、效益低下等问题。因此，保护森林植被资源，改善生态环境，实现林业的可持续发展仍然任务艰巨。

（2）水土流失变迁。

1）水土流失的发展阶段。新中国成立后，江西省水土流失发展和治理的历

① 黄国勤等：《江西省生态安全面临的问题和生态建设对策》[J]，《安全与环境学报》2006年第2期。
②⑤⑥ 《江西生态（第二卷）》[M]，南昌：江西人民出版社，2007年版。
③ 江西省统计局：《江西统计年鉴》[M]，北京：中国统计出版社1990、2000、2009年版。
④ 福建省统计局：《福建统计年鉴》[M]，北京：中国统计出版社2009年版。

史过程基本可划为两个时期：1949～1989年为发展、危害期。1949～1989年的40年间，江西省水土流失总体上呈不断发展、加剧的态势，造成农业及国民经济的诸多危害。首先，水土流失面积扩大化。20世纪50年代初全省水土流失面积只有110万公顷，20世纪60年代增加到180万公顷，20世纪70年代上升为215.47万公顷，1984年初达340万公顷，1987年末高达461万公顷。① 其次，水土流失强度加剧。如据1987年第一次土壤侵蚀遥感调查，全省水土流失面积46153.00平方公里，占全省国土面积的27.68%，其中轻度流失面积为24725.20平方公里，占流失总面积的53.57%；中度流失12879.60平方公里，占流失总面积的27.91%；强度以上流失8546.20平方公里，占流失总面积的18.52%。② 1990年至今为治理、恢复期。从20世纪90年代开始，江西省水土流失开始趋向减缓，表现为面积明显缩小。据1996年第二次土壤侵蚀遥感调查，全省水土流失面积减少到35343.59平方公里，比1987年下降23.91%；到2000年第三次土壤侵蚀遥感调查，全省水土流失总面积继续下降为33472.19平方公里。③这一时期江西省水土流失总体上表现为下降趋势，其中1987～1996年间表现为快速下降趋势，1996～2000年间则表现为稳步下降趋势。其主要原因在于：一是农民进城务工增多，减少了农村能源消耗，节约了森林资源；二是生态保护意识在全省上下得到增强，如先后制定并实施了《江西省生态环境建设规划》、《江西省实施中国21世纪议程行动计划》等环保措施，促进了生态环境的保护和水土流失的减少；三是对水土流失的治理的加强，成效显著。“八五”期间水土流失年均治理面积为13.33万公顷，“九五”期间则上升到20万公顷，到2005年底，全省累计治理水土流失面积389.87万公顷，累计投工25.62亿个工日，完成土石方7.75亿立方米，修筑各类水土保持防护工程25.58万处（座）。④

通过上述分析可以看出，江西省水土流失经过治理，恶化的趋势总体上被有效扭转，但全省仍有33472.19平方公里的水土流失面积，且强度以上的流失面积达10800平方公里，占流失总面积的32.25%，⑤治理水土流失的形势仍然十分严峻。如果按现在2000平方公里/年的治理速度推测，还需17年才能初步治理一遍，其中还不包括新增水土流失与重复水土流失的治理。

2）水土流失的危害。新中国成立后，江西省水土流失造成的危害是多方面，主要有：第一，养分流失，地力下降。按照全省现有33472.19平方公里的水土流失面积测算，全省年土壤流失量达1.65亿吨，相当于损失8300公顷耕地20厘米的耕作层厚度，损失的养分量折合有机质约200万吨，无机肥（氮、磷、

① 《中国农业全书（江西卷）》［M］，北京：中国农业出版社1999年版。

②③⑤　左长清等：《江西省水土流失动态监测与分析》［J］，《水土保持通报》2006年第6期。

④ 《江西生态（第二卷）》［M］，南昌：江西人民出版社2007年版。

钾）约225万吨。① 根据研究，强度流失区每年土壤冲刷量为128.25吨/公顷；中度流失区冲刷量为8.49吨/公顷。一般每年要冲走0.1~0.5厘米的表土，而水土流失严重的坡地，每年剥蚀表土2~3厘米。② 养分的大量流失，必然导致地力下降。研究表明，全省耕地土壤中，有机质缺乏的达26.60%，全氮缺乏的占5.20%，碱解氮缺乏的占57.32%，全磷缺乏的占59.40%，速效磷缺乏的占32.80%，全钾缺乏的占26.60%，速效钾缺乏的占37.80%。③第二，泥沙淤积，导致土地沙化、库容锐减。水土流失冲刷的泥沙导致土地沙化。近年来，全省土地沙化面积已达1333平方公里，占国土面积的0.78%。土地沙化发生的市县有52个，沙化面积从40公顷至8893公顷不等，其中沙化面积大于3000公顷的市县有14个，大致集中在鄱阳湖区与赣中南地区，分别是彭泽县、九江县、修水县、新建县、南昌县、余干县、鄱阳县、丰城县、临川县、泰和县、兴国县、宁都县、赣县、于都县等，合计沙化面积90667公顷，占全省沙化面积的68%。④如赣江沿岸、鄱阳湖滨湖地区被流沙侵蚀农田530多公顷。⑤另外，全省河床和湖泊也由于水土流失冲刷的泥沙而普遍抬高和淤浅。新中国成立以来，赣江支流的平江、梅江、贡水河床普遍抬高1~2米，抚河河床平均抬高1~3米，修河河床平均抬高1.5米。因河床抬高，全省航运里程由过去的11000公里缩短至现在的5000公里，赣、抚、信、饶、修等五大水系上游几乎无法航行。如百年前的广昌县盱江宽30~35米，深可通航，但由于长期泥沙淤积，现在变得宽200~400米，水浅却无法通航；鄱阳湖年均淤积泥沙1209.8万吨，湖底年均抬高3毫米，其周围淤出沙丘、沙洲、沙山267平方公里。全省现有的9268座水库，每年因泥沙淤积约减少库容达1000多立方米。⑥ 江、河、湖、库的淤积，必然导致库容锐减，调蓄水的功能减弱，从而易发洪涝灾害。第三，环境恶化，灾害频发。严重的水土流失是导致滑坡、泥石流和崩岗等地质灾害频发的重要原因，危害人民的生产和生活。崩岗是水土流失的一种特殊类型，危害极大。据调查，江西省约有崩岗48100万处，总面积约206.75平方公里。1982年6月中旬的暴雨，导致莲花县、永新县之间的龙凤山滑坡崩塌达2000处之多，冲毁农田34500亩，破坏房屋4栋，死亡4人。⑦第四，水利工程效益降低，农业可持续发展受阻。据典型调查，由于水土流失导致的泥沙淤积，上犹江水电站库区淤积量超过400万立方米，相当于年损失电能17万度；赣县的43座小（二）型水库，原有总库容为650万立方米，到1980年底减少为494万立方米，减少量达24%。赣南有400

①⑤⑦ 左长清等：《江西省水土流失对生态安全的影响》[J]，《亚热带水土保持》2007年第3期。

②③ 《江西生态（第三卷）》[M]，南昌：江西人民出版社2007年版。

④ 刘宜柏、王晓鸿、黄国勤：《生态经济与生态江西》[M]，北京：中国农业出版社2005年版。

⑥ 黄国勤等：《江西省生态安全面临的问题和生态建设对策》[J]，《安全与环境学报》2006年第2期。

平方公里的稻田由于河库沟溪被泥沙淤积抬高而变成落沟田、渍水田。这些都表明水土流失降低和减弱了水利工程效益、功能，严重影响农业的可持续发展。[①]

3）水土流失的原因。一是经济建设造成水土流失。由于开矿、修路、建厂等生产和工程建设不注意采取水土保持措施，很容易造成严重的水土流失。据1987年的调查资料，自1977年以来全省因采矿破坏植被面积583.42平方公里，弃土尾砂排放量6.12亿立方米，流失量0.58亿立方米。又据1989年全省对基建、修路中的水土流失调查，共开挖面积139.82平方公里，总土方量1.125亿立方米，废弃土石方5721.3万立方米，堆积总面积24.2平方公里，因修路等产生崩塌、滑坡33692处，流失土石方量376.72万立方米。二是人口剧增、能源紧张导致的水土流失。由于人口过快增长，广大农村能源日趋紧张，现有植被负荷能力远远满足不了薪柴消耗，砍伐森林速度加快加剧，导致光山秃岭增多。据历史记载，明万历六年（1578）至民国三十六年（1947）的369年间，江西省人口从585万人增加到1272.5万人，[②] 人口增长了1.2倍。新中国成立以来，人口增长更快，由1950年的1568万人[③]增加到2008年的4400万人，[④] 59年间人口增长2832万人，净增1.8倍，相当于每年增加48万人。另一方面薪炭林的发展缓慢。据1974~1975年的调查，全省薪炭林面积仅占有林地总面积的2.9%，林木品种比例失调，从而强化了农村生活能源紧缺的矛盾。据1979年的调查，按合理砍伐全省每年仅能生产薪柴322.8万吨，而全省农村每年需薪柴1220万吨，缺口达897.2万吨。当前，全省农户中仍然约有60%~70%的农户缺乏薪柴能源。[⑤]三是毁林开荒造成的水土流失。由于人口剧增和各项基本建设占用大量耕地，人均占有耕地面积日渐减少，导致乱开荒，开垦坡地毁林、毁草的现象日益严重。据统计，1988~1997年，全省由于乱砍滥伐，森林蓄积量减少6000万立方米，经“五河”汇入鄱阳湖的泥沙每年达2000多万吨。[⑥] 四是独特的地形地貌与红壤易致水土流失。江西省的地形特点是丘陵、山地面积多、坡度陡，从而强化了地表径流对土壤的冲刷作用，促进水土流失的发生发展。江西省山地面积占36%，丘陵面积占42%，仅赣南坡度大于16°的山地面积就占75%。江西省红壤面积达10.80万平方公里，约占全省国土面积的64.80%，[⑦]广泛分布于海拔600米以下的低山、丘陵和岗地上。红壤的特性极易产生水土流失。五是不良气候导致水土流失。降雨量大而集中是导致水土流失的又一重要原因。江西省雨量充沛，多年平均降水量1630多毫米，但年内分配极为不均，常常以大雨、暴雨

①⑤ 黄国勤：《江西生态安全研究》[M]，北京：中国环境科学出版社2006年版。

②③ 马巨贤、石渊：《中国人口（江西分册）》[M]，北京：中国财政经济出版社1986年版。

④ 江西省统计局：《江西统计年鉴2009》[M]，北京：中国统计出版社2009年版。

⑥⑦ 《江西生态（第三卷）》[M]，南昌：江西人民出版社2007年版。

形式降落。雨滴和地表径流导致更大的水土流失。据兴国县水保试验所的资料，1957~1958年夏季降水量占全年的51.1%，相应地，径流量、冲刷量分别占全年的62.5%和50.9%，与雨量的季节分配一致。据观测，一次降水量10毫米时就可发生土壤冲刷和流失。①

（3）农业环境污染的变化趋势。新中国成立后，特别是改革开放以来，随着江西省现代化、工业化和城市化发展速度的加快，由此带来的农业环境污染问题相当严重。根据有关资料进行分析，江西省农业环境污染的主要类型、特点及危害可以概括如下。

1）农业面源污染。所谓农业面源污染，是指因农药、化肥、农膜、饲料、兽药等农业投入品使用不合理，以及对畜禽尿粪、秸秆、农村生活污水、生活垃圾等废弃物处理不当，从而造成对生态环境的污染。农业面源污染主要表现在：一是导致水体污染。过量化肥流失污染地表水、地下水，导致池塘、湖泊、河流等富营养化，水体缺氧，水生生物死亡；农药、化肥中夹带的重金属、有毒有机物尤其是高毒农药施用后的残留，通过各种渠道流到水体中，引起水质污染。二是导致土壤污染。长期施用化肥，特别是施肥“不平衡”，往往导致土壤板结、耕地质量变劣、土壤肥力下降，为维持农田生产能力，更加依赖于增施化肥，形成恶性循环；大量农药的施用也使有毒、有害物质残留在土壤中而污染土壤，并最终污染农产品。三是导致大气污染。过量地施用氮肥，以 N_2O 气体形式逸失到空气里，对全球气候变化产生影响。秸秆焚烧的烟雾中含有大量有害物质，直接染空气。四是直接危害生物的生存。大量施用化肥农药，生态环境不断恶化，致使很多有益生物如青蛙、蚯蚓、蜘蛛等数量逐渐减少，农作物虫害因天敌减少日趋严重，而且只能依靠农药来防治，形成恶性循环；农业面源污染造成的湖泊、池塘、河流等富营养化，影响水生生物的生存。农药、农膜、化肥等化学投入品是直接造成农业环境面源污染的主要因素。20世纪70年代全省农药使用量为4万吨，1981年增加到8.5万吨，其中90%是高毒、高残留的有机氯农药。鄱阳湖区农田土壤普遍残留“六六六”和DDT，“六六六”残留量平均为 0.14×10^{-6}，DDT残留量平均为 0.09×10^{-6}。稻谷中“六六六”检出率为99%，其中早稻残留量平均为 $0.01\times10^{-6}\sim0.39\times10^{-6}$，晚稻残留量平均为 $0.14\times10^{-6}\sim0.59\times10^{-6}$。由于降解慢、残留时间长，有机农药的影响消除相当难。1989年全省化肥销售总量333.5万吨，比1980年的169.6万吨增加一倍多，而化肥的有效利用率只有30%左右，② 大部分冲刷流失到水体中造成环境污染。到20世纪90年代随着农业现代化水平的不断提高，江西省的农业化学投入品也呈逐年升高的趋势。

---

① 黄国勤：《江西生态安全研究》[M]，北京：中国环境科学出版社2006年版。

② 《中国农业全书（江西卷）》[M]，北京：中国农业出版社1999年版。

表 2-15　近年来鄱阳湖流域农药、农膜、化肥使用情况

年份	农药		农膜		化肥（实物量）		化肥（折纯量）	
	总用量（吨）	单位耕地用量（千克/公顷）	总用量（吨）	单位耕地用量（千克/公顷）	总用量（万吨）	单位耕地用量（千克/公顷）	总用量（吨）	单位耕地用量（千克/公顷）
1990	36482	15.5	16428	7	285.6	1215.6	83.6	355.8
1991	35879	15.3	16845	7.2	304.3	1297.5	93.2	397.5
1992	34485	14.8	16907	7.2	305	1305.1	94.1	402.7
1993	34250	14.7	16932	7.3	300.7	1292.7	93.8	403.5
1994	37998	16.5	20500	8.9	321.4	1388.3	104.8	454.2
1995	41932	18.2	21785	9.4	350	1516.1	112.1	485.6
1996	44374	19.3	21105	9.2	354.7	1540.8	112.7	489.6
1997	45259	19.7	24792	10.8	370	1610	120.4	523.9
1998	48947	21.5	27509	12.1	352.1	1543.5	113.1	495.8
1999	54502	24	30256	13.3	354.2	1558.6	116.7	513.5
2000	51406	22.8	28599	12.7	343.4	1524.1	106.9	474.4
2001	51384	22.9	30778	13.7	342	1526.6	110	491
2002	57323	26.8	35407	16.5	340.3	1589.7	112.4	525.1
2003	53470	25.4	33930	16.1	334.9	1590.1	111	527
2004	66273	32	42858	20.7	368	1774.7	123.5	595.6
2005	75305	35.9	45010	21.5	385	1835	129	614.8
2006	75955	35.7	40854	19.2	395.9	1861.7	132.6	623.4
2007	88833	41.4	38071	17.7	403.2	1878.4	132.7	618
2008	96662	45.2	41645	19.5	402.6	1882.9	133	622.0
2009	97593	46.0	43719	20.6	410.1	1934.6	135.8	640.6
2010	106530	50.5	47375	22.4	415.1	1966.0	137.6	651.7
2011	99691	47.4	45491	21.6	422.9	2010.7	141.1	670.9

续表

年份	农药		农膜		化肥（实物量）		化肥（折纯量）	
	总用量（吨）	单位耕地用量（千克/公顷）	总用量（吨）	单位耕地用量（千克/公顷）	总用量（万吨）	单位耕地用量（千克/公顷）	总用量（吨）	单位耕地用量（千克/公顷）
平均	60660.59	27.80	31218.00	14.30	357.34	1620.12	115.91	526.21
2011 年比 1990 年增长（%）	173.26	205.80	176.91	208.99	48.07	65.41	68.78	88.56

资料来源：《江西统计年鉴》（1991～1992），中国统计出版社，1992～2013 年版。

1990～2011 年江西省化肥（实物量）年均消耗 361.97 万吨，单位耕地化肥（实物量）施用量平均为 1620.12 千克/公顷，在全国各地区单位耕地化肥施用量排位 14 名左右。据调查研究，1995～1999 年江西省平均单位耕地面积施氮量为 273.1～288.9 千克/公顷，超过国际公认的施氮上限 225 千克/公顷 21.4%～28.4%，属高水平氮肥施用省份之一。从 1985 年到 1995 年 10 年间，江西省的氮、磷、钾化肥用量增加了 1～1.3 倍，但作物产量并无相应程度的增加，有的作物还减产，说明肥料利用率在降低，施用不合理。根据 1997～1999 年江西省农科院对 15 个县调查研究：水稻、莲藕、果树、棉花、蚕桑和蔬菜等作物的最高施氮量或平均施氮量已经超标，有可能引起硝态氮对地下水的污染，引致农产品累积硝态氮的危害。磷肥是土壤中重金属污染的主要来源。① 另据研究，每年全省因重金属污染耕地而导致粮食减产 80 多万吨。②

1990～2011 年江西省农药年均用量为 60660.59 吨，单位耕地农药施用量平均为 27.80 千克/公顷，低于全国平均水平的 34.5 千克/公顷，但农药施用量逐年上升，2011 年比 1990 年农药总用量增长 173.26%，单位耕地用量增长 205.80%。据 1997～1999 年江西省农业科学院对 15 个县调查研究：在水稻、莲藕、蚕桑等作物中施用高毒农药的比例达 50%～60%；在油菜、蔬菜、果树和中药材等作物中施用高毒农药的比例有 20%～30%；除草剂被普遍使用，但农民使用除草剂对土壤残留污染和对地下水污染尚无认识，施用时没有选择性，如甲磺

① 李祖章等：《江西省农业生产中化肥农药污染的状况及防治策略》［J］，《江西农业学报》2004 年第 16 卷第 1 期。

② 戴梅芳等：《江西省土壤污染分析和防治》［J］，《江西能源》2007 年第 4 期。

隆在土壤中的残留污染，乙草胺对地下水可能的污染，只有不足10%的农民听说过这些知识。①

农膜覆盖种植被誉为农业的"第三次革命"，因其能有效改善和优化栽培条件，抵御不良气候条件，具有保温、保湿、保肥、保土等作用，从而促进农作物早熟、增产、优质。但施用不当，也导致了对土壤的"白色污染"问题，即残膜污染。1990～2011年江西省的农膜年均用量为31218.00吨，单位耕地农膜施用量平均为14.30千克/公顷，据调查，江西省农膜使用过程中的残膜率达42%，自1990年以来有近15万吨的农膜残留在土壤中。② 大量农膜残留破坏土壤结构，致使农作物产量降低，质量下降。实验表明，地膜残留量达45千克/公顷时，粮食产量减少8%～14%，蔬菜产量则减少14%～50%。③

2）工业和乡镇企业"三废"污染。新中国成立后，我国"工业化"进程加快，特别是改革开放以来，江西省以大中城市为中心的工矿企业和乡镇企业发展迅速，工业排放的"三废"的数量迅速增加，对农业环境的污染显得日益突出。考察江西省新中国成立以来工业"三废"对农业环境的污染发展过程，大体上可以分为四个阶段：第一阶段（1949～1966）：污染开始显现阶段。1966年以前，普遍缺乏环保意识，人们以发展经济作为建设的最主要任务。20世纪50年代末期，工农业生产"大跃进"，毁林垦荒、大炼钢铁，工业"三废"任意排放。1958年头4个月，全省建成和动工兴建的工业企业1.5万余个，其中包括位于深山中的21个垦殖场的70多家工厂。遍地开花的大小工厂虽然对发展地方工业起到促进作用，但工业"三废"污染等问题开始显现，导致全省生态环境开始恶化。如1962年大余县因钨矿废水污染导致耕牛钼中毒死亡；1963年袁河新余钢铁厂含酚废水污染致使大量鱼虾死亡。④ 虽然到这个阶段后期，通过贯彻国家"调整、巩固、充实、提高"的八字方针，全省一些区域和工厂企业打破专业化界限，实行综合利用措施，化害为利、变废为宝，工业"三废"任意排放的情况有所好转，但远远未能遏制随着经济发展带来的环境污染加重的趋势。第二阶段（1966～1976）：污染继续发展阶段。到"文化大革命"期间，全省工业建设大搞"小而全"体系，任意兴建污染严重的工厂，一些有利于环境保护的规章制度被废弃，致使老的环境问题加重，新的环境问题不断出现，环境污染呈加重趋势。如1972年赣江支流章江、贡江汞超过饮用水标准达50倍、酚超标4000倍；1973年南昌市青云路水厂因取水口被10家工厂废水污染，水中检出氰

① 李祖章等：《江西省农业生产中化肥农药污染的状况及防治策略》[J]，《江西农业学报》2004年第16卷第1期。

②③ 《江西生态（第三卷）》[M]，南昌：江西人民出版社2007年版。

④ 江西省人代会环保委：《江西生态（第二卷）》[M]，南昌：江西人民出版社2007年版。

化物、有机物等有害物质，危及南昌市青云谱区 10 余万人的饮水健康；1974 年萍乡市化工厂在丹江地域外排原料酚钠 60 吨，污染渌水河 50 余公里及地下水，毒死鱼虾、水井报废，祸及湘赣两省；1975 年景德镇市已有燃烧窑烟囱 400 余根，整个市区黑烟滚滚，烟雾弥漫，大气质量严重恶化。① 这些引起了政府和公众的关注，1975 年成立了江西省环境保护领导小组，随后全省各地市环境保护机构相继建立。第三阶段（1976 ~ 1990）：污染逐步整治阶段。这一阶段，江西省贯彻《中国环境保护法（试行）》，制定了许多环境保护的政策、法规以及防治工业污染的措施。1982 年，九江炼油厂废水、萍乡化工厂炭黑尾气及含酚废水、719 矿废水、西华山钨矿、盘古山钨矿、德兴铜矿采选矿废水、赣南造纸厂废水、江西省造纸厂黑液等一大批老污染源治理工程先后验收，使相关地区的污染状况得到改善。1982 年全省新增废水处理能力 10. 57 万吨/天，新增废气处理能力 34. 99 万标立方米/小时，新增废渣处理能力 63. 55 万吨/年，工业废水排放量、废气中排放二氧化硫量、烟尘排放量等主要污染指标较 1981 年都有不同程度的下降。1984 年 2 月江西省第二次环境保护会议后，逐步加强了区域环境综合防治工作，缓解了南昌青山湖、新余袁河段、景德镇市大气、南昌象湖水源等环境污染问题；同时许多企业严格执行“三同时”制度，防治新污染源的产生，并结合技术改造开展资源、能源综合利用，减少了“三废”排放量。1989 年，全省“三废”综合利用产品产值达 16156 万元，比 1981 年的 1710 万元增长 845%；全省工业总产值达 288. 98 亿元，比 1981 年增长 216%，而工业废水排放量为 81458 万吨/年、二氧化硫排放量为 322359 吨/年，与 1981 年的水平基本持平。据江西省农牧渔业厅 1990 年完成的《江西省农业环境质量状况及发展趋势调查报告》认为：一方面工业污染物质造成环境污染仍然不容忽视，如 1988 年全省废水排放量达 107500 万吨/年；另一方面全省环境状况没有随着经济建设的发展而成比例恶化，农业环境质量变化趋势整体较好，局部污染有所控制，例如大余县工业废渣、废水排放，1989 年比 1982 年减少 55% 以上，镉污染逐渐减轻、水质有所好转。第四阶段（1991 年至今）：污染综合治理阶段。这一阶段污染物排放总量控制已成为全省污染控制的主线，同时将污染集中控制与重点区域、流域和城市的环境综合整治相结合，积极实施工业污染预防，推行清洁生产，使工业污染防治走上环境效益和经济效益较好结合的可持续发展道路。1997 年江西省针对袁河、萍水河、乐安河、耶溪河等流域重点企业的废水排放限期达标的综合整治，到 1998 年底，经整治后的耶溪河水质变清，萍水河污染程度得到缓解，乐安河和袁河水污染恶化的趋势初步得到遏制。1999 年江西省开展了

① 江西省人代会环保委：《江西生态（第二卷）》[M]，南昌：江西人民出版社 2007 年版。

重点污染源治理与城市环境综合整治——“一控双达标”工作，据统计，2000年全省12项主要污染物排放总量均控制在国家下达的指标内。从1996年始，江西省开始取缔、关停了一批污染严重、生产工艺落后的环境违法企业，从源头上控制了污染，有效遏制了环境污染和生态破坏反弹的势头。从1994年开始清洁生产的试点，江西省先后在化工、冶金、轻工、机械、电力、建材等行业积极推行清洁生产，加速技术改造，强制淘汰了一大批污染重、能耗物耗高的设备和产品，部分污染物排放量有所下降，效益逐年提高。经过持续不断的污染综合治理，从1991年起，江西省的工业二氧化硫排放量达标率、工业废水排放达标率逐年上升，工业废渣排放量逐年下降。到2010年底，主要污染物减排超额完成省政府确定的年度减排目标和国家确定的“十一五”考核目标任务，[①] 生态环境综合整治取得新进展。

表2－16　1991～2011年鄱阳湖流域“三废”排放情况

年份	废气排放量（亿标立方米）	工业二氧化硫排放量（万吨）	工业二氧化硫排放量达标率（%）	废液排放量（亿吨）	工业废水排放达标率（%）	工业废渣（万吨）	工业废渣排放量（万吨）
1991	1816	32.58		7.6	41.18	2984	61
1992	2006	31.67		7.47	45.60	3398	20
1993	1983	34.28		10.47	28.84	3289	26
1994	2300	50.94		10.39	30.90	3506	18
1995	2396	28.03		6.69	49.49	3669	29
1996	2510.8	25.85		6.14	54.07	4799	23
1997	1693.6	32.47		5.57	53.86	3861	30
1998	1742.6	24.38		4.57	58.21	4447	134
1999	1933.9	23.67		4.25	61.65	3984	34
2000	2220	28.7		4.21	68.34	4815	28.7
2001	2231	26		4.15	75.90	4252	9
2002	2612	25	68.00	4.61	77.60	5850	12.95
2003	3202	29	65.52	5.01	83.10	6812	9.55
2004	3972	47	74.47	5.49	88.66	6524.26	11.73
2005	4378	55	81.82	5.4	92.13	7006.71	10.28
2006	5096	57	80.70	6.41	93.24	7392.64	8.3
2007	6103	55.34	92.16	7.14	93.89	7777.28	8.24

① 江西省环境保护厅：《2010年江西省环境状况公报》，2011年5月23日。

续表

年份	废气排放量（亿标立方米）	工业二氧化硫排放量（万吨）	工业二氧化硫排放量达标率（%）	废液排放量（亿吨）	工业废水排放达标率（%）	工业废渣（万吨）	工业废渣排放量（万吨）
2008	7456	51	94.12	6.87	93.00	8190.35	12.31
2009	8286	49	93.88	6.3047	93.83	8898.18	13
2010	9812	47	94.28	7.25	94.06	9407.3	13.23
2011	16102	56.81	94.71	7.12	94.13	11372.43	15.44

资料来源：《江西统计年鉴》各年度，中国统计出版社，1992～2012。

3）生活垃圾污染。据研究，当前我国人均年产垃圾204.40千克，按江西省现有人口4400万人计，年产垃圾可达899.36万吨。[①] 随着城市化进程加快，城镇人口持续增多，城镇居民生活垃圾总量也在不断增加，出现了垃圾包围城市并逐步向农村蔓延的趋势，城镇居民生活垃圾成为日趋严重的环境问题。据统计，2009～2011年全省城镇生活污水排放量由79888万吨[②]增长至122996万吨，平均增长率为26.98%。2010年全省生活垃圾无害化处理率为54.42%，[③] 低于同期全国平均水平（63.5%）。[④] 目前全省已建成的城镇居民垃圾填埋场都是采用卫生填埋方式，但存在生活垃圾和工业固体废弃物、医疗垃圾等危险废物混埋的状况，同时由于资金不足，大多数填埋区没有严格按照卫生填埋作业要求进行操作，有的填埋场垃圾渗滤液没有得到处理，卫生防护距离内的居民没有予以搬迁，在处理城镇垃圾的同时产生了二次污染。国内外焚烧、堆肥、综合利用生活垃圾处理方式已有较好的工程实例，随着城镇居民垃圾组分的变化，为焚烧、堆肥、综合利用等生活垃圾处理方式创造了有利条件。因此，江西省应主动探索这些先进的垃圾处理方式。

4）酸雨污染。江西省酸雨表现为范围广、频率高和酸性强的明显特点。据江西省各年《江西省环境状况公报》资料，1991～2007年全省降水pH值范围为4.38～5.31，均低于5.6；全省酸雨频率范围为55.91%～77.60%，其中降水pH均值最低值出现于1997年，酸雨频率最高值出现于2006年，且多年来一直居高

① 黄国勤等：《江西省生态安全面临的问题和生态建设对策》［J］，《安全与环境学报》2006年第2期。

② 江西省统计局：《江西统计年鉴》［M］，北京：中国统计出版社，2001～2012。

③ 江西省环境保护厅：《江西省环境保护“十二五”规划》［EB/OL］，江西省环境保护厅网，http://www.jxepb.gov.cn/id_36284d21506715/0cdd28a34fe7e9f0b/news.shtml.

④ 国务院办公厅：《“十二五”全国城镇生活垃圾无害化处理设施建设规划》（国发办［2012］23号），2012年4月19日。

不下，说明全省酸雨污染严重，且基本上呈逐年加剧趋势。1991～2007 年全省降水 pH 均值及酸雨频率变化情况如图 2－1 所示。

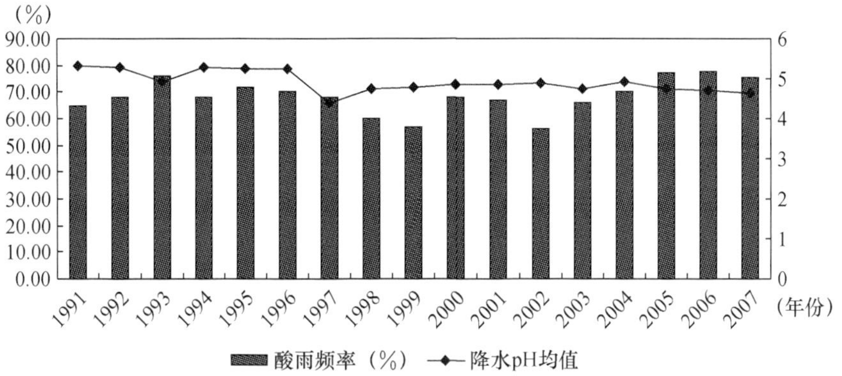

图 2－1 1991～2007 年鄱阳湖流域降水 pH 均值及酸雨频率变化情况

资料来源：各年度《江西省环境状况公报》，江西省环保厅发布。

据江西省环境保护科学研究院承担的国家“八五”攻关课题研究，酸雨对江西省生态环境的影响主要表现在：一是对农业的影响。全省农田受酸雨影响减产面积为 62.17 万公顷，占全省播种面积的 10.87%，导致蔬菜平均减产率达 8.40%，大豆平均减产率达 6.07%。全省受酸雨影响造成主要农作物经济损失达 3.6 亿元/年。二是对林业的影响。全省受酸雨危害的森林面积为 26.99 万公顷，造成木材经济损失达 1.34 亿元/年。三是对土壤的影响。由于江西省红壤面积占全省土壤总面积的 70.69%，其吸附硫酸根离子的能力最强，因此酸雨对江西省土壤影响最大，其水陆生态系统受酸雨污染的危害居全国前列。①

（4）自然灾害对生态环境的影响。新中国成立后，由于受全球气候变暖和自然环境破坏的影响，江西省的自然灾害以大水和大旱交替发生为特点，频率高，是全国水旱灾害最严重的省份之一。且导致一系列次生和衍生灾害，如泥石流、滑坡、森林火灾、农林病虫害、动物疫病等，严重破坏了生态环境，制约江西省的经济社会发展，威胁人民群众的生命财产安全。

1）洪涝灾害。洪涝灾害是江西省最主要的气象灾害，如表 2－17 所示，1954～2005 年间，全省性严重洪涝有 5 年，中等洪涝有 17 年，全省性明显洪涝有 16 年，轻度洪涝有 6 年，无洪涝年份只有 8 年。其中洪涝灾害最严重的 10 个

① 何纪力、龙刚、黄云：《江西省酸雨时空分布规律研究》[M]，北京：中国环境科学出版社 2007 年版。

年份分别是1998年、1954年、1973年、1994年、1962年、1995年、1967年、1969年、1989年、1993年，在这些年份中，全省有60%以上的县（市）发生了洪涝，其中特别严重的是1998年和1954年。

表2－17　江西省历年洪涝指数一览

全省性严重洪涝（5年）			中等洪涝（17年）		
年份	洪涝指数	排序	年份	洪涝指数	排序
1998	664.5	1	1981	220.4	22
1954	638.1	2	1961	211.1	23
1973	494.5	3	1997	197.9	24
1994	475.2	4	1975	187.5	25
1962	413.3	5	2000	173.7	26
全省性明显洪涝（16年）			1992	164.3	27
1995	391.6	6	1988	157.2	28
1967	368.4	7	1976	147.8	29
1969	351.8	8	1971	143.7	30
1989	350.1	9	1956	—	31
1993	335.4	10	1966	138.7	32
1968	326.4	11	1974	136.5	33
1982	310.7	12	2005	133.4	34
1999	307.4	13	1959	122.7	35
1955		14	1957		36
1964	295.8	15	1984	119.8	37
1970	279.9	16	1996	114.7	38
1983	268.6	17	轻度洪涝（6年）		
2002	264.1	18	1980	89.5	39
2003	249.3	19	1990	80.9	40
1977	236.4	20	1965	73.9	41
1958		21	1986	53.9	42
			1978	42.6	43
			1985	41.7	44
无洪涝年份（8年）					
2004	39.8	45	1960	33.4	49
1963	34.9	46	1991	23.2	50
2001	33.92	47	1987	4.7	51
1979	33.8	48	1972	4	52

资料来源：据江西省气象局、江西省水利厅等有关资料数据整理。

新中国成立以来江西省的洪涝灾害给农业生产带来巨大的损失和危害。一是洪涝灾害覆盖面积呈扩大趋势。据统计，20 世纪 90 年代以前洪涝受灾面积一般在50 万～60 万公顷之间，占全省耕地总面积的 20% 稍强。自 20 世纪 90 年代以来，洪涝灾害覆盖面积进一步扩大，平均受灾面积达 91.76 万公顷，占全省耕地面积的 41.30%，远远超过 90 年代之前的平均水平。如 1992 年、1993 年、1994 年、1995 年、1998 年洪涝灾害受灾面积分别为 100.67 万公顷、122.49 万公顷、110.88 万公顷、146.42 万公顷、150.00 万公顷，占全省耕地面积的 43.08%～65.54%。[①] 二是造成巨大的粮食损失和经济损失。由于江西省洪涝灾害多发生在 6～8 月，正是水稻“双抢”季节，对粮食的损害非常大。据统计，1949～1990 年的 42 年中，全省因洪涝灾害损失粮食共计 7056.9 万吨，每年平均损失粮食 168.0 万吨，占全省年均粮食总产量的 17.56%。[②] 到 20 世纪 90 年代，洪涝灾害导致粮食损失进一步加大，如 1998 年发生的特大洪涝灾害，造成全省粮食损失高达 250.0 万吨。新中国成立以来，全省因洪涝灾害造成的农业经济损失呈不断递增的趋势。如 1949～1956 年，年洪涝损失一般在 2.00 亿元以下；1957～1969 年，年洪涝损失达 2.00 亿元以上；1970～1983 年，年洪涝损失一般为 3.00 亿元左右；1984～1990 年，年洪涝损失多在 4.50 亿～4.60 亿元。[③]20 世纪 90 年代之后，因洪涝灾害造成的农业经济损失增长幅度加大，如 1998 年高达 384.64 亿元。由于江西省特有的地理环境，历年来全省洪涝灾害最严重的都是鄱阳湖地区。统计资料显示，1950～2005 年的 56 年间，鄱阳湖区有 46 年发生洪涝灾害，灾害频率达 82% 以上。其中 1954 年、1983 年、1995 年、1998 年、1999 年等年份发生特大洪涝灾害。1954 年的特大洪水导致鄱阳湖区 15 个县的绝大部分圩堤溃决，淹没农田 21 万公顷，18.65 万公顷农田绝收，330 多万人受灾。1983 年的特大洪水导致鄱阳湖区溃堤 108 座，淹没农田 4.27 万公顷。1995 的特大洪水导致湖区溃堤 145 座，淹没农田 3.67 万公顷。1998 年的特大洪水为有记录以来的最高洪水位，导致溃堤 138 座，湖口、星子、德安等城市严重受淹，淹没农田 4.60 万公顷，60 万人受灾，该年江西省直接洪灾损失 376.8 亿元，大部分是鄱阳湖区的损失。[④]

2）干旱灾害。干旱是江西省仅次于洪涝的主要灾害，主要发生于夏秋季节，可分为伏旱（雨季结束后至8 月 20 日）和秋旱（8 月 21 日～10 月 10 日），秋旱重于伏旱且范围大。伏旱以中部为重，其次为北部，其中心区域位于樟树、玉山、鄱阳一带，以樟树发生频率最高。秋旱以北部为重，其次为中部，多发生于

① 黄国勤：《论江西省洪涝灾害》[J]，《灾害学》2000 年第 6 期。

②③ 江西省水利厅：《江西水旱灾害》[M]，1995 年 5 月。

④ 朱宏富、金锋、李荣昉编：《鄱阳湖调蓄功能与防灾综合治理研究》[M]，北京：气象出版社 2002 年版。

鄱阳湖平原，以鄱阳县发生频率最高。新中国成立以来，江西省中等以上的伏旱或秋旱基本上是3年2遇；严重伏旱5年1遇，秋旱4年1遇。

根据江西省气象部门的年干旱指数（Z）统计（见表2－18），可以发现新中国成立以来江西省夏秋季干旱呈明显的阶段性变化特征：20世纪60年代前期～70年代初期为干旱指数的高值期，不仅干旱出现的年份多且干旱程度较为严重；20世纪70年代初～20世纪80年代后期为相对低值期，干旱出现的频次少且程度较轻；80年代后期～90年代初又为相对高值期；1993～2002年为相对低值期；从2003年开始干旱指数呈明显上升趋势，由此推断，江西省夏秋季干旱程度有可能进入新一轮高值期。

表2－18　江西省历年干旱指数一览

年份	总和（Z）	站数（个）	平均（Z）	年份	总和（Z）	站数（个）	平均（Z）
1959	60.9	76	0.8	1983	45.5	68	0.7
1960	57.1	76	0.8	1984	30.3	54	0.6
1961	35.6	52	0.7	1985	35.3	55	0.6
1962	58.5	75	0.8	1986	73.1	81	0.9
1963	66.0	79	0.8	1987	27.4	49	0.6
1964	78.1	80	1.0	1988	52.1	69	0.8
1965	51.8	70	0.7	1989	68.3	79	0.9
1966	95.9	81	1.2	1990	54.2	77	0.7
1967	76.0	78	1.0	1991	72.5	81	0.9
1968	68.4	80	0.9	1992	71.3	80	0.9
1969	61.9	80	0.8	1993	50.6	72	0.7
1970	41.4	60	0.7	1994	38.2	61	0.6
1971	81.0	81	1.0	1995	57.5	78	0.7
1972	37.9	57	0.7	1996	50.2	66	0.8
1973	34.6	57	0.6	1997	14.7	28	0.5
1974	84.0	81	1.0	1998	62.0	75	0.8
1975	18.8	31	0.6	1999	31.1	55	0.6
1976	56.4	72	0.8	2000	50.4	72	0.7
1977	42.8	61	0.7	2001	63.3	76	0.8
1978	87.1	81	1.1	2002	25.5	43	0.6
1979	43.1	70	0.6	2003	80.3	81	1.0
1980	49.5	77	0.6	2004	46.8	71	0.7
1981	48.1	65	0.7	2005	58.0	78	0.7
1982	48.6	74	0.7	平均	54.1	69	0.8

注：全省干旱指数（Z）系由各气象站（共81个站）干旱指数累加而得，因此Z不仅包含各站干旱的程度，还包含受旱面积的大小（站数越多，受旱面积越大）。指数Z越大，说明干旱程度越严重。

资料来源：据江西省气象局、江西省水利厅等有关资料数据整理。

俗谚："水灾一条线，旱灾一大片。"江西省旱灾虽然没有水灾频繁，但每次发生旱情，时间长、范围广，造成的损失也是相当严重的。据统计，自1949年至1990年，旱灾导致全省粮食损失总计达2452.3万吨，相当于2008年全省粮食总产量的1.25倍；年均因旱灾减少粮食58.39万吨，占粮食年均总产量的6.10%。到了20世纪90年代，旱灾损失并未减少，如1992年的严重旱灾，导致14.2万公顷农田绝收，粮食损失达84万吨，并造成200万人、30余万头牲畜饮水困难，直接经济损失达8亿元。① 进入21世纪，江西省的旱灾更是连绵不断，且日趋严重。2003年的特大旱灾，受旱面积为85.3万公顷，受旱率为38.5%，受旱程度相当于20年一遇。② 2007年旱灾被专家称为50年一遇，自4月1日到8月初，全省平均降雨量595毫米，比特大干旱年2003年同期少20%，最小的都昌县仅293毫米，为1954年有记录以来最小值，鄱阳湖的水域面积减少到50平方公里，造成上千万人遭受不同程度的饮水困难，全省受旱面积约1500万亩。③

3）地质灾害。地质灾害包括山体崩塌、滑坡、泥石流、地面塌陷、地裂缝、地面沉降等与地质作用有关的灾害。江西省是地质灾害易发、多发且危害比较严重的省份，其造成的人员伤亡超过洪灾，所致经济损失仅次于洪涝与干旱灾害。据1996~2005年全省地质调查、部分重点县市地质灾害调查和应急调查资料统计，全省发生地质灾害19268处，其中崩塌4673处、滑坡13365处、泥石流331处、地面塌陷899处，另外还有滑坡隐患2899处。因灾死亡922人、受伤561人、损毁房屋28982间、农田2514公顷、公路719处，直接经济损失83190万元。还有16.1万人、78262万元财产的安全仍受地质灾害隐患威胁。④ 自然因素和人为因素是造成江西省地质灾害发生的共同原因。自然因素：一是江西省降雨多且分配极为不均，常常以大雨、暴雨形式降落；二是江西省地貌多为山地丘陵，大面积分布强风化花岗岩、变质岩和易溶蚀的石灰岩，且地质构造复杂。人为因素主要是人口密集，人多地少，山区大量的傍山切坡建房和一些不合理的工程活动对地质环境破坏强烈。全省地质灾害发生和分布有以下特点：一是规模以小型为主，数量多、分布广，具有突发性、多发性、群发性的特点，因而所产生的危害性大；二是分布地域与一定的地质环境条件有关，崩塌、滑坡、泥石流等灾害多发生在丘陵、中低山区的变质岩、花岗岩类的风化层中，塌陷主要发生在

① 黄国勤：《江西干旱灾害研究》［J］，《灾害学》2001年第1期。

② 刘福茂等：《江西干旱指数分析》［J］，《江西水利科技》，2004年第1期。

③ 《江西旱灾139万人饮水难，专家称50年一遇》，《江南都市报》2007年8月4日，http://news.qq.com/a/20070804/001405.htm。

④ 江西省人代会环保委：《江西生态（第三卷）》［M］，南昌：江西人民出版社2007年版。

石灰岩分布区以及地下开采的矿区；三是时间上多发生在多雨年份和多雨季节，年度地质灾害发生频数与年降水量，特别是与暴雨强度呈正相关；四是诱发地质灾害的直接原因主要是集中性强降雨，汛期（6～7月）发生的地质灾害占80.2%，群发性地质灾害的区域与强降雨区域基本吻合；五是人为诱发和人为影响加重的地质灾害占相当的比重，20多个县市已发生的地质灾害中，有76%主要与人为工程活动因素有关，其中建房影响占39.8%，交通建设影响占25.7%，水利建设和采矿影响均占6.5%；六是造成人员伤亡的重要地质灾害绝大部分都与建房、修路等人工切坡活动有关。

4）生物灾害。生物灾害是指危害动植物的有害生物在一定条件下暴发流行或入侵定殖，对农、林、牧、渔业等生产造成重大损失的现象。江西省发生的生物灾害主要有农作物病虫草鼠害、森林病虫害、动物疫病和外来有害生物等。近年来，江西省生物灾害对生态环境造成了严重的影响。主要表现为：一是对农业生产的影响较大。据《江西省自然灾害公报》江西省植保植检站统计，2000～2003年平均每年因病虫害造成的粮食损失达66.57万吨、棉花损失为8172.8吨、油料损失为6517.5吨、蔬菜损失122.21万吨、水果15585.2吨。另据《江西省自然灾害公报》，棉花病虫害发生总面积为756万亩次；柑橘病虫发生面积1018.11万亩次；蔬菜病虫害发生面积1960万亩次；水稻病虫发生面积15131万亩次，防治面积23175万亩次，通过防治，挽回稻谷损失84.2亿斤，实际损失13.26亿斤，折合人民币9.28亿元。另据江西省植保植检站组织试验，在不防治病虫害的情况下，早稻损失14.85%～21.51%，平均为17.39%，晚稻损失24.62%～32.09%，平均27.46%。病虫害还会降低农产品的外观品质和内在质量以及补品的储藏期与商品价值。二是对林业生产产生危害。全省森林病虫种类有7720余种。据统计，1952～1964年全省森林病虫害年均发生面积7.2万公顷。经过大力防治，到20世纪60年代中期，基本上控制了竹蝗和松杉苗木立枯病、茎腐病等病虫害。“文化大革命”初期几年，江西省病虫害防治机构被撤销，防治工作几乎陷入停顿。到20世纪70年代后期，随着大规模造林更新，原有天然混交林日益缩小，人工针叶林逐步增加，森林病虫害发生呈上升趋势。1971～1979年全省森林病虫害年均发生面积14.1万公顷，1980～1990年上升到24.7万公顷，但由于防治及时，危害程度和灾害损失得到一定控制。1991～2003年全省森林病虫害发生面积合计达228.52万公顷，年均发生面积17.58万公顷，年均减少林木生长林积24.3万立方米，直接经济损失上亿元。① 其他如动物疫病也造成对环境的污染；外来有害生物入侵不仅危及农、林、牧、渔业生产的安

① 江西省人代会环保委：《江西生态（第三卷）》[M]，南昌：江西人民出版社2007年版。

全，而且造成生物多样性的减少，危及生态安全。

表 2-19　1950～2007 年江西省森林火灾情况一览

年份	火灾次数	受害森林面积（公顷）	年份	火灾次数	受害森林面积（公顷）
1950	45	4840.0	1980	388	8487.5
1951	1392	69336.8	1981	203	2888.8
1952	1711	63449.3	1982	211	3251.0
1953	1233	60665.4	1983	456	8166.8
1954	1587	22854.7	1984	766	8565.9
1955	4143	64400.0	1985	462	5175.2
1956	963	33348.9	1986	4143	31874.3
1957	1472	39805.2	1987	834	6099.1
1958	598	14188.5	1988	636	4648.1
1959	420	11246.7	1989	375	3163.2
1960	362	22000.0	1990	224	447.9
1961	776	38666.7	1991	229	98.7
1962	1689	35511.5	1992	367	149.6
1963	3562	128993.8	1993	280	108.2
1964	406	2533.3	1994	68	253.0
1965	400	19541.3	1995	198	626.0
1966	436	17216.7	1996	331	1894.0
1967	707	14773.5	1997	120	600.0
1968	479	17532.7	1998	290	1687.0
1969	330	17874.7	1999	516	264.0
1970	140	4166.7	2000	418	4584.0
1971	371	13124.5	2001	241	2162.0
1972	1161	48699.9	2002	330	2034.0
1973	305	8390.3	2003	882	6408.0
1974	693	26938.0	2004	119	12711.2
1975	251	9111.7	2005	355	4626.5
1976	386	10740.7	2006	130	2053.3
1977	1540	37780.5	2007	326	2053.0
1978	560	9320.5	合计	42474	1000801.5
1979	458	8668.7	年均	732.3	17255.2

资料来源：江西省减灾委员会：历年《江西省自然灾害公报》。

5）森林火灾。江西省山田相杂，农林交错，野外生产、生活用火频繁，加之地处中亚热带季风气候带，秋干冬燥，容易发生森林火灾。新中国成立后，党和政府十分重视森林防火工作，森林火灾逐年减少。但是，森林火灾仍时有发生，对森林资源破坏极大。据统计，1950～2007年的58年间，全省发生森林火灾共计42474次，受害森林面积100.08万公顷，年均火灾732.3次，年均受害森林面积1.73万公顷，森林受害率为2.76‰（见表2－19）。

森林火灾对生态系统破坏非常严重，主要表现在：一是烧毁森林资源，危及人民生命和财产安全。据江西省减灾委员会统计，1987～2007年，全省烧毁森林面积在100公顷以上的重大森林火灾15起，共烧毁森林面积3353.39公顷，损失成林蓄积4.15万立方米、幼树201.8万株。1989～2007年全省因森林火灾致死80人，重伤26人，轻伤76人。[①] 二是破坏林地土壤，污染水资源。重特大森林火灾对林地土壤破坏很大，造成有机质含量减少，水土流失加重，土壤条件恶化。研究表明，马尾松林采伐迹地炼山后，在坡度8°～32°时，水土流失严重，火后第一年有机质、全氮、全磷和全钾的年流失量分别是489.34千克/公顷、10.26千克/公顷、6.78千克/公顷、183.84千克/公顷，分别是无炼山林地的15倍、22倍、17倍、11倍。三是对林地水污染和影响也十分明显。火烧后，由于森林涵养水源、保持水土的功能减弱或消失，增加了火烧区及河流下游河道泥沙的淤积和雨天洪峰的流量。火烧面积与河流泥沙淤积量呈指数增长，火烧面积增加10倍，泥沙淤积量增加1万倍，洪峰流量比火烧前增加2～45倍，要恢复到正常状态需要30～70年的时间。四是森林火灾烟尘污染空气。据测定，林火产生的烟雾中，臭氧浓度高达0.9毫克/千克，经45分钟扩散后，仍达0.1毫克/千克，而正常空气中的臭氧含量一般为0.03毫克/千克。林火还能产生二氧化氮、胺类化合物、碳氢化合物等有害气体，对人和动植物造成危害。五是森林火灾破坏野生动植物，灭绝生物种群。高强度、大面积的林火导致大部分动物被烧死、林地植被大量被焚毁。[②]

本章小结

一、新中国成立前鄱阳湖流域生态环境变迁概况

考诸鄱阳湖流域生态环境变迁史，可以概括为：远古至秦汉时期，是生态环境由荒凉向开化发展的阶段；隋唐五代时期，是生态环境平衡发展阶段；宋元时

① 江西省人代会环保委：《江西生态（第三卷）》[M]，南昌：江西人民出版社2007年版。

② 江西省减灾委员会：历年《江西省自然灾害公报》。

期，是生态环境开始失衡阶段；明清时期，是生态环境逐渐恶化的阶段；近代以来，生态环境呈现进一步恶化的趋势。

原始时期，鄱阳湖流域的山地丘陵遍布亚热带常绿阔叶林为特征的森林植被，据统计，公元前2700年，江西省的森林覆盖率达到了82%。① 现在的丰富煤矿资源正是这种特征的反映。

夏、商、西周时期鄱阳湖流域乃至南方地区气候温暖湿热，雨量充沛，野生植物和动物都非常丰富。② 由于生产力低下，人口密度低，生态环境基本处于自然原始、开发不足的状态。这可以从《山海经》、《太平寰宇记》等书记载的“赣巨人”、“山都木客”③ 等神话传说加以印证，也可以从周代时处于“蛮荒服地”的区域定位加以佐证。

春秋战国时期，铁工具的使用促进了鄱阳湖流域的农业发展，耕地面积扩大，劳动生产率也得到提高，粮食生产有了一定的规模。此外，养殖业也有了一定的进步，鄱阳湖流域初步呈现出“鱼米之乡”的景象，生态环境呈现人与自然和谐的趋势。

秦汉六朝时期，鄱阳湖流域山区的开发程度极低，原始山林和生态环境保留得比较完整。由于地理、气候因素以及森林植被保持完整，该时期，鄱阳湖流域的农业自然灾害发生的频率低、间隔时间长（东汉至六朝556年间，灾年间隔平均为27.8年）且灾害的种类也较单一，只有水、旱、蝗、饥等灾害，未见冰雹和冰凌的文献记载。

隋唐五代鄱阳湖流域农业经济取得长足进步，使江西省的经济地位在全国日显重要。虽然人口密度逐渐增大，圩田、梯田的出现带来一定的生态环境变动，隐含着一定的生态破坏，但仍未达到过度开发的程度，森林资源和植被保持完好，水土流失较少，生态环境良好。但由于唐末人口流入增多，山林垦伐增多，生态环境出现隐忧。

宋元时期，鄱阳湖流域的农业生产条件随着水利工程的不断兴修得到较大改善，但更突出的是，随着山区梯田的开垦，森林植被开始遭到较大和较深程度的破坏，生态环境出现失衡的趋势，农业自然灾害呈多样化和高频率发展趋势。

明及清前期，受特定时代的气候寒冷和人为破坏双重因素的影响，鄱阳湖流域的生态环境较之前代，呈现进一步恶化的趋势，表现为气候特别寒冷、自然生态环境破坏严重、农业自然灾害更加频仍。

近代以来，由于战争、灾害以及政府衰败等因素，鄱阳湖流域生态环境仍然

① 凌大燮：《我国森林资源的变迁》[J]，《中国农史》1983年第2期。

② 余秉全：《从气候角度看中华文明大迁移》[J]，《气象知识》2002年第3期。

③ 《山海经》卷十八；《太平寰宇记》卷一八〇，《赣县》下引顾野王“舆地志”。

呈现进一步恶化的趋势，表现为森林覆盖率进一步下降，导致涵养水源、保持水土的能力大幅度下降，直接带来的环境灾难就是水旱灾害更加频繁和严重，农田及其水利设施受水灾破坏严重。

二、新中国成立后鄱阳湖流域生态环境变迁的总体特征

新中国成立后，鄱阳湖流域的农业生态环境问题除了历史时期存在的森林植被破坏、水土流失和自然灾害以外，还有受工业化、农业现代化的影响所带来的环境污染问题，这些问题经历了一个恶化—治理—改善的过程。其生态环境的总体特征表现为：

1. 森林覆盖率逐渐提高，但森林的质量及大范围森林生态系统的服务功能仍然欠缺

经过60余年的林业发展，鄱阳湖流域的森林覆盖率已经由1949年的40.3%提高到2008年的60.05%，林地面积占全省国土面积的63.69%，位列全国第二。[①] 但森林质量不高，单位林分面积活立木蓄积量只有32.30立方米/公顷，低于许多周边省份，尤其是针叶林面积占林分面积的比重高达78.4%，明显高于周边大部分省份和全国平均水平。[②] 与其他省应具有的地带性植被常绿阔叶林相比，针叶林生态系统的服务功能明显较弱，“远看青山在，近看水土流”是其生态功能较弱的真实、形象的写照，表现出高覆盖率和低生态功能之间的矛盾突出。

森林面临的另一个突出问题就是人为破坏或不合理开发利用，这曾是一些地区水土流失愈演愈烈的主要原因，教训深刻。近几年来省内许多地区板材、造纸等工业和新果园建设发展较快，木材、竹材等消耗量大增，对森林破坏较大，如不采取有效措施，将有加剧趋势，甚至在一些地区可能重蹈历史覆辙。

2. 土地类型多样，适宜范围广，人口密度较小，垦殖率较低，但山区水土流失问题仍然很严峻，新水土流失形成的压力依然较大

优越的水热气候条件与山地、丘陵、平原、湖泊兼备的地貌条件的有机组合，使鄱阳湖流域孕育了丰富多样的土地类型，农、林、牧、渔的适宜性范围相当广泛，为各业的空间布局奠定了极为有利的基础。在土地资源的承载方面，人口密度较小（255人/平方公里），有利于协调人地关系，同时垦殖率较低（17.9%），

---

① 江西省统计局：《江西统计年鉴》[M]，北京：中国统计出版社2009年版。

② 中国统计局：《中国统计年鉴》[M]，北京：中国统计出版社2009年版。

使大面积山地丘陵林地得以保存，人均有林地面积较大（3.15 亩/人），[①] 对森林生态系统的保护及其水土保持功能、水源涵养功能、生物多样性维护功能等的发挥具有重要意义。

但鄱阳湖流域目前土地退化问题严重，尤其是水土流失仍相当严重，尽管近20 年来水土保持成效显著，1997 年水土流失面积较 1988 年减少 26.17 万公顷，但目前水土流失面积仍占总土地面积 21%，强度侵蚀以上面积占侵蚀总面积和山丘总面积的比重分别为 32.7% 和 8.7%，均明显高于周边省份。特别是近年来新果园、开发区、工业园、矿藏开采、公路和城市建设等发展较快，不断出现新的水土流失，且这种趋势仍将持续较长时期。

3. 水资源丰富，水质良好，但洪涝灾害严重，水污染压力趋于增大

鄱阳湖流域降水充沛，产水模数较大，水资源丰富，2008 年地表水资源总量为 1356.16 亿立方米，[②]多年平均水资源总量为 1443 亿立方米，[③]水资源总量在全国排第七位，人均占有水资源量是全国平均量的 1.5 倍，属全国水资源最丰富的省份之一。在水质方面，鄱阳湖流域工业相对薄弱，水质污染不如周边一些工业较发达省份严重。农业虽占重要地位，但据 2009 年中国统计年鉴资料，鄱阳湖流域单位农作物播种面积、单位耕地面积及单位国土面积化肥实物使用量分别为 249.49 千克/公顷、470.43 千克/公顷、79.69 千克/公顷，均低于周边省份，因而水质保护总体较好。[④]2008 年全省地表水水质总体良好，九条主要河流Ⅰ~Ⅲ类水质断面比例为 78.5%。其中，长江九江段、抚河、赣江、修河、袁水水质整体评价为优；萍水河水质整体评价为良好；三个主要湖泊Ⅰ~Ⅲ类水质断面比例为 83.3%，柘林湖和仙女湖水质为优，是全国水质最好的省份之一。[⑤]

然而鄱阳湖流域沿江、沿湖和沿河地区洪涝灾害问题突出，特别是大洪大涝常常引起全国关注，极大地损害了人民的生命财产安全。由于气候因素，洪涝灾害将一直是省内所必须面临的一项重大灾害。

在水质方面，尽管目前质量总体尚好，但近年来无论是工业废水、生活废水的排放量还是化肥、农药的施用量都呈增加趋势，对水质安全的威胁较大。进入21 世纪以来，鄱阳湖流域局部水域污染总体呈加重之势，各大河流城区河段都受到不同程度的污染，部分污染较严重。例如，五大河流的主要污染是高锰酸盐指数、石油类、挥发酚和氨氮类。2003 年五大河流中水质最好的是修河，在评价的 6 个河段、457 公里的河长中，Ⅰ类水占 35%，Ⅱ类水占 65%；其次是抚河，在评价的 11 个河段、788 公里的河长中，Ⅱ类水占 93.7%，Ⅳ类水占

①②③④ 江西省统计局：《江西统计年鉴》[M]，北京：中国统计出版社 2009 年版。

⑤ 江西省环境保护局：《江西省环境状况公报》，2008 年。

6.3%；而赣江、信江、饶河和鄱阳湖都受到一定的污染，其中在赣江评价的18个河段、3188公里的河长中，Ⅰ～Ⅱ类水占79.5%，Ⅲ类水占12.6%，Ⅳ类和Ⅴ类水占5.6%，劣Ⅴ类水占3.4%；在信江评价的8个河段、397公里的河长中，Ⅱ类水占41.8%，Ⅲ类水占40.1%，Ⅳ类水占9.8%，劣Ⅴ类水占8.3%；在饶河评价的8个河段、472公里的河长中，Ⅱ类水占53.0%，Ⅲ类水占18.1%，Ⅴ类水占12.0%，劣Ⅴ类水占16.9%。2003年鄱阳湖水质状况明显变差，在4个国控监测断面中，2个是Ⅳ类水，2个是Ⅴ类水，主要是氮、磷的污染。① 另外，鄱阳湖流域目前工业发展迅速，并将持续一段时期，水质安全前景不容乐观。

4. 生物多样性特色明显，但有害物种已有入侵，水源涵养功能亟待加强

鄱阳湖流域拥有中国面积最大的淡水湖泊湿地生态系统，野生动植物资源丰富，其中高等植物种类占全国的17%、陆生脊椎动物种类占全国的25.5%，鸟类种类占全国的34%，淡水鱼种类占全国的25%，《国际湿地公约》指定的水禽各类占全国的60%以上。在1999年国务院第一批重点保护野生植物、动物名录中，鄱阳湖流域分别有55种、87种。② 鄱阳湖流域生物多样性资源不仅在全国占有突出地位，而且白鹤、东方白鹳等稀世之珍在世界也占有重要地位。但外来有害生物物种已有入侵，如豚草、凤眼莲（水葫芦）、福寿螺、牛蛙等。

至2013年，鄱阳湖流域建有各类自然保护区137个。其中国家级6个，省级24个，市级2个，县级105个，总面积98.5万公顷，占全省国土面积5.9%。③ 在生物多样性保护方面已有一定基础。但生态系统服务功能除了生物多样性保护外，还有其他许多功能，如水源涵养功能等。鄱阳湖流域的水源涵养功能保护对全省生态环境保护建设和经济社会可持续发展至关重要。全省开展了鄱阳湖等6个生态功能保护区的建设工作，总面积414.3万公顷，占全省国土面积24.8%。在省内具有重大保护意义和价值的五大河流源头地区仍然缺乏有效保护机制，而源头地区属于省内生态环境本来就比较脆弱的地区，生态环境面临的压力越来越大。

5. 农村生态环境建设蓬勃发展，但同时农业面源污染特别是畜禽粪便污染明显加剧

近十多年来，全省“猪—沼—果（鱼、菜）”等生态农业发展相当快，到

① 江西省环境保护局：《江西省环境状况公报》，2003年。

② 《江西生态》编委会：《江西生态（第一卷）》[M]，南昌：江西人民出版社2007年版。

③ 江西省环境保护局：《江西省环境状况公报》，2007年。

2005年，全省沼气池的拥有量已达113万户，使用沼气的农户比例由1995年的2.8%上升到14.5%。2013年9月上旬，全省126万农户用上了沼气池，占全省总农户数的16%，惠及人口近500万人，年产沼气达4.7亿立方米，年开发能源能力达34万吨标煤，相当于保护林地面积315万亩，年增收节支达15亿元以上。[①] 对改善农村生态环境、发展农村经济等起到了重要作用。然而近年来由于养殖业的快速发展，农业面源污染程度有增无减，对一些地区水质环境影响相当大，部分农村地区生活环境严重恶化，并有明显加剧趋势。

三、农业生态环境的演变对鄱阳湖流域农业发展的启示

农业与生态环境的关系是非常密切的，一方面生态环境所具备的气候、水、土地、动植物等自然因素规定着农业发展的方向和水平，如我国南北生态环境的不同就导致渔耕农业和游牧农业的方向性差异，东西生态环境的不同也导致农业发展水平的差异；另一方面，农业开发程度和模式的不同也会对生态环境造成不同的改变，适度的农业开发能使生态环境保持一种动态平衡，过度的农业开发则会使生态环境失去平衡，从而出现各种环境问题，如植被减少、水土流失、水旱灾害、生物多样性减少和环境污染等问题。

纵观鄱阳湖流域农业的开发历史，尤其是建国以来鄱阳湖流域的农业开发史，农业在取得巨大发展的同时，也造成了一系列棘手的生态环境问题。在此，我们可以得出历史的经验教训：农业开发必须适应复杂的自然生态环境条件，只有全面地把握自然生态环境的总体，才能使自然资源和自然条件充分地、持续地发挥作用，经济社会才能保持可持续发展。相反，如果不顾自然生态环境的复杂性，掠夺性开发资源，就必然会受到自然界的惩罚。农业生态环境的演变对鄱阳湖流域农业发展的启示可以归纳为如下几点。

1. 必须处理好农业开发与环境治理的关系

农业开发与环境治理，是经济社会可持续发展统一过程中的两个方面，二者是相辅相成，相互促进的。一方面，有效的农业开发为环境治理提供了物质基础。农业开发，不仅提供了丰富的农产品，而且也增强了抵御自然灾害的物质基础和经济实力。如鄱阳湖流域1983年洪灾与1954年洪灾比较，之所以1983年成灾范围小，就是因为经过新中国成立后近30年的开发，湖区经济实力已明显提高，有能力兴建大量有效的水利工程设施以抗御洪涝灾害。从这个角度来说，

---

① 中国新能源信息网，http：//newenergy. nengyuan. net/2008/0417/181. html。

为了广泛治理农业生态环境，就必须大力进行农业开发。另一方面，生态环境治理的最终目的也是为了更好的农业开发。例如鄱阳湖地区现有长达2792公里的圩堤，就是为了保障其内的559万亩农田的开发。治理的效益，就应当反映为经济开发的水平。

2. 必须处理好不同资源之间开发的关系

对于不同的资源，开发或治理的措施会产生不同的正负效应，而且会因环境因素内在的相互联系而进一步延伸。一种环境因子可作为资源开发和利用的条件，但也会对另一种环境因子产生负效应，而后一种环境因子的变化又会成为其他环境因子作为资源利用时的负效应，类似这样的扩散，会构成影响环境因素的链式反应。

在鄱阳湖流域的开发史中，森林资源在利用时过度砍伐所造成的环境破坏，引起的环境变化的链式反应最明显。如森林过度砍伐造成的环境负效应首先就是造成水土流失，直接增加了现在土地资源的负荷，强化了毁林开荒的压力；以及因泥沙淤积于河、湖床和水库中，直接缩小了水库库容，减少了可利用的水资源量，也缩小了航道，影响水上运输等。另外，由于泥沙淤积导致湖床抬升，间接影响在于容易诱发围湖造田行为增多，减少湖滩草洲面积，破坏鱼类繁殖生长的场所，导致渔业资源衰减；也削弱了湖泊调控水量的功能，导致洪水灾害的加重；还由于部分湿地生态的改变使越冬珍禽减少甚至消失。这一系列的环境变化链条如图2－2所示。

从上面的环境因子链可以看到，如果在农业开发中只注意对某一资源的开发，而忽视过度开发所带来的一连串需要治理的后果，甚至对需要治理的种种问题任其日积月累，就会陷入积重难返、全盘被动的境地。

3. 必须处理好环境承载力和开发模式之间的关系

所谓环境承载力指的是某个特定生态环境所能承载的人口数量。把环境资源的开发利用量控制在限定范围内，一般不会产生负面效应。而这里所谓的“限定范围”，是同环境资源所承载的人口数量相关的。例如，在人口密度较小、人均森林面积较大及木材用量较少的情况下，用材、薪柴的年消耗总量低于环境中森林的林木生长量，开发林木资源就不会产生消极的生态的影响。然而，当人口迅速增长、人均耗用木材水平不断提高、相应地人均森林面积却逐渐减少的情况下，而利用林木的方式仅是作水平的推移——开发新的林地，或加大原有林地砍伐量，并非改变开发模式——对能源的供应结构、林产品的利用结构等进行改变。这样下去，则林木当年的生长量就满足不了年砍伐量，森林资源将逐渐衰减。

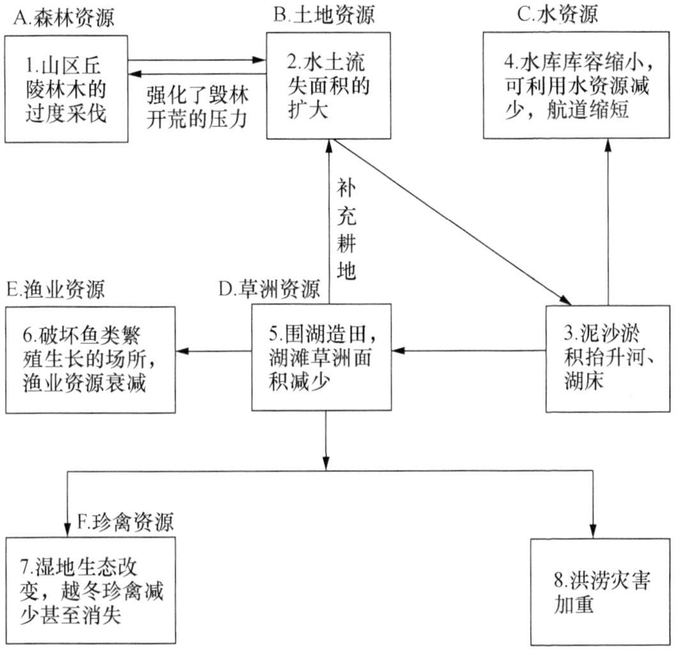

图 2－2　鄱阳湖流域环境因子链示意图

再如对鄱阳湖区过度围垦，就是由于新的人口增长压力，农业劳动者由单一的种植业经营经济开发模式向水域草洲水平推移所致。在改革开放前的农村经济开发的基本格局表现为，农村劳动力很难转移到第二、第三产业进行生产经营，一般囿于以种植业为主的农业生产领域。随着人口的激增，如何转移农村剩余劳动力成为农村发展的难题。如 20 世纪 60 年代初星子县的寥南乡，许多山岭草木郁然，至 20 世纪 70 年代中期则基本上被开垦为农用旱地。虽然这样，耕地仍然不足，当地的劳动力还是只能轮流出工。这种状况导致“围湖造田”需求日趋强烈，剩余劳动力通过开发水域洲滩寻找出路。在当时“以粮为纲”的历史条件下，“围湖造田”的动力虽然一部分来自对增加粮食的需求，但对当地的农民而言，主要还是寻求劳动力的生产条件。归根结底，依靠行政措施把占人口总量 80% 的农民限制在种植业领域，是历史上“围湖造田”的根本原因。

又如，酷渔滥捕是渔业资源遭受破坏的直接原因。而酷渔滥捕的原因则在于捕捞从业人员增加所导致的人均捕捞水面减少。虽然通过加强渔政管理力度，对于减少非渔业人员对资源的滥用作用较大。但对从事渔业的人员而言，如何避免酷渔滥捕，而又在人均资源减少的前提下保持和提高他们的生活水平，则是一个难题。因此，解决酷渔滥捕的根本措施，就是要促使剩余捕捞从业人员向新的生产领域转移。

第三章 鄱阳湖流域生态农业发展历史考察

鄱阳湖流域农业环境的变迁史启示我们，必须正确处理农业开发与环境治理之间的关系。为了治理和保护鄱阳湖流域生态环境，江西省省委、省政府先后实施了“山江湖”综合开发战略，“三个基地、一个后花园”发展战略和“希望在山，潜力在水，重点在田，后劲在畜，出路在工”的兴农方针，以及发展生态农业等一系列立足生态优势、保护生态环境的发展战略，取得了显著效果。2008年1月，江西省提出了建设“鄱阳湖生态经济区”的战略构想，并于2009年12月得到国务院正式批复。

建设鄱阳湖生态经济区，发展生态产业是必不可少的经济基础，江西省作为农业大省，发展生态农业是其生态产业的优势所在。继承和发扬我国传统生态农业思想、模式和技术，结合现代农业科技和制度创新，应该是鄱阳湖流域生态农业发展的途径。

第一节 继承和发扬中国传统生态农业精华的必要性

本书在绪论中提到，世界农业由于现代“石油农业”大量使用以石油产品为动力的农业机械和以石油制品为原料的化肥、农药等农用化学品，带来了严重的生态环境问题，正在向生态农业、有机农业转向。国际上兴起的生态农业、有机农业，内容主要有推行作物轮作制、以绿肥为代表的有机肥、松土法或少耕法、生物防治病害虫法等，这些方法大都是中国传统生态农业的优良传统。

改革开放30多年来，中国以占世界7%的耕地养活了占世界22%的人口，堪称奇迹，对世界和平与发展贡献巨大。然而，中国农业在走向现代化的过程中也同样出现了与西方石油农业类似的资源和环境等严重问题。因此，必须汲取国外现代“石油农业”的经验教训，继承和发扬我国传统生态农业精华，结合现代科学技术的研究成果，建设中国特色的现代生态农业，这是由农业生产和农业科技的如下特点决定的。

一、农业生产和农业技术的历史沿袭性特点

一般来说，农业生物对农业环境的适应性，往往是经过千百年演变而形成与固定下来的。人类农业活动的生产周期一般以季节或年来计算，周期较长。反映农业生产规律的农业技术，通常要经过多个生产周期的观察和体验，才能被探索出来。因此，农业生产和农业技术是具有实践上的连续性和发展上的相对稳定性的，具有很强的历史沿袭性和历史借鉴性。所以，在相同的自然条件下（如气候、土壤等），历史上形成的耕作栽培技术，在经过千百年后仍然在生产实践中有效。如中国古代发展起来的多熟栽培、间作套种、轮作复种等生产经验，仍然是具有战略意义的现代农业增产技术措施。还有，中国古代北方旱作地区发展起来的一整套防旱保墒的耕作技术，和古代南方水田地区发展起来的稻麦两熟田的整地排水技术，仍然是现代农业沿用的技术原则。

二、农业技术与特定环境条件相适应的特点

农业生产活动是直接处在自然环境条件下的，各种自然环境因素（如光、温、水、气、土等）对它都有着巨大的影响。农业生产活动就是人们逐渐探索生物与自然环境因素之间的关系，并根据生物与自然环境因素统一的基本原理，适应并进而控制环境条件，使生物向人们所需要的方向发展，从而获取高产优质的农产品。我们传统农业科学技术，是古代人民对特定的自然环境条件和生物有机体之间相互作用的规律性的认识，具有对特定环境条件较强的适应性，是一整套因地制宜、因时制宜、因物制宜的农业技术体系。这些农业技术，不但促进了我国古代农业生产的发展，而且对我国现代农业生产的发展也具有重要价值。

三、农业技术具有民族性特点

德裔英国经济学家舒马赫（E. F. Schumacher，1911 - 1977）曾指出：“技术

这个东西，与那个国家的风俗，以及社会经济条件相适应，是有民族特性的。”①虽然自然科学规律普遍适用于世界上任何地区，然而根据这些普遍规律创造出来的技术却是与各个地区特定环境条件相适应的，其使用有效性是受其所在环境条件制约的，因而技术也就具有民族特性。比如美国的现代化农业，在许多方面都是有其民族特性的，甚至可以说在世界上是独一无二的现象。这是由丰富的土地资源与稀缺的劳动力资源特殊配合形成的自然、社会经济条件所决定的。这种特殊的配合，不但在历史上罕见，在将来也很难再见。② 而我国情况正好与美国相反，“人口多、耕地少”的特定环境和资源条件，导致自春秋战国始，就走上了精耕细作、提高单产的农业发展途径。③ 因此说，精耕细作等传统农业技术精华，是带有中华民族特点的。在发展现代农业的过程中，必须从基本国情出发，继承和发扬这些具有民族特点的传统。

第二节　中国传统生态农业精华对鄱阳湖流域生态农业的启示

世界许多古代文明衰落的原因与生态环境的破坏直接有关，④ 中国古代文明源远流长、经久不衰，主要原因在于大部分时间人口、生态和经济技术比较协调，与“三才论”、“三宜说”、精耕细作、培肥地力、基塘农业、用养结合等传统生态农业的理论和技术精华是分不开的，这些对鄱阳湖流域生态农业的发展具有重要的启示。

一、“三才论”启示必须注重农业生产与生态环境的协调关系

中国古代将“天、地、人”谓之“三才”，古人研究一切事物，总是从“天、地、人”这三个方面对研究对象的属性加以界定，探求它们与“天、地、人”三者的关系，以便确认它们在“天、地、人”系统中的位置，强调事物必须保持“三才”之间的和谐关系，讲究“天时、地利、人和”，这种理论简称为

① ［英］E. F. 舒马赫：《小的是美好的》［M］，南京：译林出版社 2007 年版。

② ［苏］M. A. 孟什克娃：《美国农业发展道路及其国际意义》［J］，《世界农业》1981 年第 6 期。

③ 郭文韬：《中国农业精耕细作的优良传统》，《中国传统农业与现代农业》［M］，北京：中国农业科技出版社 1986 年版。

④ 杨通进、高予远：《现代文明的生态转向》［M］，重庆：重庆出版社 2007 年版。

“三才论”。中国传统农业实践中比较注重“三才论”的运用，注重农业发展与生态环境的和谐统一。[①]

我国第一次运用“三才论”总结农业生产经验的著作，是夏朝末年的《夏小正》，[②] 它将一年分成12个月，并将每个月的星象、气候、物候等特征与农事活动作为一个整体来考察，把自然界的运动和人的活动看作是一个有机整体，开始形成了“天、地、人”相统一的农业生态观。

成书于战国时期的《吕氏春秋》的“审时”篇在论述农业生物（稼）和“天、地、人”系统的关系时，指出：“夫稼，为之者人也，生之者地也，养之者天也。”[③] 该书指出了农业生态系统是由“生物有机体（稼）”、“生物体赖以生存的环境和条件（天和地）”、“人的社会生产劳动（人）”等三大要素构成的。这就告诉人们在农业生产中，必须协调生物有机体和外界环境条件的关系，使其保持和谐统一，才能获得农业丰收。

此后的中国古代农业著作，都以保持农业生产中的“天、地、人”系统和谐统一为目标，从而形成了中国古代的生态农学。如汉代《淮南子》中的“主术训”篇说：“上因天时，下尽地财，中用人力，是以群生遂长，五谷繁殖”；[④] 西汉的《氾胜之书》中说：“凡耕之本，在于趣时、和土、务粪泽、早锄早获。”同时指出：“得时之和，适地之宜，田虽薄恶，收可亩十石”；[⑤]《晋书》的“食货志”有云：“农穗可致，所由者三：一曰天时不想，二曰地利无失，三曰人力咸用”；[⑥] 北魏的贾思勰所著《齐民要术》指出：“顺天时，量地利，则用力少而成功多，任情返道，劳而无获”；[⑦] 南宋陈旉在《农书》中言：“在耕稼，盗天地之时利”；[⑧] 元代《王祯农书》中说：“顺天之时，因地之宜，存乎其人”；[⑨] 明代马一龙在《农说》中指出：“合天时、地脉、物性之宜而无所差失，则事半而功倍矣”；[⑩] 清代张标的《农丹》指出：“天有时，地有气，物有情，悉以人事司其柄”；[⑪] 清代王晋之在《山居琐言》指出：“验之天时，体之土宜，察之物理，

① 郭文韬：《中国传统农业思想研究》［M］，北京：中国农业科技出版社 2001 年版。
② 郭文韬：《中国传统农业思想研究》［M］，北京：中国农业科技出版社 2001 年版。
③ （秦）吕不韦：《吕氏春秋》［M］，高诱《诸子集成本》，北京：中华书局 1954 年版。
④ 《淮南子·主术训》，《淮南子集释》［M］，北京中华书局年版，1998 年版。
⑤ 万国鼎辑释：《氾胜之书辑释》［M］，北京：中华书局 1957 年版。
⑥ （唐）房玄龄等：《晋书》［M］，长沙：岳麓书社 1997 年版。
⑦ （北魏）贾思勰著、缪启愉校释：《齐民要术校释》［M］，北京：农业出版社 1982 年版。
⑧ （宋）陈旉撰、缪启愉选译：《陈旉农书选读》［M］，北京：农业出版社 1981 年版。
⑨ （元）王祯著、王毓瑚校：《王祯农书》［M］，北京：农业出版社 1981 年版。
⑩ （明）马一龙：《农说》［M］，济南：齐鲁书社 1997 年版。
⑪ （清）张标：《农丹》，缪荃孙编：《藕香零拾》［M］，北京：中华书局 1999 年版。

而后其术可精。”①

由此可见，上述“三才论”思想贯穿中国传统农业发展的始终，是中国传统生态农业的理论基础，对鄱阳湖流域现代生态农业的建设也具有重要的启示作用。因为古今农业的本质并无根本性的差别，都是人们通过对绿色植物的光合作用加以利用和促进，把太阳能转化成化学能，把无机物转化成有机物的过程。它是农业生物与“三才”即自然环境（天、地）和人类劳动（人）相互结合、相互作用而形成的相互交织的两个再生产过程：一个过程是农业生物与自然环境之间的能量转化和物质转换；另一个过程是人们运用技术、经济等手段对农业生物的生命运动进行干预，生产出所需的农产品。在这个过程中，必须注重农业生产与“三才”之间保持和谐统一的关系。

二、“三宜说”启示生态农业模式必须灵活多样

所谓“三宜说”就是指因时制宜、因地制宜、因物（农作物）制宜，是我国传统农业生态思想的精华之一，即认为在农业生产中要根据具体的天时、土壤和农作物种类或品种的不同，而具体安排不同的农业生产技术措施，才能获得好的收成。另外还强调“因力制宜”。② 中国古代关于农业生产要讲究“三宜”的农学思想源远流长，如《荀子·王制》指出“春耕、夏耘、秋收、冬藏，四者不失时，故五谷不绝而民有余食”；③《孟子·梁惠王上》指出“不违农时，谷不可胜食”；④《吕氏春秋·士容论·审时》指出“种禾不时，不折必敛，稼熟而不获，必受天灾”⑤ 等，都是强调农业生产要因时制宜的论述。而《周礼·地官·大司徒》指出要“辩十有二土之名物……以阜人民，以蕃鸟兽，以树草木，以任土事；辩十有二壤之物，而知其种，以教稼穑树艺”；《管子·立政》指出要“相高下、视肥沃、观地宜……使五谷桑，皆安其处……”则是强调农业生产要因土制宜的论述。在具体农业实践中，传统农业中有许多以“三宜”原则为指导的农业生产技术和经验，如北魏《齐民要术》中总结出“秋耕欲深，春夏欲浅”；元代的农书总结了“秋耕宜早，春耕宜迟”；清代《马首农言》总结了

---

① （清）王晋之：《山居琐言》，清光绪二十九年（1903），石印本。

② 郭文韬等：《中国农业精耕细作的优良传统》，《中国传统农业与现代农业》［M］，北京：中国农业科技出版社1986年版。

③ （战国）荀况：《荀子》［M］，太原：山西古籍出版社2003年版。

④ （战国）孟轲：《孟子》［M］，鲁国尧注评，长沙：凤凰出版社，2006年版。

⑤ （秦）吕不韦：《吕氏春秋》［M］，北京：中华书局，1954年版。

“秋犁棱窄，春犁棱宽”等许多因时定深浅、耕法和早晚的科学耕作经验；① 西汉《氾胜之书》总结了“春地气通，可耕坚硬强地黑垆土”、“杏始华荣，辄耕轻土弱土”；明代的《宝坻劝农书》总结了“紧土宜深耕熟耙，多耙则土松；而缓土则曳碌碡重磙压之”；清代《马首农言》总结了“平田，春宜耙秋宜犁；山田，秋宜压春宜摩”；清代《知本提纲》总结了“山原土燥而阴少，加重犁以接其地阴；隰泽水盛而阳亏，轻锄耨以就其天阳”等许多因土质定时宜、耕法以及因地势定耕法、深浅的因地制宜的耕作经验。②北魏的《齐民要术》总结出大小麦要“先蟒，逐犁掩，山田刚强地，耧”，大豆要“秋铎”，小豆要“耧”，麻要“纵横耕”等；清代《马首农言》总结了小豆要“犁较黑豆宜深”，冬麦比春麦“耕微深”，元代《韩氏直说》认为，“除种麦地外，并宜秋耕”，但若“牛力不及，不能尽秋耕者，除种粟地外，其余黍、豆等地，春耕亦可”等许多因作物定耕法、深浅和时宜的因物制宜的耕作经验。③传统农业生产中还非常注重农作物施肥要注重“三宜”原则，如清代《知本提纲》总结了施肥的“三宜”法，指出要根据天时、土壤和作物不同有区别地施用人粪、畜粪、草粪、苗粪、火粪、泥粪、骨蛤灰粪、渣粪（菜籽和棉籽饼）、黑豆粪（黑豆粉经发酵后和泥土拌）和皮毛粪等不同种类的肥料。

传统农业中的“三宜”原则启示我们，在生态农业模式的选择上应“因地制宜、因时制宜、因物制宜”，根据鄱阳湖流域各地不同资源特点，因势利导，创造灵活多样的生态农业技术类型。

三、精耕细作传统启示生态农业生产技术应以劳动集约型为主

我国自古以来“人口多、耕地少”的特定环境和资源条件，催生了精耕细作农业技术优良传统，④这是一种劳动密集型生产技术，与中国的国情非常吻合。《庄子·则阳》就提到精耕细作可以提高农业产量：“耕而鲁莽之，则其实亦卤莽而报予……深其耕而熟耰之，其禾繁以滋，予终年厌飧”。《吕氏春秋·任地》提出深耕要做到“其深殖之度，阴土必得”，就是说要耕到底墒，才能达到“大草不生，又无螟蜮”，这样不仅消灭杂草，又能防治虫害，并且还能“今兹美禾，明兹美麦”，不仅使当年小米长得好，而且还有利于明年长好麦子。⑤ 由于精耕细作技术的运用，在 2000 多年前的战国时代，中国就出现了“一岁而再获

①②③④ 郭文韬等：《中国农业精耕细作的优良传统》，《中国传统农业与现代农业》［M］，北京：中国农业科技出版社 1986 年版。

⑤ 闵宗殿编著：《中国农业技术发展简史》［M］，北京：农业出版社 1983 年版。

之”① 的情况，土地利用率之高在世界农业史上罕见。其后，精耕细作技术得到进一步的发展，西汉的《汜胜之书》所说的“凡耕之本，在于趣时、和土、务粪泽、早锄、早熟”，② 就是指出精耕细作要采取细致整地、增施粪肥、注意保墒、及时中耕除草、适时收获等一系列综合性技术措施。北魏《齐民要术》总结了我国北方通过精耕细作以防旱保墒的耕作体系，是我国在土壤耕作技术上的重大成就。我国传统农业在强调精耕细作的同时，反对广种薄收。如北魏《齐民要术》指出：“凡人家营田，须量己力，宁可少好，不可多恶。”③ 明代《沈氏农书》也强调：“作家第一要勤耕多壅，少种多收……孰若以二亩之壅力，合并于一亩者之事半功倍也”；④ 清代杨屾的《修齐直指》同样认为：“务期精工而收获自倍，是知广田不可过贪”；⑤ 等等。

中国传统农业中的精耕细作技术，其最大效益就是在人多地少的情况下，有效地提高了单位土地的产出率，非常符合我国现在的基本国情。所以，鄱阳湖流域生态农业模式的选择，应发展以劳动集约型为主的生态农业生产技术，倡导农业集约生产与精细生产，提高农产品质量，提升鄱阳湖流域生态农业的比较优势。

四、培肥地力传统启示发展生态农业必须重视土地资源

积极养地，保证“地力常新”是中国古代农作制度在培肥地力上的基本指导思想。春秋战国时代，我国就开始注意养地问题。《礼记·月令篇》提到：“仲夏之月，土润溽暑，大雨时行，烧薙行水，利以杀草，如以热汤，可以粪田畴，可以美土疆”，说明当时已经开始采用沤绿肥的办法来培肥土壤。其后，我国的粪田养地和施肥改土，就逐渐普遍起来。《孟子·万章下》提到：“一夫百亩，百亩之粪”，⑥ 说明当时粪田的普遍性。到了战国后期，《荀子·富国》提到：“多粪肥田”，已经成为“农夫众庶之事”。⑦ 随着“多粪肥田”经验的累积，我国早在战国后期，《吕氏春秋·任地》提出了“地可使肥，又可使棘”的理论。⑧ 及至汉代，王充在《论衡·率性》中提出了“深耕细锄，厚加粪壤，勉

① （战国）荀况：《荀子》[M]，太原：山西古籍出版社 2003 年版。
② 万国鼎辑释：《汜胜之书辑释》[M]，北京：中华书局 1957 年版。
③ 《齐民要术·卷首杂说》。
④ （明）沈氏著、（清）张履祥辑补：《沈氏农书》[M]，北京：中华书局 1956 年版。
⑤ （清）杨屾著、刘古愚评：《修齐直指评》[M]，台北：艺文印书馆 1971 年版。
⑥ （战国）孟轲：《孟子》[M]，鲁国尧注评，长沙：凤凰出版社，2006 年版。
⑦ （战国）荀况：《荀子》[M]，太原：山西古籍出版社 2003 年版。
⑧ （秦）吕不韦：《吕氏春秋》[M]，高诱《诸子集成本》，北京：中华书局 1954 年版。

致人工，以助地力”养地理论。[①] 西晋《广志》中总结并提出了绿肥与水稻轮作复种的“美田”之法。北魏的《齐民要术》不仅发展了绿肥美田和施肥改土之说，而且总结了堆肥、厩肥的积造新法——“踏粪法”。南宋《陈旉农书》将“美田”和“肥田”之法，发展为“地力常新论”，并以之为指导，将作物轮作的生物措施、精耕细作的力学手段以及增施粪肥的生物化学措施综合应用，构成“熟土壤而肥沃之”的基本措施。元代《王祯农书》的“粪壤篇”专门论述施肥改土的理论与技术，明确指出：“粪壤者，所以变薄田为良田，化硗土为肥土也”。[②] 清代的《知本提纲》高度概括了用地与养地的关系：“产频气衰，生物之性不遂；粪沃肥滋，大地之力常新。”[③]

可见，我国自古以来，在充分用地的同时，是注重积极养地的。这种养地技术可以培肥地力，提高土壤有机质成分和土地生态承载力，对改善农业生态系统环境、减少污染以及对缓解人地矛盾是十分有利的。因此，继承和发扬培肥地力的优良传统对发展鄱阳湖流域现代生态农业意义重大。

五、基塘农业传统启示生态农业必须建立循环生态系统

基塘农业又称桑基渔塘农业，是明清时期太湖流域的杭嘉湖平原和珠江三角洲地区形成的一种粮、桑、鱼综合经营的方式。其基本内容是“将洼地挖深，泥复四周为基，中凹下为塘，基六塘四。基种桑，塘畜鱼，桑叶饲蚕，蚕屎饲鱼”。[④] 由于这种方式能使当地的自然资源得到充分利用，又能使动物和植物之间、生物和非生物之间经常处于一个有机的循环过程之中，使农业的生态保持平衡，因而取得了“两利俱全、十倍禾稼”[⑤]的良好效果。明代李诩的《戒庵老人漫笔》记载了常熟人民谈参通过基塘农业模式进行包括农（粮、果、蔬）—畜—鱼在内的综合经营致富的经历，其农田收入“岁之入视平壤三倍”，多种经营收入“视田之入复三倍”，[⑥] 因而总收入比一般传统农业经营高9倍。明代浙江湖州基塘农业发展很快，形成了“农（稻、麦、油、菜）—畜（猪、羊）—桑—蚕—鱼”循环利用资源的综合经营农业方式。[⑦] 到清代初期，广州地区开始出现以种果养鱼为特点的基塘农业生产，即通过堤埂种果树、鱼池养鱼，形成物质循环。据清初屈大均所著《广东新语·养鱼种》记载：“广州诸大县村落中，

① （东汉）王充：《论衡》[M]，北京：人民出版社2005年版。
② （元）王祯著，王毓瑚校：《王祯农书》[M]，北京：中国农业出版社1981年版。
③ （清）杨屾著，王毓瑚辑：《秦晋农言·知本提纲·农则》[M]，北京：中华书局1957年版。
④⑤ （清）《高明县志》卷二。
⑥ （明）李诩：《戒庵老人漫笔》[M]，北京：中华书局1982年版。
⑦ 闵宗殿：《明清时期的人工生态农业》[J]，《古今农业》2000年第4期。

往往弃肥田以为基，以树果木，荔支最多，茶桑次之，柑橙次之；龙眼多树宅旁，亦树于基。基下为池以畜鱼，岁暮涸之，至春播稻秧，大至数十亩”，呈现出一片“桑茂、蚕壮、鱼肥大，塘肥、基好、蚕茧多”的景象。[①]

按照现代生态学的观点，基塘农业所体现的对自然资源的循环利用，是一种人工生态农业。其突出的优势就是建立了农业循环生态系统，使农业资源得到充分地循环利用，节约了生产成本，符合协同进化原理，也是现代生态农业应遵循的原则。目前我国现代生态技术模式许多都是按循环经济的原理设计的，也是鄱阳湖流域现代生态农业技术上的必然取向。

六、用养结合思想传统启示保护农业生态资源的重要性

我国古代在保护农业环境和合理利用资源方面积累了丰富的经验。春秋战国时期，我国就开始注意保护生态资源，重视保护生态资源的再生能力，反对过早过滥地损害草木和鱼鳖的生长发育。如《孟子·梁惠王上》就指出：“数罟不入洿池，鱼鳖不可胜食；斧斤以时入山林，材木不可胜用”；[②]《荀子·王制》则进一步强调：“草木荣华滋硕之时，则斧斤不入山林，不夭其生，不绝其长也；鼋、鼍、鱼、鳖、鳅、鳣，孕别之时，罔罟毒药不入泽，不夭其生，不绝其长也。”[③]古人不仅从正面阐述保护生态资源的重要性，也非常反对“竭泽而渔”和“焚薮而田”的错误行为。如《吕氏春秋·义尝》中写道：“竭泽而渔，岂不获得，而明年无鱼；焚薮而田，岂不获得，而明年无兽”；[④]《管子·立政》中有“为人君而不能谨守其山林菹泽类，不可以为天下王”，“山泽不救于火，草木不殖成，国之贫也。”[⑤] 这些都从反面阐述了保护生态资源的重要性。

在合理利用生态资源和保护生态资源的实践中，我国古代春秋战国时就采取了“禁发有时”措施。《管子·八观》所说“山林虽广，草木虽美，禁发必有时。江海虽广，池泽虽博，鱼鳖虽多，罔罟必有正”（古语“正”指规章）；“人民、鸟兽草木之生物，虽甚多，皆有均焉，而未常变也，谓之则。”到汉代开始制定一系列保护生态资源的政策和法令：“畋不掩群，不取麛夭，不涸泽而渔，不焚林而猎，……鷇卵不得探，鱼不长尺不得取，彘不期年不得食”。[⑥] 除此之外，从战国时代始就设置了“虞师”等专职保护生态资源的官员。

---

① （清）屈大均：《广东新语》[M]，北京：中华书局1985年版。
② （战国）孟轲：《孟子》[M]，鲁国尧注评，南京：凤凰出版社，2006年版。
③ （战国）荀况：《荀子》[M]，太原：山西古籍出版社，2003年版。
④ （秦）吕不韦：《吕氏春秋》[M]，高诱《诸子集成本》，北京：中华书局1954年版。
⑤ （春秋）管仲著、孙波注释：《管子》[M]，北京：华夏出版社2000年版。
⑥ （汉）刘安：《淮南子·主术训》[M]，桂林：广西师范大学出版社2010年版。

上述中国古代保护生态资源的优良传统，启示我们在面对当前人均农业自然资源相对匮乏，而农产品需求增加与自然资源供给不足的矛盾却不断加剧的情况下，必须继续和发扬古代有益的经验，建立可持续利用资源的生态农业技术体系，采取多种措施保护农业生态资源，避免掠夺式经营。

第三节　鄱阳湖流域生态农业的发展历史

一、鄱阳湖流域“原始”生态农业模式和技术发展概况

鄱阳湖流域农业开发在古代就已经达到了较高的水平，自宋代以来，农业生产技术特别是水稻耕作技术，开始由古老的“火耕水耨”改变为深耕细作，农产品生产结构开始改变单一的粮食生产，提倡种麦和五谷，农作物间、混、套作和复种轮作等符合生态农业原理的“原始”的生态农业模式和技术已经出现。如南宋时在鄱阳湖流域普遍出现稻—麦复种轮作的生态农业模式，这可以从黄震任抚州知州时发布的劝民种麦文告中看出：“且说江西，其地（他）十州皆种麦，何故抚州独不可种？抚州外县间亦种麦，何故临川界并小麦不可种？”①

明代时，鄱阳湖流域“原始”生态农业模式和技术进一步发展，《天工开物》记载了多种水稻与其他作物之间水旱轮作、复种和间作模式，就是利用了生态学上的种群演替规律，从而对自然资源更加充分而持续地利用。如稻—麦（菽、麻、蔬菜等）模式：“假如有牛者供办十亩，无牛用锄而勤者半之。既已无牛，则秋获之后，田中无复刍牧之患。而菽、麦、麻、蔬诸种，纷纷可种，以再获偿半荒之亩，似亦相当也。”② 表明当时鄱阳湖流域许多地方存在水稻与“菽、麦、麻、蔬诸种”等作物之间复种，以提高复种指数，从而得到更多的农业收入，以弥补无牛所带来的生产损失。另外，又有稻—绿肥等模式：“南方稻田，有种肥田麦者，不粪麦实，当春小麦、大麦青青之时，耕杀田中，蒸罨土性，秋收稻谷必加倍也。”③

鄱阳湖流域的水旱轮作、复种和间作等模式的普及和推广，对地力的损耗很大，《天工开物》的记载中就指出：“凡稻，土脉焦枯，则穗实萧索”，为了解决

① （南宋）黄震：《慈溪黄氏日抄分类古今纪要》［M］，卷七十八《咸淳七年中秋劝种麦文》，北京：北京图书馆出版社 2005 年版。

②③ （明）宋应星：《天工开物》，《乃粒·稻工》［M］，北京：中国社会出版社 2004 年版。

收割水稻和其他作物复种出现“土瘦”的问题，除了上述稻—绿肥种植模式以培肥地力外，当时农民会实行农牧结合的方式，即在秋收后，在田中种草刍牧。① 另外，更多的是施肥技术的改进，大量使用农家肥，以培肥地力，这样既可防止地力衰竭，使鄱阳湖流域的传统农业保持高土地利用率和高土地生产率，还可使废弃物质资源化，实现农业生态系统内部物质循环的关键一环。既使地力获得及时的恢复，也在相当程度上消除了生产、生活中的废弃物对环境的污染。

明清时期，鄱阳湖流域传统农业生产中的粪源来源于“农家肥”，所谓“人畜秽遗，榨油枯饼，草皮木叶，以佐生机，普天所同也”。此外还有“磨绿豆粉者，取瘦浆灌田”，或于“豆贱时，撒黄豆于田，一粒烂土方三寸，得谷之息倍焉。”② 至清代仍然存在这种肥田技术，如九江“山乡以豆萁未老者肥田”。③ 鄱阳湖流域传统农业生产中已经能够区分各种农家肥的肥效等级，如“胡麻、莱菔子为上，芸苔次之，大眼桐又次之，樟、柏、棉花又次之”，也非常讲究因地施肥，如“土性带冷浆者，宜骨灰蘸秧根，石灰淹苗足”。④所谓“土性带冷浆者”就是潜育型水稻土，是一种严重缺磷元素的酸性土壤，用“骨灰蘸秧根”是补充土壤中速效磷的不足，用“石灰淹苗足”则是以石灰中和土壤酸性，以改良土壤。现代鄱阳湖流域许多地区还有用骨灰和石灰作肥料的习惯，就是对古代施肥法的继承。

清代出现了用烟梗肥田及防治水稻虫害新技术，主要施行于赣南。安远“每秋间稻插田，值秋阳蒸郁，多生虫贼，食根食节。农人以烟骨椿碎，或以烟梗断寸许，撮以根旁，虫杀而槁者立苏，兼能肥禾”。⑤ 于都“晚稻俗名翻粳，有赤白三种，小暑下种。农人立秋前后登其前禾，而以此下莳，十月点以烟梗，又十日壅以稻灰，信矣”。⑥ 赣南其他一些县志也有类似的记载。另外还有将烟与薯芋同种以肥田和防治虫害技术。瑞金“（芋）二三月与烟同种，烟六月收，芋必八九月乃收，亦先后不妨。且烟田肥，故芋繁衍而味尤佳，松脆香滑”。⑦ 宁都“薯，俗呼为山薯，种出交趾，故又名番薯，山土田土皆种。瑞金多于种烟隙地种之”。⑧

---

① （明）宋应星：《天工开物》，《乃粒·麦工》[M]，北京：中国社会出版社 2004 年版。

②④ （明）宋应星：《天工开物·乃粒》。

③ （清）同治、《九江府志》[M]，《中国地方志集成》，南京：江苏古籍出版社 1996 年版。

⑤ （清）乾隆朝《安远县志》[M]，中国方志丛书，台北：成文出版社 2006 年版。

⑥ （清）道光：《雩都县志》. 康熙四十七年刊本。

⑦ （清）光绪：《瑞金县志》. 瑞金文献编辑委员会影印，1974 年版。

⑧ （清）道光：《宁都直隶州志》，《中国地方志集成》，南京：江苏古籍出版社 1996 年版。

二、新中国成立以来鄱阳湖流域生态农业发展历程

新中国成立以来鄱阳湖流域生态农业取得了进一步的发展，其发展历程大致可以分为五个阶段：第一阶段，1949～1965年，自发型生态农业阶段；第二阶段，1966～1977年，资源型生态农业阶段；第三阶段，1978～1991年，高产型生态农业阶段；第四阶段，1992～2000年，优质型生态农业阶段；第五阶段，2001年至今，高效型生态农业阶段。

1. 自发型生态农业阶段（1949～1965）

这个阶段生态农业的主要特点如下：①农户自发且范围较小。在这个阶段，生态农业模式的农业生产只是局限于广大农户的小自留地或自留山等较小的范围内，且多是农户自发的实践探索。②模式单一。生态农业的模式以农业生态种植模式或种养结合模式为主，如：农作物的间作、混作、套作，水旱轮作；养猪积肥，猪粪肥田，农牧结合；用生态方法防治农作物病虫害；农副产品和农业“废物”的再生利用，如利用生活垃圾作有机肥料返田；农林结合，在幼林、幼果行间种植绿肥、大豆、花生等农作物等等。③方法原始，收益较低。进行生态农业模式生产的生产工具、生产方式仍然沿袭古代“铁犁牛耕、人种天养、广种薄收，靠天吃饭”的方法，收益不高。

2. 资源型生态农业阶段（1966～1977）

主要特点是：

（1）范围扩大。生态农业模式所涉及的资源开发，已经超越了农户的小自留地或自留山的小范围，而是向整个山头、整片荒山“进发”；不再局限于某个省、某个地区、某个县或某个乡镇场（公社、大队、生产队），而是涉及了全国范围。

（2）立体种植。生态农业的主要种植模式是“立体种植”：一是在开发的山地、山坡和梯田上，立体布局农作物，赣南山区将林、果、农作物立体布局在各个山头，形成资源开发型的立体生态农业结构；二是在开发山地资源时，大力发展农作物的间、混、套作和复种轮作技术，提高山地资源的利用率和生产率；三是在农田发展以间、混、套作和复种轮作为主体的农田立体种植模式，有效地提高了耕地资源的生产力和生态经济效益。

（3）政府号召。这一阶段的生态农业发展过程，是在全国“农业学大寨”运动的热潮中进行的，是政府号召进行资源开发和大搞农田基本建设，有效地扩

大了耕地面积、改善了生产条件，对全国、全省农业的发展起到了积极作用，有效地促进了江西省生态农业的发展。

（4）资源浪费。但必须指出的是，这阶段的生态农业发展实际上处于“十年文革”时期，其总的发展特征，在一定程度上存在“无序、过度、浪费、低效”等不良现象，即各地在进行农业生产和开荒造田的“农业学大寨”运动中，对荒山、荒坡、荒地资源的开发不够科学合理，不同程度地出现了秩序混乱、过度开垦、资源浪费和效率低下的现象。

3. 高产型生态农业阶段（1978～1991）

农村实行家庭联产承包责任制后，鄱阳湖流域生态农业进入“高产型生态农业”发展阶段，其主要表现有：

（1）产量提高。家庭联产承包责任制极大地调动了广大农民的生产积极性，加上农业科技推广的力度加大，有力地促进了农业生产的发展。到 1984 年，全省出现前所未有的“农业大丰收”，粮食、棉花、油料等大宗农产品普遍丰收，并继而出现“卖粮难”、“卖棉难”等市场问题。之后尽管由于农业自然灾害的发生、农业生产政策的调整（主要是农产品价格的调整）等综合因素，也出现过农业生产的“波动”、“起伏”现象，但总体上来说，这一阶段鄱阳湖流域生态农业的发展还是平稳地向前发展的，表现为农产品的产量不断提高、农业产值不断提高，农民收入呈现逐年增长的良好发展势头。

（2）模式多样化。一是作物多样。家庭联产承包责任制使农民获得了生产自主能力，广大农民根据国家政策、市场变化和生产行情，灵活机动地决定作物种植的种类、结构、数量、配置等，促进了粮、棉、油、麻、丝、茶、糖、菜、烟、果、药、杂等各种作物的发展，农业生产中作物多样化趋势十分明显。二是熟制多样化。鄱阳湖流域广大地区水田多推行三熟制，如稻—稻—绿肥（紫云英）、稻—稻—油、稻—稻—麦、稻—稻—菜等；部分地区实行二熟制，如稻—绿肥、稻—油、稻—麦、稻—马铃薯、稻—稻—冬闲、稻—甘薯—冬闲、大豆—甘薯—冬闲等等。三是技术多样化。20 世纪 80 年代后鄱阳湖流域农技推广工作得到加强，各种促进作物高产、稳产的农业“适用技术”和科研成果得到广泛推广，如农作物优良品种、作物合理轮作技术、土壤培肥技术、病虫害防治技术等深受广大农户欢迎，带来了较好的经济和生态效益。四是效益综合化。这一阶段推广的高产高效生态农业模式，取得了较好的经济、生态和社会综合效益。

（3）多种经营。在大力发展种植业的同时，鄱阳湖流域广大地区积极发展种养加相结合的多种经营。①大力发展畜牧业。在稳定水稻种植面积、确保粮食生产的前提下，各地积极扩大优质饲料作物和优质牧草的种植，如利用冬闲田发展冬季绿肥作物紫云英、蚕豆、豌豆以及黑麦草等，利用秋闲田发展旱粮作物甘薯、绿豆、玉米等，同时发掘旱地种植饲料作物的生产潜力，并将上述“饲料作物”制成优质饲料发展畜牧业，大力实行农牧结合，不仅促进了种植业的发展，更促进了畜牧业的发展。②大力发展水产业。鄱阳湖流域水面占全省国土面积的10%，在发挥这个资源优势和潜力发展水产业方面，各地群众主要采取了以下措施：一是将全部水面都利用起来，因地制宜发展水产业；二是发展立体养殖，将不同鱼种，不同水生生物有机地组合起来，利用不同深度的水体发展不同的动植物；三是实行复合种养，将“岸上”或“岸边”种植业与“水中”养殖业结合起来，如发展“果基鱼塘”、“蔗基鱼塘”、“花基鱼塘”等复合种养模式，极大地提高了水面的生态经济效益。③积极发展农产品加工业。如进贤、临川、东乡和余江等县利用大片红壤丘陵资源优势，种植葛根和牧草等，并同时发展以其为原料的农产品加工业，有效地提高了农产品的附加值，又起到了保持水土的作用。

（4）在红壤开发中开展生态农业示范。鄱阳湖流域红壤面积占国土面积的64%以上，合理开发利用红壤资源，是发展生态农业的重要内容之一。从20世纪80年代中期开始，鄱阳湖流域红壤开发先后得到国家立项资助和世界银行贷款支持，到20世纪90年代初期，鄱阳湖流域的“一期红壤综合开发项目”总投资33487万元，建立家庭农场9878个，上山移民5万余人，开垦红壤荒地20168公顷，向社会提供商品猪37万头、水果5000吨，以及花生、西瓜、大豆、油料、鲜奶等大批农牧产品，实现项目总产值35203万元，创利税17601万元。仅1991年家庭农场总收入达5143万元，农户人均收入977元，比全省农村人均纯收入高39%。① 1990年崇仁、东乡、临川、金溪等县开展了“红壤开发区家庭生态农业（农场）示范”，鼓励每户专业户上山承包经营3～4公顷红壤山地，形成规模经营，建立家庭生态农业，在保护、利用和改造红壤资源的过程中，发展了农业生产，营造了一个优美的生态环境。其主要措施是：植树种草；开发沼气；改革耕作制度，实行间混套作，提高复种指数；推广新型实用技术等。通过示范，取得了“三个提高”，即提高了森林覆盖率，提高了土壤肥力，提高了经济效益。

（5）实施山江湖工程推进生态农业。1983～1986年，江西省政府、中国科学院南方山区综合科学考察队先后组织了对鄱阳湖、赣南山区和赣江流域等地区的3次大规模综合科学考察，摸清了这三个特征性地区的农业、生态、资源、环

① 《江西生态》编委会：《江西生态（第二卷）》［M］，南昌：江西人民出版社2007年版。

境等基本情况。在对山（赣南山区）、江（赣江流域）、湖（鄱阳湖区）进行科学考察和全面分析的基础上，专家们提出了“治湖必须治江，治江必须治山，治山必须治穷，治穷必须治愚”的重要战略思想和建议，省委、省政府采纳了这一建议，进行全面规划、综合治理，按照“立足生态、着眼经济、综合开发、全面治理”的指导思想，将山江湖工程由单纯的山水治理系统工程扩展到治山、治水和治穷相结合并融为一体的生态经济系统工程，先后在赣南山区、吉泰盆地、赣西丘陵和鄱阳湖区形成了 9 大类 27 个试验示范基地，辐射 100 多个推广点，有力地推动了生态农业的发展。①

（6）农业综合开发推动生态农业。1989 年，省委、省政府提出“用 5～7 年的时间打一场农业开发总体战”，包括赣中南农业综合开发项目、“蚕桑工程”、“吉湖”农业综合开发项目等。1989 年实施第一期赣中南农业综合开发项目，涉及全省 5 个地（市）的 21 个县（市）和 7 个垦殖场；“蚕桑工程”涉及 20 个县（市），到 1992 年全省桑园面积由 3700 公顷发展到 47400 公顷，蚕茧产量由 1350 吨提高到 15350 吨；“吉湖”农业综合开发项目涉及全省 7 个地（市）的 25 个县（市）。②这些农业综合开发行动有力地推动了鄱阳湖流域生态农业的发展。

4. 优质型生态农业阶段（1992～2000）

随着 1992 年我国社会主义市场经济的发展，农业也向着适应市场需求的“高产、优质、高效”的方向发展，鄱阳湖流域生态农业的发展进入了优质型生态农业阶段。这个阶段除了前一阶段的红壤开发、农业综合开发、山江湖工程等继续推进生态农业发展外，还表现出许多新的特点：

（1）生态农业发展有了新思路。1997 年 8 月，中共中央总书记江泽民在《关于治理水土流失建设生态农业的批示》中，要求“大力植树造林，建设生态农业”，对全国包括江西省的生态农业建设明确了发展方向。1997～2000 年之间，江西省先后通过召开“全省农业综合开发暨现代农业示范区与生态农业建设座谈会”，制订《江西省实施中国 21 世纪议程行动计划（送审稿）》，制订《江西省生态环境建设规划》，召开“江西发展生态农业问题研讨会”等一系列措施，明确指出要解决全省生态环境问题，必须“大力发展生态农业”、“推广生态农业模式”、“搞好生态农业示范县建设”、“开展多种形式的生态农业试验工作”等，从而有力地推进了鄱阳湖流域生态农业不断向“优质高效型生态农业”的方向发展。

---

①② 《江西生态》编委会：《江西生态（第二卷）》［M］，南昌：江西人民出版社 2007 年版。

(2) 生态农业示范县建设成效显著。1994 年，婺源县成为全国第一批生态农业试点县之一，到 1999 年通过了国家验收，经济、社会和生态效益显著，荣获“全国生态农业建设先进县”称号。1999 年，赣州、永新和会昌等 3 个县市成为全国第二批生态农业示范县（市）。2000 年，萍乡市湘东区、大余县、瑞昌市、兴国县和寻乌县等 5 县（市）开始建设省级生态农业示范县。到 20 世纪 90 年代末期，鄱阳湖流域 800 多个县、乡、村实施了生态农业建设，覆盖面积约 9467 万公顷，有 26.4 万人农村人口参与其中。婺源县、赣州市、井冈山市、会昌县、永新县、兴国县、信丰县、宁都县、瑞昌市、东乡县、共青市等 11 个县（市）先后列入全国或全省生态农业试点县（市）行列。①

(3) 以“赣南模式”为代表的生态农业呈多样化、优质化和高效化发展。赣南是典型的南方丘陵山区，原山属生态脆弱和经济贫困地区，但经过赣南人民积极开展以“猪—沼—果”为代表的生态农业建设，取得了显著的经济效益、生态效益和社会效益。“猪—沼—果”生态农业模式主要经验是：户建一座沼气池，人均年出栏两头猪，人均种好一亩果，使果业、养殖业和日常生活用能（沼气）等有机地结合起来，将肥料（沼液和沼渣）、燃料（沼气）、饲料（沼液喂猪）等融为一体，极大地提高资源循环利用的效率。这一模式原理被广泛运用到其他种养领域，形成了猪（牛、羊、鸡、鸭、鹅等）—沼—果（蔗、烟、菜、茶、菇、渔等）等以沼气为纽带的生态农业工程模式。农业部在 1997 年正式将“猪—沼—果”生态农业模式命名为“赣南模式”，并确定为我国南方唯一重点推广的生态农业模式，标志着鄱阳湖流域生态农业的发展处于全国领先地位。

在“赣南模式”的示范带动下，鄱阳湖流域生态农业模式呈现多样化发展态势。据黄国勤等（2000）调查和估算，② 20 世纪 90 年代江西省各地广泛推广应用的生态农业模式至少有 100 种以上，单就赣南沼气生态农业而言，就有不下 10 多种模式，如猪—沼—果、猪—沼—稻、猪—沼—蔗、猪—沼—菜、猪—沼—茶、猪—沼—瓜、猪—沼—烟、猪—沼—莲、猪—沼—花卉、猪—沼—油菜、猪—沼—林木（经济林木）等。这些模式都是根据各地资源和环境不同而进行优化产生的。

这些生态农业模式的推广和建设，促进了农产品的优质化，使鄱阳湖流域的农产品向着绿色、有机农产品方向发展，极大地提高了鄱阳湖流域的农产品的品质。从 20 世纪 90 年代开始，鄱阳湖流域涌现出如婺源大彰山茶、英雄奶粉、赣州绿凉苦瓜酒、奉新大米等一大批驰名省内外的绿色、有机和无公害农产品。据

① 《江西生态》编委会：《江西生态（第二卷）》[M]，南昌：江西人民出版社 2007 年版。

② 黄国勤：《江西农业》[M]，北京：新华出版社 2000 年版。

统计，到1998年，全省拥有19种绿色农产品，1999年则上升到42种，到2000年再增加到86种，绿色食品原料生产基地面积达4.67万公顷，年销售收入达12亿元。[①]

5. 高效型生态农业阶段（2001年至今）

进入21世纪后，随着我国加入世界贸易组织（WTO），国际市场绿色壁垒对我国农产品出口提出了挑战，党和国家审时度势，提出了科学发展观，建设生态文明，发展循环经济。面对国内外形势的变化，江西省委、省政府先后提出了把江西省建成“三个基地、一个后花园”（2001年）；“既要金山银山、更要绿水青山”（2003年）；“山上办绿色银行、山下建金色粮仓、水中兴特色养殖”（2004年）；“希望在山、潜力在水、重点在田、后劲在畜、出路在工”的新方针（2005年）；推进“五化”、建设“三个江西”的战略决策（2005年）；建设鄱阳湖生态经济区（2008年）等一系列生态和经济并重的发展理念、发展战略，有力地促进了鄱阳湖流域生态农业发展向着持续型方向发展。

（1）现代农业生态示范村促进了生态农业建设。2001年，南昌市扬子洲乡示范村、婺源县晓起村、余江县倪桂村、高安县南炉村、东乡县红岭村、浮梁县湘湖村、分宜县大路边村、萍乡市安源区略下村等8个村启动了“江西现代农业生态示范村建设”项目，项目建设达到了农业增产、农民增收、优化产业结构、改善生态环境、培植主导产业的良好的经济效益、生态效益和社会效益。

（2）制定技术规范和管理办法推动生态农业建设。2001年，由江西省农业厅制定了“绿色大米（A级、AA级）生产技术操作规程”、“江西省无公害蔬菜生产技术规程”等技术规范；2002年，江西省农业厅制定了《江西省无公害农产品基地认定管理办法》、《江西省无公害农产品生产用肥认定办法》等；2003年，江西省农业厅制定“江西省生态农业建设技术规范”，对鄱阳湖流域生态农业建设的规划、内容、技术、模式和评价标准等进行了规范，促进了鄱阳湖流域各地生态农业的有序发展。

（3）建设国家级生态示范区推动生态农业发展。生态示范区是以生态学、生态经济学原理为指导，以协调经济、社会、环境建设为主要对象，以可持续发展为建设核心和最高目标，在生态良性循环的基础上实现经济和社会全面、健康、持续发展的行政区域。1994年，我国开始推动生态示范区建设工程。江西省的生态示范区建设起步早，发展快，成效大。自1995年建设江西省共青开放

① 《江西日报》2001年1月25日。

开发区国家级生态示范区建设试点以来，到2008年底，全省国家级生态示范区建设试点已达33处，列全国前3位，建设试点区占全省市、县（市、区）总数的30%，面积达955.5万公顷，占全省国土面积的57.3%。其中江西省共青开放开发区、东乡县、信丰县、宁都县、武宁县、资溪县、安义县、南丰县等8县（区）被国家环境保护总局正式批准为“国家级生态示范区”。

通过生态示范区建设，项目区大力发展生态农业、有机农业、生态旅游业和循环经济、清洁型工业，促进自然资源的合理、科学利用，遏制了生态环境破坏，避免了走高投入、高消耗、高污染、低效益的路子，把生态环境建设与经济发展紧密结合起来，促进了生态效益、经济效益和社会效益的协调统一。

表3-1 江西省已被正式命名的国家级生态示范区建设情况

县（市、区）	主要建设模式	成效
共青开放开发区（2000年4月正式命名挂牌）	以“种—养—加”一条龙、“科—工—贸”一体化为经营模式的生态示范区建设模式。充分利用区域内的自然条件和自然资源，保护鄱阳湖湖滨地区、湖滩草洲、湿地及候鸟资源。以鸭鸭工程、金棉工程、粮食工程、林果工程、绿化工程为主要建设内容，以猪—沼—果（渔、菜）、水面立体开发为生产模式	1998年通过了国家环保总局验收，成为江西省第一个国家级生态示范区。对全省其他地区产生了良好的辐射示范作用，对江西省实施生态经济区发展战略起到了积极的推动作用
东乡县（2002年3月正式命名挂牌）	构建“山顶一片林、山腰一带果、山下一圈猪、水上一群鸭、水中一塘鱼”的生态良性循环链，建设生态农业基地为主要模式。建设了无公害蔬菜基地1.6万亩，年出售无公害商品猪76万头。结合退耕还林政策，建立“公司+农户”的产业化模式，以东乡蚕宝厂龙头企业带动农户种桑2万多亩，形成了种桑—养蚕—加工—有机肥—种桑的生态农业循环链。同时加强了东乡野生稻的保护工作，使野生稻这一宝贵种质资源面积逐渐恢复	在生态农业方面，建设了一批效益型、品牌型的生态农业基地，实现了农业生产和环境保护的良性互动，建立水库立体良性循环系统。在推进城市化、改善人居环境方面，形成了多渠道投资模式，基础设施建设逐步完善

续表

县（市、区）	主要建设模式	成效
信丰县（2002年3月正式命名挂牌）	以“猪—沼—果”为主要生态农业模式，积极发展果业、建设生态示范村。共建有24个生态示范村，推广建设了强回流沼气池1.9万多个，一年可节约标煤2.8万吨。以果业开发为突破口，治理荒山、治理水土流失为重点，按照山、水、田、林、路统一规划农、林、牧、副、渔产业布局，开展了以脐橙、草菇、优质稻、甜玉米、山地蔗、烟草、红瓜子、信丰萝卜等特色农产品基地为主的生态农业建设	先后有10多个基地被列为国家级农业基地，被列为全国电气化县，被誉为“中国脐橙之乡”、“中国草菇之乡”，闯出了一条经济、生态和社会效益同步发展的生态农业之路
宁都县（2002年3月正式命名挂牌）	形成以进行大规模水土流失治理和荒山绿化、改变农村能源结构，发展生态农业、改善生态环境为主要发展方向的建设模式。到2000年底，建成沼气池4万个，每年可为农业提供1000万担有机肥，每亩化肥和农药施用量分别减少20公斤和2公斤，并节省电力96万千瓦时，为农民增收节支5000万元	摆脱了“愈贫困愈破坏生态、愈破坏生态愈贫困”的恶性循环，使当地生态环境初步走上了良性循环的轨道
武宁县（2004年8月正式命名挂牌）	坚持以保护和改善区域生态环境为基础，以经济、社会和环境综合系统战略思想为指导，建立全县区域生态循环链，采用封山育林、小流域治理生态恢复措施，同时改变城乡居民能源结构，采用沼气、水电、太阳能等清洁能源，使生态环境恢复到良好状态；以良好的生态环境为支撑大力发展果业、生态旅游、黄姜种植和特色水产养殖业等生态产业；以生态产业为基础进行城区建设，改善人居环境，实施以人为本的小康社会建设模式	通过生态示范区的建设，打造了生态品牌，改善了投资环境，促进了经济和各项社会事业的快速发展。2003年，全县财政收入同比增长28%，先后被评为全国市容环境综合整治优秀县城，全国文明小城镇示范点
资溪县（2005年12月正式命名挂牌）	确立并坚决执行“生态立县”战略，率先在本省实施“领导干部生态保护责任审计”制度。调整产业结构，坚决关闭了影响区域环境质量、污染严重和破坏生态的原工业支柱产业；以自然保护区建设、生态公益林建设、产业结构调整为依托，引进循环经济型企业，把拼资源、破坏生态、污染环境为主的产业转变为资源节约型、环境友好型的生态农业、生态林业、生态旅游业，走生态经济可持续发展之路	保持了大面积的良好原生阔叶林生态系统，为维护江西省东部区域和上清河下游国家级风景名胜区龙虎山的生态质量和生态功能做出了积极贡献。以生态为本，促进了社会各项事业全面发展，保护了资源，也改善了投资环境，树立了良好的对外形象，更促进了经济社会的快速发展

续表

县（市、区）	主要建设模式	成效
安义县（2007年1月正式命名挂牌）	坚持从实际出发，在生态型农业、生态型旅游、生态新农村、生态园林城等各个领域，全方位高起点地进行生态环境建设、绿色产业建设和生态文化建设。该县抓住生态农业建设这个重点，大力培育和建设无公害蔬菜和绿色食品基地，果业苗木基地和综合养殖基地。尤其是其中的黄洲现代农业科技园引领和促成了其他生态农业的健康发展	通过建设生态示范区，该县既促进了县域经济的发展，又取得了良好的生态效益，实现了经济、社会和环境三个效益的和谐统一。目前，全县环境质量明显好转，森林覆盖率比试点前增长了5%，达43.2%，城镇液化气使用率达96%，乡村达55%，环境污染得到有效控制；生态农业发展步伐加快，无公害、绿色农产品基地已初具规模，农产品安全质量明显提高，生态人居环境建设成效明显
南丰县（2008年6月正式命名挂牌）	坚持按照全面贯彻落实科学发展观、构建社会主义和谐社会的要求，正确处理加快发展与环境保护的关系，大力调整经济结构，转变经济增长方式，促进人与自然和谐发展	生态果园蓬勃发展。全县建有优质蜜橘生态园48个，面积达12万亩，其中一个被评为国家级生态园，4个被评为省级生态园。2001年，南丰县被认定为全国园艺产品出口示范区；2003年，经中国绿色食品发展中心认证，南丰蜜橘被认定为绿色A级产品，许可使用绿色食品标志，南丰被确定为全国第二批创建无公害农产品示范基地；2007年，“南丰蜜橘”被认定为“中国驰名商标”等

资料来源：《江西生态》编委会：《江西生态（第二卷）》[M]，南昌：江西人民出版社2007年版。

（4）建设无公害、绿色和有机农产品生产基地，推动生态农业发展。自“十五”时期以来，鄱阳湖流域无公害农产品、绿色食品和有机食品发展迅速，绿色（有机）食品企业数量、产品数量、基地面积、销售收入、出口创汇、利润税收等跃居全国前列，对优化江西省农业和农村经济结构，提升农产品市场竞争力，推进生态农业发展，促进农民增收发挥了重要作用。预计到2010年全省无公害农产品总数量要达到2000个以上，无公害农产品生产规模要达到农产品生产总量的50%以上；绿色食品和有机产品总数达到1200个，实现销售收入200亿元，利税26亿元，出口创汇1.5亿美元，基地面积达到5000万亩，带动农户200万户，做大做强一批优势企业，创建一批名牌产品。① 自2005年开始，江西省开始创建全国绿色食品原料标准化生产基地，此项工作进展顺利，呈现出“政府积极推进、建立推广网络、农户广泛参与”的良好发展态势。江西省共有24个县创建的26个基地列入全国绿色品原料标准化生产基地名单，总数居全国首位，基地总面积达534.3万亩。江西省列入名单的农产品主要有：南昌县、鄱阳县、奉新县等县的水稻，寻乌县、信丰县、安远县的脐橙，南丰县的蜜橘，婺源县的茶叶，玉山县的油茶，广昌县的白莲，铅山县的红芽芋，鄱阳县、进贤县的黑芝麻，武宁县的水产品。② 创建绿色食品原料标准化生产基地，是加快农业结构调整、优化农业生产布局、发展高产优质高效生态安全农业的有效途径和推动农业标准化生产的重要手段。

（5）建设农业标准化示范区促进生态农业的发展。农业标准化要求农产品在产前、产中和产后按照严格的安全、健康的统一规范进行大规模、标准化生产，促使生态农业向着高效、产业化方向发展。从2002年江西省农业厅出台《江西省无公害农产品基地认定管理办法》、《江西省无公害农产品生产用肥认定办法》以来，到2008年，江西省已经制定和实施的农业标准包括省级标准300多项、县（市、区）级标准200多项、企业标准460多项，确保鄱阳湖流域的粮、棉、油、麻、烟、畜、禽、水果、茶叶和蔬菜等主要农产品的生产和质量有标准可依。2008年，鄱阳湖流域的农业标准化生产基地占全国基地总数的16.60%，在各省市中名列全国第二。其中包括：63个水稻标准化示范区，种植面积达49万亩；83个蔬菜标准化示范区，种植面积达28万亩；40个水果标准化示范区，种植面积达27万亩；60个生猪标准化示范区，养殖规模达100万头；28个家禽标准化示范区，养殖规模达1980万羽；23个水产品标准化示范区，养殖面积达31万亩。这些农业标准化示范区每年能为社会提供优质农产品200多万吨，年实现总产值80多亿元，直接带动100多万农户按照农业标准化进行生产，示范区农户增收3亿元以上。③

（6）实施生态家园富民计划促进生态农业的发展。自2000年以来，江西省按照农业部的要求，启动实施了以沼气综合利用为重点的生态家园富民计划，促进了以沼气为纽带，联动种养业及相关产业发展的生态农业发展。江西省首创的“猪—沼—果”等生态农业模式被誉为“赣南模式”，成为全国十大生态农业模式之一，面向全国重点推广。据一份抽样调查表明，农户使用沼气后可解决

① 《江西省人民政府办公厅转发省发展绿色食品领导小组关于推进全省无公害农产品绿色食品有机食品发展意见的通知》[J]，《江西政报》2006年第21期。

② 张志勇：《江西省绿色食品基地总数冠全国》，大江网－《江西日报》，2006年9月4日。

③ 李霏：《构建农业标准化，加快江西现代农业发展》[J]，《理论导报》2009年第2期。

80%以上的生活燃料，建造一个沼气池，每年节柴2000千克以上，相当于封育了3.5亩薪炭林或6亩林地。① 赣州、吉安、景德镇等地广大农村由于推广使用沼气、太阳能等新能源，农村乱砍滥伐的现象少了，保持了青山常绿，使山场林木资源得以保存和发展，水土流失现象得到有效遏制。更可喜的是，由于沼气能源的普及推广，促进了农村"养殖—沼气—种植"高效生态农业模式的形成，减少了化肥和农药的用量，有效改善了生态环境，促进了农村的可持续发展。

第四节　鄱阳湖流域现代生态农业存在的问题

从上述鄱阳湖流域现代生态农业发展历程可以看出，其成效是显著的，但在发展过程中也存在许多问题。

一、生态农业服务体系建设不完善

主要表现为：一是生态农业建设的技术服务体系不完善。资源与生态环境评价指标和技术标准尚不完善；生态农业新技术引入速度慢、转化效率低，不能有效地为农户和生态村提供优质品种、技术、信贷、信息等全方位的服务；生态农产品的检测、监测网络和预警系统建设需要加快。二是无公害、绿色和有机等生态农产品的市场服务体系不完善，生态农产品的商品流通大部分以小范围集镇的小规模贸易为主，大规模的专业市场和大范围的商品流通渠道比较少。

二、生态农业科技含量不高

目前，我国农业科技贡献率达到50%，② 但相对于欧美发达国家的60%～80%还是比较低的，③ 而江西省农业科技贡献率为45%，在生态农业建设过程中存在着技术创新落后于实践，如水土流失控制技术、土壤生态培肥与地力维持技术、病虫草害综合防治技术、防腐技术、包装技术、环境污染控制与综合治理技术、废弃物的资源化利用技术等各种关键技术开发力度还不够；同时由于科研与

① 《生态家园富农家》[N]，大江网－《江西日报》，2005年4月21日。

② 《农业部：我国农业科技进步贡献率超过50%》，人民网－《人民日报》2009年1月6日，http://nc.people.com.cn/GB/8631043.html。

③ 王启现等：《我国农业科技进步与科研投资分析》[J]，《科学管理研究》2007年第4期。

技术服务等产业支撑体系不完善，加上一部分农民的科技、文化素质偏低，对现代农业科技成果的吸收和消化能力十分有限，在很大程度上制约了生态农业科技进步贡献率的提高。

三、生态农业建设投资短缺

建设生态农业需要大量的资金投入，尽管近几年来，在“多予、少取、放活”的方针指导下，江西省农业投入有了较大增长，但农业投资总量不足与结构不合理的问题仍然比较突出，对发展生态农业的投资不够。一是财政支农资金投入总量不足，影响农业基础设施建设及维护，削弱抵御自然灾害的能力，影响生态农业可持续发展能力。二是农村集体经济组织和农户对生态农业的投入有限。由于农村集体经济组织实力不足，对农业的投入明显下降，且资金投入方向大多为非农领域。而农户由于经营规模小、分散，对农业投入能力更低。如 2005 ~ 2008 年，江西省农民家庭人均经营支出占人均纯收入仅为 28% 左右,[①] 只能维持简单再生产和粗放式经营，影响生态农业的快速发展。三是银行等金融机构对农业信贷投入弱化。近年来，江西省农业贷款呈下降趋势，如 2000 年至 2004 年末，农业贷款占信贷部门各项贷款总额的比例分别为 29.44%、25.26%、22.33%、17.82% 和 8.92%，到 2005 ~ 2008 年末，这个比例则分别下降到 11.75%、10.90%、10.80%、10.77%,[②] 从而使兴修水利设施、改造中低产田、改造荒山与滩涂等一系列增强生态农业发展后劲的项目得不到足够的资金支持，制约了江西省生态农业的发展。四是财政支农资金的投入结构尚需改善。近年来，江西省财政支农资金的投入结构不太合理，如 2000 ~ 2006 年，财政资金用于农业支出和用于农业科技项目费用支出的平均比例分别为 22.67%、0.33%，而用于流通环节的各项补贴的平均比例为 26.77%,[③] 从而影响一些关系江西省生态农业和农村发展全局的基础性、战略性、公益性项目的投入保障。

四、生态农业建设的配套机制不健全

一是生态农业法律保障不健全。农村生态环境保护法制建设仍然落后，一方面对现有法律和法规宣传和执法力度不够，导致乱占滥用耕地、“三废”的违法违规排放现象出现，甚至出现以牺牲资源与环境为代价、片面追求经济发展速度

① 江西省统计局：《江西统计年鉴》[M]，北京：中国统计出版社（2006 ~ 2009）。
② 江西省统计局：《江西统计年鉴》[M]，北京：中国统计出版社（2001 ~ 2009）。
③ 江西省统计局：《江西统计年鉴》[M]，北京：中国统计出版社（2001 ~ 2007）。

的现象；另一方面江西省在生态农业建设中除了遵循《全国生态农业建设技术规范》和其他指导性文件外，并无专门的生态农业法律可依。二是生态农业建设的投入机制不健全，多元化、社会化的投融资机制尚未形成，生态农业项目资金来源过分依赖财政资金投入。三是政策激励机制欠缺。生态农业产品由于注重经济、生态和社会的综合效益，在市场竞争中往往处于弱势地位，需要政府的扶持政策保障。但目前，江西省在生态农产品的价格保护等生态农业政策方面还不完善，缺乏有效的政策激励机制，往往造成生态农业产品优质得不到优价，经济效益上不去，影响农民生产推广生态农业的积极性。

五、生态农业产业化程度低

生态农业产业化要求通过区域化布局、专业化生产、系列化加工、网络化链接、一体化经营、社会化服务、企业化管理，把农民（生态农业种养基地）、高附加值的加工企业（龙头企业）、大市场三者紧密、有机地联结起来，形成一个利益共享、风险共担、共同发展的实体，使农村经济走上自我发展、自我积累、自我约束、自我调节的良性循环轨道。[①] 目前鄱阳湖流域现代生态农业建设缺乏县域层次的整体布局，大多是以农户或村为单元经营，经营分散，规模普遍较小，集约化程度低，造成生态农产品市场供给少，影响生态农产品加工原料供给，制约加工业的发展。同时，经营生态农业的龙头企业数量少、规模小，年销售收入上亿的龙头企业很少，且绝大部分龙头企业从事的是农产品初级加工，系列化深加工式的企业很少，不仅影响了农产品的高效增值，而且也影响产业化链条延伸。

① 张壬午、卢兵友：《生态农业产业化的内涵》[J]，《经济研究参考》2003 年第 55 期。

第四章

鄱阳湖生态经济区高效生态农业体系构建

鄱阳湖生态经济区拥有江西省30%的国土面积，承载了全省近50%的人口，创造了60%以上的经济总量，是江西省综合实力最强、发展潜力最大的地区。其功能定位可以概括为“三区一平台”，即全国大湖流域综合开发示范区、长江中下游水生态安全保障区、加快中部崛起重要带动区和国际生态经济合作重要平台。鄱阳湖生态经济区资源禀赋和功能定位，决定了其在建设现代农业的过程中必然走经济高效、产品安全、资源节约、环境友好、技术密集、凸显人力资源优势的高效生态农业之路。

第一节　鄱阳湖生态经济区高效生态农业内涵与发展框架

一、鄱阳湖生态经济区高效生态农业内涵

关于高效生态农业的理解，目前学界并无统一的认识。金自学（2000）认为：“高效生态农业是指以生态学理论和生态经济学原理为指导，建立和安排农业生产结构，发挥其生态系统的整体功能，它在宏观上依靠各组分的功能，充分利用各种自然和社会资源，并使各组分间也相互促进、补充、转化，以获得最大的经济效益。在微观上依靠动植物的自然力量，发挥其内在潜力、高速度、大流量的转化循环能量和物质。运用现代科学技术和现代管理手段，结合传统农业的有效经验，走集约化经营，实现生态、经济与技术的有序、稳定与协调，减少投

入，保护资源，最终使整个农业生态系统达到'低耗、高效、持续、稳定'的理想目标。"① 顾益康等（2008）认为："高效生态农业是集约化经营与生态化生产有机耦合的现代农业。它以绿色消费需求为导向，以理念创新、结构创新、科技创新、体制创新为动力，以提高农业市场竞争力和可持续发展能力为核心，具有经济高效、产品安全、资源节约、环境友好、技术密集、人力资源优势得到充分发挥本质特征的农业发展模式，是一条新型的农业现代化路子。"② 上述两种认识，前者侧重于微观阐述，后者侧重于宏观诠释，各有特点，但都认为集约化经营和生态化技术生产是高效生态农业的显著特征。

借鉴上述研究的经验，结合鄱阳湖生态经济区的资源特点和发展定位，笔者认为：高效生态农业应该是鄱阳湖生态经济区现代农业转型升级的发展方向，它并非普通生态农业或效益农业的别称，而是一种追求"四更"——"更大经济效益、更少资源消耗、更低环境污染、更多劳动力就业"目标的现代农业发展模式。它既是对"高物耗、高能耗、高污染、不协调、难循环、低效率"现代常规农业粗放增长方式的根本性变革，又是普通生态农业与效益农业在农业现代化发展方向上的对接；既是效益农业导入循环经济与生态学理念引发的发展形态变革，也是生态农业按照现代化大生产的目标和产业竞争的目标实现的转型升级；既具有现代农业的一般特征，又充分体现和满足鄱阳湖生态经济区人口密度较大、环境资源相对紧缺、经济总量较强的区域发展现代农业的特点，从而使鄱阳湖生态经济区农业现代化真正建立在技术上可行、经济上合理、社会可接受、环境更友好的基础之上，具有更强的可操作性和现实指导性，是鄱阳湖生态经济区现代农业实践科学发展观、实现《鄱阳湖生态经济区规划》目标的现实选择与发展创新。

概括起来，鄱阳湖生态经济区高效生态农业的内涵，就是要从鄱阳湖生态经济区的资源特点和发展定位出发，以国内外市场需求为导向，以生态学理论及现代农业与循环经济理论等为指导，通过市场机制与政府的有效扶持和宏观管理，将传统农业的技术精华与现代工业、科学技术以及管理方法等有机结合，按照社会化大生产的要求，在农产品生产乃至整个生命周期中，充分发挥农业自身优势，农林牧渔加多业结合，横向上实行土地、资金、技术、人才等要素资源的合理流动与集约经营，纵向上实现产加销、贸工农一体化管理，逐步建立起一个高产、优质、高效、低耗、安全和多功能的现代产业体系，实现区域化、专业化、适度规模和集约化、商品化、社会化的大生产，努力提高有限资源的利用效率和农业综合生产能力与市场竞争力，最终走出一条科技含量高、经济效益好、资源消耗低、环境污染少、人力资源得到充分发挥的，生产发展、生活富裕、生态良

---

① 金自学：《高效生态农业研究》[J]，《甘肃高师学报》2000 年第 5 期。

② 顾益康等：《浙江发展高效生态农业的战略与思路》[J]，《浙江农业科学》2008 年第 2 期。

好，具有时代特征、中国特色、区域特点的现代农业可持续发展之路。

二、鄱阳湖生态经济区高效生态农业发展框架

根据上述鄱阳湖生态经济区高效生态农业的内涵，其发展框架可以用图 4 - 1 表示：

鄱阳湖生态经济区高效生态农业发展框架可以概括为如下三个部分。

1. 必须加强技术创新

要通过传统实用技术的集成和现代科学技术的扩散，以及工业部门的介入、现代要素的投入等共同作用，用现代物质条件装备农业、现代科学技术改造农业，使现代科学文化知识提高农民素质，进而提升农业劳动资料、扩大农业劳动对象、提高劳动者素质，使农业成为具有世界先进生产水平的现代产业。

由于鄱阳湖生态经济区高效生态农业正处于起步发展阶段，其支撑技术体系有赖于现有农业环保、生态技术及污染防治技术的基础上，进一步集成应用、发展创新，特别是要加强农业清洁生产理念与生态技术体系、农业产业生态链原理与技术体系、农业生态管理理念及其技术体系以及生命周期理论及环境评价技术等，从而通过技术创新与市场驱动，使农业生产中的废弃物变成新的经济资源，并通过市场手段实现开发利用，降低作为污染源进行治理的成本以及购买农业生产资料的成本，使生产者在农业生产中利用废弃物获得良好的经济效益，从而增强利用废弃物的自觉性与积极性。

2. 必须加强组织与制度创新

进一步完善市场机制、社会化服务体系和政府扶持与相关制度（政策），用现代经营形式推进农业，用现代发展理念引领农业，用现代服务体系服务农业，同时营造一个良好的生态环境，以实现农业的可持续发展。

在组织创新上，要继续加大资金扶持力度，大力发展壮大农民专业合作社和农产品行业协会、农业龙头企业、专业大户等新型农业经济主体，目的在于提高农民组织化程度，全面提升农业产业化经营水平，带动、支持鄱阳湖生态经济区高效生态农业发展。

在制度创新上，既要建立和完善政府扶持与保护体系，又要建立和完善农地制度、农业标准化、农业技术推广、农业保险、农村金融、农产品市场准入、农业信息以及生态补偿等方面的制度（政策），目的在于规范推动支持鄱阳湖生态经济区高效生态农业发展。

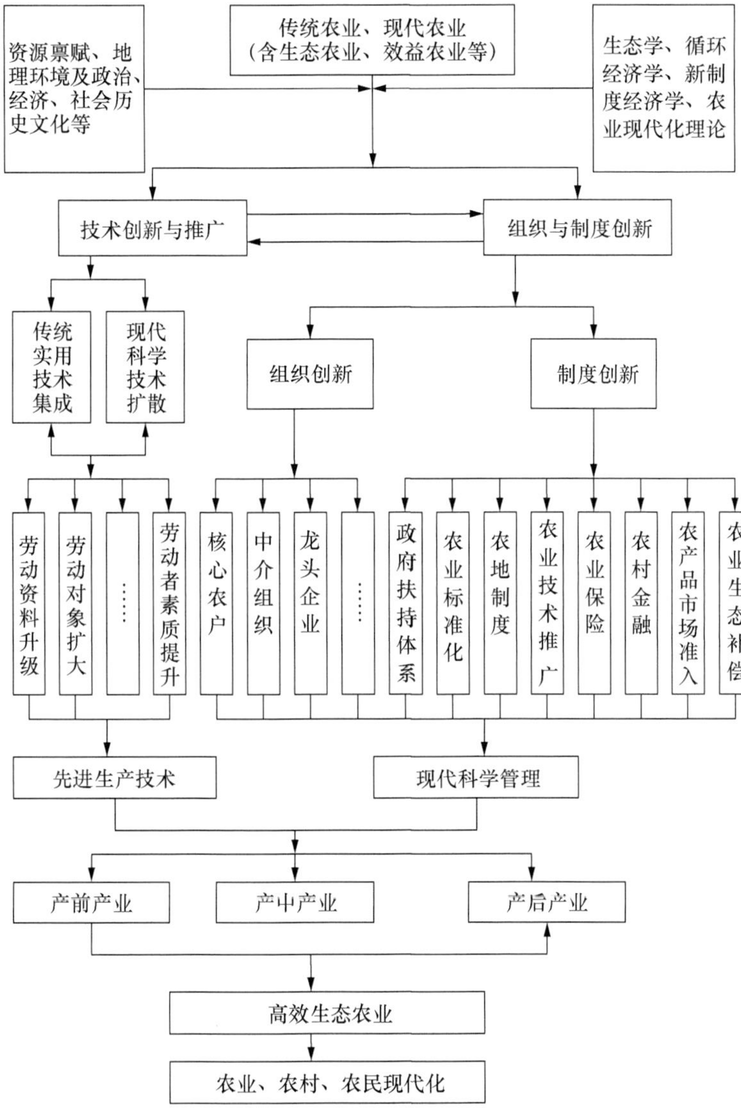

图 4－1　鄱阳湖生态经济区高效生态农业发展框架

3. 必须强化三大产业之间的联合、配套

要强化农业产前、产中和产后三大产业之间的联合、配套，进一步拓展、深化农业产业链，不断提高土地产出率、资源利用率和农业劳动生产率，推动鄱阳湖生态经济区高效生态农业又好又快发展和农业产业化、现代化进程，使农业这一古老产业发展升级为独立盈利的现代产业，成为现代工商资本竞相投资的新领域和农民增收的新亮点。

搞好三大产业的联合、配套，关键在于进一步拓展、深化农业产业链，强化农业产前、产中和产后各环节。产前环节，主要包括良种化、基础设施建设、生态环境改善、先进生产技术以及现代设施装备的应用等方面；产中环节，重点结合当地实际，因地制宜地发展立体农业，设施生态农业，节约型（节水、节能、节地等）农业，生态旅游农业，绿色（无公害、有机）农产品开发，高效生态养殖，生态农业园以及能源农业等高效生态农业发展模式；产后环节，主要包括绿色加工、绿色贮藏、绿色物流、绿色营销和绿色消费等环节。

第二节　鄱阳湖生态经济区高效生态农业的分区

高效生态农业系统具有显著的地域特征，根据不同区域或同一区域内不同地点的自然生态环境、社会经济条件和对外作用机制的不同，具有不同的缓冲与抗衡能力，产生不同的生态效益、经济效益和社会效益。因此，发展高效生态农业必须进行分区研究，才能揭示农业生态系统的区域分异规律，为不同区域因地制宜地安排生态农业模式和技术提供科学依据。① 鄱阳湖生态经济区应该按照各地农业地域分布规律和农业生产合理布局规律，科学划分高效生态农业类型区，并从农业总体发展战略上考虑区内农业资源的分布、评价及综合利用，分析区内高效生态农业发展方向与建设途径，从而因地制宜、因资源制宜地安排高效生态农业模式和配套技术。

一、鄱阳湖生态经济区高效生态农业区划图及各区命名

本书借鉴刘秀英、黄国勤（2007）等对江西省生态农业区划的研究成果(2007)，② 将鄱阳湖生态经济区高效生态农业区划为3个不同的区域，在江西省地图上可以标示成鄱阳湖生态经济区高效生态农业区划示意图（见图4－2），图中用Ⅰ、Ⅱ、Ⅲ分别代表划分的3个高效生态农业区，并依其地形地貌及近年来各县（市）生态农业发展的实际情况，综合各方面因素对鄱阳湖生态经济区高

① 王学萌、聂宏声、郭常莲等：《山西省生态农业区域划分的研究》［J］，《生态学报》1994年第1期。

② 刘秀英、黄国勤：《江西省生态农业区划研究》［J］，《中国农学通报》2007年第12期。

效生态农业区命名如下：

Ⅰ区：赣抚中游河谷阶地与丘陵庭院农牧渔型高效生态农业区，包括南昌市5个区、新建县、安义县、余江县、东乡县、抚州市1个区、新余市1个区、新干县、樟树市、丰城市和高安市等15个县（市、区）。

Ⅱ区：赣东北中低山丘陵农林果牧渔立体型高效生态农业区，包括浮梁县、乐平市、景德镇市2个区、贵溪市、万年县、鹰潭市1个区等7个县（市、区）。

Ⅲ区：赣西北中低山与丘陵及鄱阳湖冲积平原农牧渔型高效生态农业区，包括余干县、鄱阳县、南昌县、进贤县、星子县、都昌县、武宁县、共青城、瑞昌市、九江县、九江市2个区、永修县、德安县、湖口县和彭泽县等16个县（市、区）。

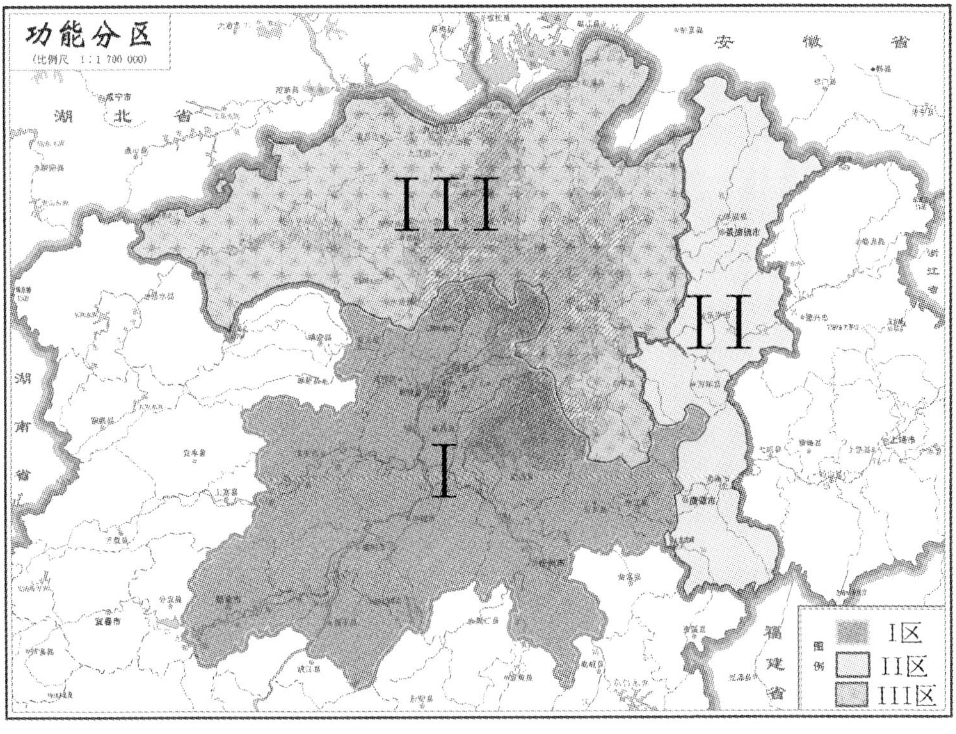

图4-2 鄱阳湖生态经济区高效生态农业区划示意图

二、鄱阳湖生态经济区高效生态农业区划结果分析

本书根据鄱阳湖生态经济区农业发展特点，分别筛选出人均耕地、森林覆盖

率、秸秆综合利用率、有效灌溉面积占耕地比重、单位耕地面积农药施用量、种植业产值比、林果业产值比、畜牧业产值比、渔业产值比、粮食作物播种面积比重、油料播种面积比重和蔬菜播种面积比重等12项指标构成高效生态农业区划指标体系。按照2009年《江西省统计年鉴》、《江西省农业县（市）农村社会经济统计概要》等资料，整理得到上述三个区域高效生态农业区划指标平均值如表4－1所示，可以了解各区生态农业建设的基本情况。

表4－1　鄱阳湖生态经济区高效生态农业区划指标均值

区号	人均耕地（公顷/人）	森林覆盖率（%）	秸秆综合利用率（%）	有效灌溉面积占耕地比重（%）	单位耕地面积农药施用量（千克/公顷）
Ⅰ	0.094	31.64	72.64	66.90	33.63
Ⅱ	0.075	51.12	73.77	65.32	14.51
Ⅲ	0.071	26.47	93.18%	60.47	34.63

区号	产值比（%）				播种面积比重（%）		
	种植业	林果业	畜牧业	渔业	粮食	油料	蔬菜
Ⅰ	46.59	7.90	35.25	13.64	67.53	15.33	6.97
Ⅱ	58.01	9.46	20.52	9.66	68.51	11.49	10.74
Ⅲ	41.37	4.11	21.41	31.24	55.83	20.10	7.91

资料来源：2009年《江西省统计年鉴》、《江西省农业县（市）农村社会经济统计概要》，并以其为依据进行计算所得。

以表4－1所反映的各区生态农业建设的基本情况为依据，结合各区生态农业自然资源特点和高效生态农业的发展要求，将上述3个区域的高效生态农业建设发展方向列述如下。

1. 赣抚中游河谷阶地与丘陵庭院农牧渔型高效生态农业区

该区位于鄱阳湖流域中部的赣抚中游阶地与丘陵地带，从表4－1中可以看出其生态农业建设的基本情况为：①耕地资源比较丰富，人均耕地为0.094公顷，大大高于全省人均耕地0.064公顷，排在三区之首；②该区因垦山过度，造成森林面积较少，森林覆盖率只有31.64%，排在三区第二位，与全省平均森林覆盖率60.05%差距甚大；③秸秆综合利用率为72.64%，在三区中最低；④有效灌溉面积占耕地比重为66.90%，居三区之首，比全省平均值65.16%稍高；⑤单位耕地面积农药施用量为33.63千克/公顷，居三区第二位，比全省平均值34.19千克/公顷略低；⑥从农业内部各业占农业总产值的比重可以看出，该区农业生产结构以种植业、畜牧业和渔业为主，林果业产值比则较小，其中畜牧业产值比排在三区之首；⑦在该区的种植业结构中，粮食作物播种面积比重为67.53%、油料作物播种面积比重为15.33%，可见该区种植业以粮油为主，粮油合计播种面积比重达82.86%，居三区之首，其他作物（如经济作物、饲料作物、蔬菜等）的比重则较小。

该区的生态农业发展大多是以传统的农牧渔业相结合的方式为基础，发展起来的庭院型生态农业模式，能够充分利用房前屋后的有限资源，巧用空间、立体布局，巧用时间、长短结合，巧用食物链、循环利用，巧用加工、多级增值，从而达到陆（农、牧）、水（鱼、鸭等）、空（蜂、鸽等）并举，种养加、农林牧渔综合经营的效益。

根据该区生态农业发展的基础，按照高效生态农业的发展要求，本区在发展高效生态农业的过程中要注意：第一，要提高森林覆盖率，一方面大力开展植树造林活动、在山地种植经济林；另一方面必须防止乱砍滥伐、森林火灾频发、过度垦山垦荒等现象。第二，应进一步提高秸秆综合利用率，禁止直接焚烧秸秆，减少烟气对大气污染；提倡和推广秸秆还田技术，提高土地有机质含量。第三，要进一步减少单位耕地面积农药使用量，提倡和推广农业病虫害综合防治技术，以提高病虫害防治效果和降低农业面源污染对生态环境的影响和破坏。第四，要进一步改善农田排灌条件，防止旱涝灾害对农业生产的威胁。第五，要进一步调整农业结构和作物布局，使农、林、牧、渔，粮、油、菜、经、饲、肥等作物更加协调发展。

2. 赣东北中低山丘陵农林果牧渔立体型高效生态农业区

该区位于鄱阳湖流域东北部的中低山丘陵地带，从表4－1中可以看出其生态农业建设的基本情况为：①耕地资源比较丰富，人均耕地为0.075公顷，高于全省人均耕地0.064公顷，排在三区第二位；②森林覆盖率较高，达到51.12%，排在3区之首，但与全省平均森林覆盖率60.05%仍有一定的差距；③秸秆综合利用率较低，只有73.77%，排在三区第二位；④有效灌溉面积占耕地比重为65.32%，居三区第二，比全省平均值65.16%稍高；⑤单位耕地面积农药施用量为14.51千克/公顷，在三区中最少，远远低于全省平均值34.19千克/公顷；⑥从农业内部各业占农业总产值的比重可以看出，该区农业生产结构以种植业为主，林果业、畜牧业和渔业比例比较协调；⑦在本区的种植业结构中，粮食作物播种面积比重为68.51%，比重最大，油料、蔬菜等比重也达10%以上，其他作物（如经济作物、饲料作物等）的比重则较小。

该区生态农业建设起步较迟，主要推行的是丘陵“顶林、腰果、谷农、塘渔”的生态农业模式，同时在鱼塘边建造养猪场，以养猪为纽带，构成“猪—沼—果”、“饲草—猪—沼”、“食用菌—果”、“粮—鱼”等食物链，猪粪尿通过沼化过程产生的沼液、沼渣肥可以用于养鱼、种植业，加上塘泥还田、秸秆还田等措施，提高物质循环利用率，并较大地减少单位耕地面积农药施用量，达到种养结合，促进了生态、经济、社会复合系统的稳定持续发展。

根据该区生态农业发展的基础，按照高效生态农业的发展要求，本区在发展高效生态农业的过程中：第一，要保持和发扬上述立体生态农业模式。第二，要进一步提高森林覆盖率，保护好现有森林资源，同时大力开展植树造林活动、在山地种植经济林，以进一步提高林果业比重。第三，应进一步提高秸秆综合利用率，提倡和推广秸秆还田技术，提高土地有机质含量。第四，要进一步改善农田水利条件，防止旱涝灾害对农业生产的威胁。第五，要进一步调整农业结构和作物布局，使农林牧渔、粮油菜经饲肥等作物更加协调发展。

3. 赣西北中低山与丘陵及鄱阳湖冲积平原农牧渔型高效生态农业区

该区位于鄱阳湖流域西部的中低山、丘陵及北部的鄱阳湖冲积平原地带，从表 4 –1 中可以看出其生态农业建设的基本情况为：①耕地资源比较丰富，人均耕地为 0. 071 公顷，高于全省人均耕地 0. 064 公顷，排在三区第三位；②本区森林覆盖率在三区中最低，只有 26. 47%，与全省平均森林覆盖率 60. 05% 差距非常大；③秸秆综合利用率较高，为 93. 18%，排在三区第一位；④有效灌溉面积占耕地比重为 60. 47%，居三区之末，低于全省平均值 65. 16%；⑤单位耕地面积农药施用量为 34. 63 千克/公顷，在三区中最高，略高于全省平均值 34. 19 千克/公顷；⑥从农业内部各业占农业总产值的比重可以看出，该区农业生产结构以种植业、畜牧业和渔业为主，林果业产值比较小，而渔业产值比排在 3 区之首；⑦在该区的种植业结构中，粮食作物播种面积比重为 55. 83%、油料作物播种面积比重为 20. 10%，可见该区种植业以粮油为主，其他作物（如经济作物、饲料作物、蔬菜等）的比重则较小。

该区在生态农业建设的过程中，主要是基于滨湖地区丰富的养殖水面资源优势，大力发展以鲫、蟹、鸭、鹅为主的水禽养殖业，形成了稻田养鱼、蟹、鸭、鹅等立体生态农业模式，并带动畜牧业的发展，同时本区便利的交通条件也有利于形成以农产品加工企业为实体的农牧产品良性循环。

根据本区生态农业发展的基础，按照高效生态农业的发展要求，本区在发展高效生态农业的过程中：首先，要提高森林覆盖率和保持农田生态平衡稳定，一方面大力开展植树造林活动、发展农田防护林和经济林；另一方面要做好平垸还湖工作，保护好鄱阳湖湿地资源。其次，要减少单位耕地面积农药施用量，提倡和推广农业病虫害综合防治技术，以提高病虫害防治效果和降低农业面源污染对生态环境的影响和破坏。再次，要进一步改善农田排灌条件，防止旱涝灾害对农业生产的威胁。最后，要进一步调整农业结构和作物布局，使农、林、牧、渔，粮、油、菜、经、饲、肥等作物更加协调发展。

第三节　鄱阳湖生态经济区高效生态农业模式设计

所谓生态农业模式设计，即指因地制宜地选择构成生物链的组成部分，通过运用一定的科学技术，合理安排这个生物链上各组分间的关系的过程，从而实现生物链各环节所产生的资源、能源、效益最大化，以及所产生的其他物品对环境影响的最小化。①

高效生态农业作为具有明显地域性的一种农业可持续发展的实践，运用了整体观、系统观和生态观而区别于一般农业实践。因此，设计鄱阳湖生态经济区高效生态农业的运行模式，使能流、物流与价值流关系密切、各部分相互作用频繁的一个农户、一片农田、一个农场、一个小流域或是一个景观区内，选定和推广优良的运行模式，对于促进该区域生态农业的发展，具有重要的实践意义。

一、鄱阳湖生态经济区高效生态农业模式设计的原则

鄱阳湖生态经济区高效生态农业模式设计既要讲究因地制宜，遵循区域生态经济规律，又要考虑可操作性，能为广大农民所接受，所以，在生态农业模式设计中应遵循如下原则。

1. 注重高效利用和资源保护的原则

鄱阳湖生态经济区人地矛盾比较突出，2008 年末人口密度达 391.91 人/平方公里，高出全省平均人口密度 263.95 人/平方公里将近 50%，② 是全国平均人口密度 138.34 人/平方公里的 2.83 倍；区域人均耕地仅 0.076 公顷/人，为全国人均耕地水平的 83%弱，③ 接近联合国粮农组织确定的人均耕地 0.053 公顷/人的警戒线。区域内许多地方毁林开荒、围湖造田的现象时有发生，这种用生态透支

① 孔志峰：《中国生态农业运行模式研究》[M]，北京：经济科学出版社 2006 年版。

② 江西省统计局：《江西统计年鉴》[M]，北京：中国统计出版社 2009 年版。

③ 中国统计局：《中国统计年鉴》[M]，北京：中国统计出版社 2009 年版。

的代价换取生存空间的方法不可取。其次，区域内生态环境比较脆弱，2008 年森林覆盖率只有 30.84%，[①] 与全省平均森林覆盖率 60.05% 差距甚大，水土流失严重、洪涝灾害频仍。因此选择和设计鄱阳湖生态经济区高效生态农业模式，要遵从以下三点：一是必须注重保持水土、保护生态环境资源，有悖于此要求的任何高产模式都是不可取的；二是优先选择那些能充分挖掘土地、生物资源生产潜力，且节地（时、水、能）的模式；三是要选择那些市场前景广阔的产品（如绿色产品、特色产品、反季蔬菜等）。

2. 注重农产品品质和安全的原则

当前我国农产品市场呈买方市场格局，农产品品质决定了其市场竞争力和经济效益。鄱阳湖生态经济区农产品虽然丰富，但品质差、档次低的现状令人担忧，造成农民增产不增收，制约农村经济发展。因此，市场需求决定了鄱阳湖生态经济区的农产品生产必须以市场为导向，进行优化调整，促进农产品向优质、安全、高档、专用、深加工方向发展。

3. 注重挖掘生态系统自我修复或重组功能的原则

在农业大系统中，农林牧渔各子系统间的关系是相互依存、紧密联系的，处于同等重要的地位，不可或缺，发展鄱阳湖生态经济区高效生态农业必须要走复合农业大系统之路。因此在选择和设计高效生态农业模式时，必须注重挖掘生态系统内部的自我修复或重组功能，即被选择的高效生态农业模式能够充分利用生态系统的自然力，以减少投入人工的能源和物质，最大限度降低物耗、能耗以及废弃物的产出，以获得生态、经济效益双赢。

4. 注重发挥区域比较优势的原则

鄱阳湖生态经济区以江西省 30% 的国土面积，创造了 60% 以上的经济总量，具有良好的发展基础，区域比较优势突出。因此在选择和设计高效生态农业模式时，应充分发挥比较优势，进一步提高资源利用水平和生产要素配置效率，提高区域内整体农业综合生产能力和农村经济整体素质与效益。要加快调整农业产业布局和优化农业产业结构，通过建设优质稻谷生产能力工程、优质油菜基地建设工程、鄱阳湖水产品生产能力建设工程、生态柑橘基地建设工程、生态茶园建设工程、食用菌生产加工基地和优质蔬菜基地建设工程等，逐步形成鄱阳湖生态经济区的环境友好型优质农产品基地。

---

① 江西省统计局：《江西统计年鉴》[M]，北京：中国统计出版社 2009 年版。

5. 注重发扬传统生态农业技术精华与现代农业科技相结合的原则

我国传统生态农业思想和技术十分丰富，有许多至今行之有效的技术，如精耕细作技术、培肥地力技术、基塘农业技术、用养结合农业技术等，在设计生态农业模式时必须注重发扬，并结合现代农业科学技术加以改造。在条件具备时，应该结合设施农业的高科技，进行工厂化生产，逐步过渡到现代化农业。

二、鄱阳湖生态经济区高效生态农业主要模式设计

根据前文所述之鄱阳湖生态经济区高效生态农业区划结果，本区域山、水、田资源比较均衡；既有河谷阶地、中低山丘陵又有鄱阳湖冲积平原；既有生态脆弱区又有生态资源优势区；既有农业主产区又有城郊经济发达区。因此，高效生态农业模式必须依据这些区域特点，结合江西省生态农业的实践，进行选择和设计，并构建相应的技术体系。

1. 农业主产区高效生态农业模式

农业主产区是指商品粮、棉、油主产区或优势产业带，该区是种养业（种植业和畜牧业）发达，而且具有悠久的历史，在农业产业化、机械化、集约化、规模化等多个方面都具有较高的水平。但该区比较大的问题主要表现在：一是由于传统的农产品生产经济效益比较低，农民收入增长困难，经济发展和人口增长对土地资源带来的压力很大；二是传统的农业生产过度依赖化肥和农药，农业的面源污染严重，地表水和地下水受到污染；三是从产业化的发展方向看，规模化经营、发展优势产业是趋势，但这将进一步加重已经遭到严重破坏的生物多样性问题；四是由于产业结构比较单一，农业废弃物在一定区域内大量产生而得不到及时转化，不仅导致环境污染问题，而且由于生态系统物质循环规律遭到破坏，导致土壤退化等生态问题。鉴于以上现状和问题，该区域需要在继续发展优胜产业（主要是种养业）的同时，必须对这些产业进行生态化改造。

（1）轮作套种立体复合生态农业模式。本模式以粮食作物为主，把粮、棉、油、菜不同作物按照作物生长发育特性进行不同的时空组合，相互利用、相互支持，形成多种多收的复合群体模式。

（2）“种—养—沼—加”复合生态农业模式。一般以生态村的发展模式最为典型。主要利用种植业生产粮食和秸秆发展养殖业（如养奶牛），牛奶加工增值，奶牛粪便进行沼气发酵，集中供给村民生活用能，既实现资源高效利用，又避免环境污染，提高经济效益。

（3）“农—牧—渔”复合生态农业模式。主要利用种植业生产粮食和秸秆发展养殖业（如养鸡、猪等），利用处理过的鸡粪喂鱼，鱼塘进行立体养殖形成“农—牧—渔”复合生态农业模式。

（4）“林—鱼—鸭”复合生态农业模式。主要是利用池杉林中蓄水，在其中养鱼、放鸭，形成共生互利模式。另外还有类似的稻田养鱼、养蟹模式。

（5）“生态猪场”模式。主要是在规模养殖场中建设沼气工程，猪粪经沼气发酵，沼渣作为有机肥，沼液经水葫芦养殖利用，再用来养鱼，最后灌溉农田，经过三步处理四步利用，达到资源充分利用、环境污染防治和经济收益增加的目的。

（6）“种—养—加”一体化绿色食品规模化开发模式。主要利用种植业生产粮食和秸秆发展规模养殖业（如养鸡、猪），并引进畜产品加工技术开发绿色食品，使农产品产业链延长，增加附加值，形成规模效益。

2. 生态脆弱区高效生态农业模式

这类区域发展高效生态农业的关键是要融生态恢复、生产基础设施建设与农业生产为一体，构建生态经济型发展模式与配套技术，重点是对坡地的治理与利用，主要模式有：

（1）生态经济沟模式（小流域综合治理模式）。为小流域和坡地发展高效生态农业的主要模式，重点通过对坡地进行梯田改造与挖鱼鳞坑等工程措施、植树种草等生物措施、集雨节灌和大垄沟等高耕作物栽培等农艺措施，对水土资源进行充分保护和利用，建立生态经济结构优化的综合生产体系。

（2）“围山转”生态工程模式。为山地发展高效生态农业的典型模式，主要按照山体不同高度、不同坡度、不同山地条件，栽植不同的树种和作物，如信丰县创造的“山顶戴帽，山腰种果，山谷建库，山下种粮”就是这种模式的代表。

（3）“五配套”生态果园模式。为旱地生态果园的主要模式。由果树、牧草、水窖、猪圈和沼气池构成一个人工生态系统，既可满足果树水肥需要，又可实现生物防治病虫害，生态经济效益明显，水果品质好，可达到绿色食品标准。

（4）坡地生物篱与立体种植生态农业模式。为南方坡地水土保持与高效生态农业的有效模式。按照等高线不同，在坡地呈带状种植以灌木为主的树种，形成坡地生物篱，篱间坡地种植农作物，从而形成一种立体栽培生态农业模式。

（5）山地种养一体化模式。在山区林地、果园内圈养鸡、鸭、鹅等家禽，辅以人工补养，既可除虫又可肥田，而且禽、蛋品质优良、市场看好，生态经济效益明显，如配以池塘养鱼，则综合效益更显著。

3. 生态资源丰富经济欠发达区高效生态农业模式

这类地区多由于交通不便而经济欠发达，但劳动力资源、农业资源和生物资源丰富，环境优美，类型多样，利于建立各具区域特色的生态农业体系。存在的主要问题是资源开发定位不当，农业经济增长主要依靠外延式扩张，导致部分地区水土流失严重。因此必须对地区的资源开发进行重新定位，充分发挥该地区的资源与环境优势，把资源环境的潜在优势转化为农业的市场竞争优势。

（1）生态型种养加一体化模式。这种模式主要是利用丘陵坡地种植多种优质牧草，并引进优良牛、羊等品种，种养结合并加工畜产品，产出绿色食品，畜粪可通过沼气工程发酵处理还田，形成生态经济良性循环。

（2）绿色食品、有机食品开发生态工程模式。这种模式主要是利用得天独厚的山区生态优势，建立生态保护小区，发展绿色或有机农业，少用或不用化肥和农药，生产绿色和有机农产品，将生态优势转化为经济优势，绿色或有机农业由于少用或不使用化肥和农药，其成本通常比常规农业低 40%，绿色或有机食品价格比同类普通食品高 20% ~50%，农民可以从较低的资金投入和较高的产品价格中获得利益。

（3）特色产品开发生态工程。为对当地特产进行开发的生态工程模式，主要通过保护生态环境、开发当地传统特色农产品，形成新兴产业。

（4）生态旅游、观光农业模式。主要利用当地特有的生态条件和旅游资源与农业生产相结合发展观光农业，集观光、购物、休闲和参与活动为一体，形成特色产业。

（5）“猪—沼—果”生态工程模式。为鄱阳湖流域生态农业的最为成功的模式之一，主要是把养殖、猪粪沼气发酵和柑橘等果品生产结合起来，形成了简便易行的生态工程模式，生态经济效益显著。

4. 城郊经济发达区高效生态农业模式

城郊经济发达区经济区位好，适合发展外向型、都市型的农业和农村经济。目前，这类区域高效生态农业发展面临的主要问题是农业投入大、劳动力成本高、农业环境污染较为严重，特别是农业和农村的功能结构还比较传统，比较多地停留在结构单一和低层次的状况，还无法满足服务于都市的需要。因此，发展高效生态农业应按照面向市场、依靠科技、增加效益、富裕农民的要求，加快农业和农村经济结构调整，逐步形成结构合理、功能完善、生态良好的都市型农业经济。

（1）生态型设施农业工程模式。主要利用无土栽培，尤其是将鸡粪进行消毒处理并补充养分作为基质，发展无公害生态型设施蔬菜栽培，不仅成本低而且简易高效。

（2）生态型观光农业模式。针对城市居民消费新需求，发展生态型、科技型观光农业，把农业与服务业结合，尤其是结合垂钓、采摘和农事参与活动，不仅能获得良好的生态经济效益，而且提高了全社会对农业尤其是生态农业的认识。

（3）产业化开发绿色食品生态农业模式。在农业生产中以施用有机肥和生物农药为主，采用生物防治技术大规模开发绿色食品蔬菜，不仅形成农产品产业化开发规模，而且可带动新型生产资料（如有机肥）的工业化生产和利用。

第四节　鄱阳湖生态经济区高效生态农业技术体系创新

由于常规农业技术体系总体上以增产增收为主导，在相当程度上是建立在牺牲生态环境与浪费资源的基础之上的，对资源高效利用、生态环境治理和培育的技术储备极其薄弱，这也是造成当前农业生态环境恶化的根本性原因之一，导致了鄱阳湖生态经济区农业综合生产力高速增长的同时，对资源环境的压力也越来越大。因此常规农业现代化策略与技术并不完全能符合鄱阳湖生态经济区农业实际，必须把自然资源和生态环境保护融合在农业生产过程中，在建立生态农业运行模式的过程中，以生态农业技术体系为核心，以技术创新为主线，再结合制度创新，最后形成完整的生态农业运行体系。

一、构建鄱阳湖生态经济区高效生态农业技术体系的基本原则

在建设鄱阳湖生态经济区背景下，构建高效生态农业生产技术体系必须以实现环境与经济协调发展为宗旨，按照如下的基本原则，逐步推进和完善：

（1）以确保资源可持续利用，特别是以耕地资源、水资源和生物资源的保护和利用为基础构建农业生产技术体系。

（2）农业应当承担起保护生态环境的责任。从当前情况看，重点是要控制耕地水土流失，加强对投入物的使用管理，注意农业废弃物的资源化工作。

（3）以市场为导向，提高产品质量和环境质量，将质量、效益放在重要位置，并通过制度创新，将资源消耗列入成本。

（4）依据可持续发展的原则，重新审视农业行为，对农业开发活动、农业

投入品的使用、农业技术成果推广等，进行环境影响评价，确保环境安全。

（5）规范农业行为。应当像其他行业（如工业）一样引导农业生产，要尽可能地减少农业的随意性。制定各种法律、法规、标准、指南，对农业行为实行全面控制管理。

（6）注意传统农业技术精华与现代农业技术的结合。前者生产力低，可持续性强；后者生产力高，但如运用不当，会出现相反结果。只有实现两者的有效结合，才能确保高效生态农业的可持续发展。

二、鄱阳湖生态经济区高效生态农业技术体系构成

高效生态农业的本质既要实现农业现代化（集约化），又要走生态合理化的轨道，其技术体系的特点也必然是生态合理化、集约化。其技术体系构成包括生态结构合理化及农业系统功能强化（集约化）的技术体系，可用图4－3、图4－4直观说明。

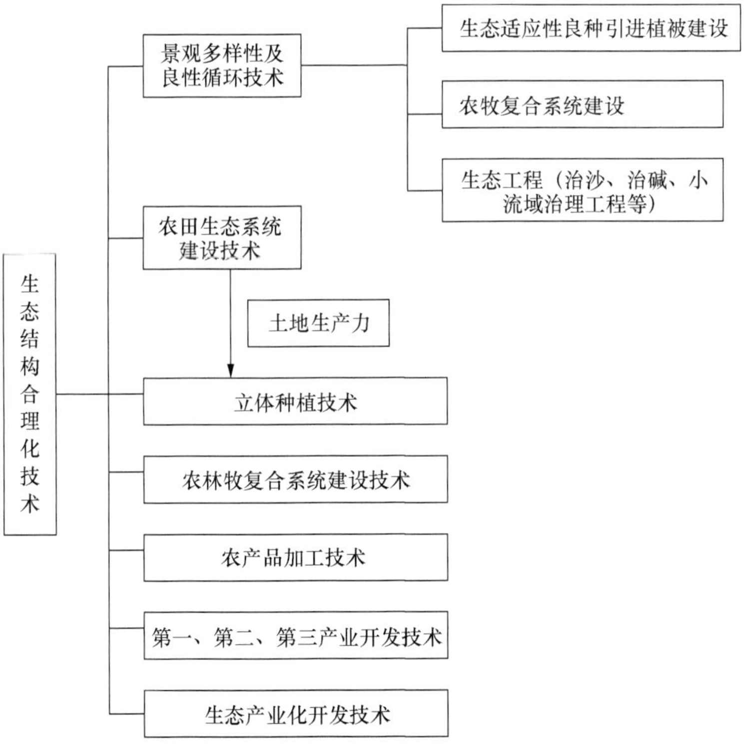

图4－3　鄱阳湖生态经济区高效生态农业技术体系构成示意（一）

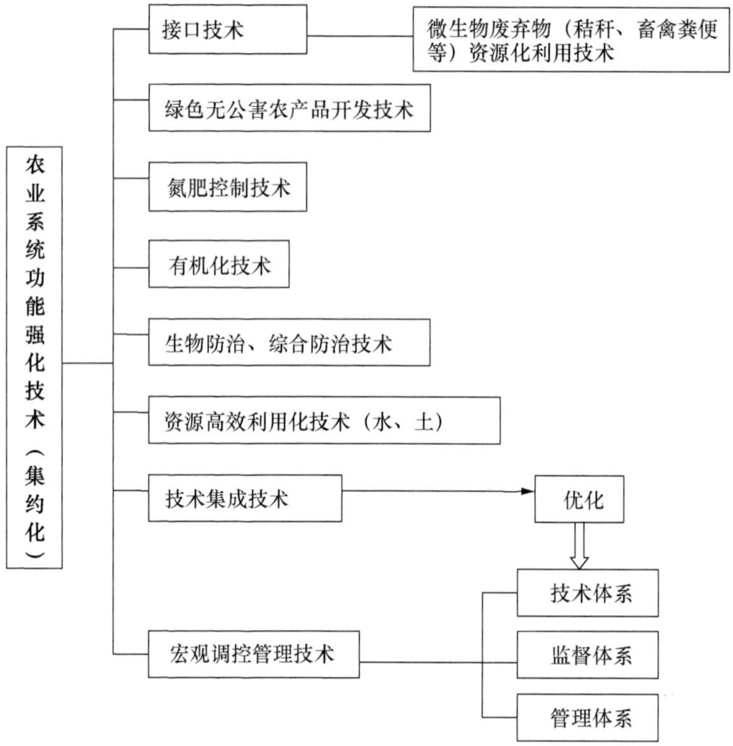

图4－4　鄱阳湖生态经济区高效生态农业技术体系构成示意（二）

三、鄱阳湖生态经济区高效生态农业技术开发的主要内容

（1）农用化学品高效安全施用和农业面源污染控制技术，特别是在控制环湖（水库）周围农田的氮磷流失中发挥作用，达到减少湖泊（水库）水体富营养化的目的。

（2）控制坡耕地水土流失的既合理又能促进农牧业发展的实用技术和方法，减少耕地土壤流失，既保护耕地，又能保证农牧业生产。

（3）以就近农田处理和消纳畜禽粪便为目的，提出在经济上可行、生态上合理、大小适宜的畜禽养殖规模及其相配套的经济实用的畜禽粪便处理与畜禽粪便产业化技术。

（4）对已经受到污染的城郊周围的土壤和某些类型的工矿企业区周围的土壤，开发减轻污染的方案和技术措施。

（5）生态脆弱区农田生物多样性利用型生产与生态保护双赢技术。

（6）以微生物技术及生物多样化技术为主要内容，加强生态良性循环接口技术的开发。

（7）生态种养一体化模式与关键技术标准化体系建设。

（8）作物秸秆开发利用与地力建设技术。

（9）发展无公害农产品、绿色及有机农产品生产技术，推动无公害农产品全产，促进鄱阳湖生态经济区农产品质量提高的生态型产业化开发技术等。

（10）规范鄱阳湖生态经济区的农业生产行为，推动农业的可持续发展的生态农业生产技术规范、管理方法和监督检查标准体系建设。

第五节　鄱阳湖生态经济区高效生态农业政府扶持体系与制度创新

一、鄱阳湖生态经济区高效生态农业政府扶持目标与发展策略选择

在市场经济条件下，农业是一个具有高度自然风险和市场风险的弱质产业，尤其是农产品价格弹性与收入弹性小，其生产周期又特别长，加上市场调节严重滞后，必然导致农业比较效益低于其他产业。因此，没有政府的大力支持，不尽快建立健全有效的政策激励机制和法律法规制度保障体系，就不可能使高效生态农业得到真正普及和发展。

鄱阳湖生态经济区高效生态农业的政府扶持目标，在市场对资源配置起基础性作用的前提下，在可能的情况下，按照统筹城乡发展、构建社会主义和谐社会和新农村建设的要求，坚持“多予、少取、放活”的农村工作方针，充分利用WTO规则赋予的权利，综合研究并制定、实施那些具有明显支持和保护农业发展的财政、税收、投资、信贷、外贸、科技、收入、价格、流通以及资源和环境保护等政策体系，宏观调节市场经济主体的行为，推进鄱阳湖生态经济区高效生态农业的普及和发展。

鄱阳湖生态经济区高效生态农业发展策略，必须按照“统筹规划、分步实施、整体推进”的发展思路，点、线、面相结合，分阶段、分区域、分产业依托建设，稳步推进。从发展进程看，可考虑将鄱阳湖生态经济区高效生态农业发展划分为规划动员、组织实施和深化完善三个阶段；从区域布局看，以“区位优势”和“资源优势”为导向的分区建设，可以突出特色，缓解雷同建设带来的恶性竞争和资源浪费，也有利于整合区域资源，推进高效生态农业向规模化和专

业化方向发展；从产业依托看，必须坚持以市场为导向，因地制宜，依托当地特色农业，调整优化产业结构与产业布局，推进“高效生态农业产业带”建设。

二、建立与健全发展高效生态农业的政府扶持政策与实施体系

根据鄱阳湖生态经济区实际，借鉴国内外农业扶持的成功经验教训，重点改革和完善相应的扶持体制与机制，建立与健全发展高效生态农业的政府扶持政策与实施体系。

1. 制定科学的发展规划，加强高效生态农业扶持制度保障

江西省政府制定的《鄱阳湖生态经济区规划》确立了发展高效生态农业的方向，应在此基础上按照高效生态农业和循环经济的新理念、新要求，抓紧制定系列相关专门规划：如《农业节水专项规划》、《资源综合利用专项规划》、《节约能源专项规划》等，同时对《鄱阳湖生态经济区发展高效生态农业中长期规划》进行调查研究，进一步提高高效生态农业发展战略的研究水平。

同时，应加快完善扶持高效生态农业的政策与法律法规体系。一是要出台《鄱阳湖生态经济区加快发展高效生态农业的指导意见》，进一步明确鄱阳湖生态经济区高效生态农业的总体发展思路、目标及措施；二是要加强《农产品质量安全法》、《清洁生产审核办法》和《农业标准法》等法律法规的组织实施，把清洁生产审核与农业标准化作为突破点，全面规范鄱阳湖生态经济区高效生态农业的发展；三是对《鄱阳湖生态经济区高效生态农业条例》以及江西省《高效生态农业保险法》、《高效生态农业投资法》、《高效生态农业补贴条例》、《高效生态农业灾害救助条例》等进行前期立法调查研究，健全发展高效生态农业的政策法规体系；四是要进一步健全包括《农产品市场流通管理法》、《绿色食品标志使用管理法》、《生态农产品标准化法》等地方性农产品市场建设方面的法律法规，确保农民生产的绿色产品能够在市场上公平交易，从而保障他们的利益以提升他们发展生态农业的积极性。

另外，要研究制定和健全绿色保障制度。包括绿色环境制度（绿色资源制度、绿色产权制度、绿色市场制度、绿色产业制度、绿色技术制度、绿色产品设计制度等）、绿色规范制度（绿色生产制度、绿色消费制度、绿色贸易制度、绿色营销制度、绿色包装制度、绿色标志制度、绿色管理制度等）和绿色激励制度（绿色财政制度、绿色金融制度、绿色税收制度、绿色投资制度等），① 明确划分

① 戴天放：《试论鄱阳湖湿地资源可持续发展的制度创新》［J］，《江西农业大学学报》（自然科学版）2002 年第 5 期。

各级政府、部门和单位的责任，对企业和社会公众参与高产生态农业建设的积极性进行鼓励。根据统筹城乡经济社会发展的要求，进一步对农产品质量安全、生态环境保护、农业污染控制、农产品市场准入、农产品标志管理等制度加以完善，以及对生态环境补偿及污染破坏治理制度加以完善，严格依法行政。

2. 加强基础设施建设，改善农业生产环境

一是要进一步强化水利设施建设。按照兼顾防洪与抗旱、生产与生活、当前与长远的要求，加快构建调控有力、配置合理的现代化水利保障体系，确保防洪安全、饮水安全、粮食安全和生态安全。推进重点水利工程建设。加快推进峡江、浯溪口水利枢纽工程建设，继续实施病险水库除险加固工程，启动大中型病险水闸除险加固工程。重点研究、适时推进鄱阳湖水利枢纽工程建设。加强主要圩堤和河道治理。完成鄱阳湖区重点圩堤、“五河”重点段防洪整治工程，提高南昌等设防中心城市防洪标准。进一步完善县级以上城市防洪排涝体系，使之达到长江流域防洪规划确定的防洪标准。因地制宜开展中小河流治理、山洪灾害防治和鄱阳湖蓄滞洪区安全建设，实施乌沙河综合整治、河湖疏浚和尾闾河道整治工程。完善灌溉排涝系统。建设廖坊水利枢纽灌区，继续推进大型灌区续建配套，建设和改造中型灌区和小型灌区，加快排灌泵站更新改造。二是要加强农村基础设施建设，全面硬化入村通道和村内道路，完善村内供水管网和排水沟渠，推广实施以电代燃项目。同时加快沼气、秸秆、太阳能等可再生能源利用，形成清洁、经济的农村能源体系。三是加强农业生态环境保护工程建设。加大对防灾减灾、气象服务、水土保持、防护林体系和农田林网建设、外来入侵物种及农业面源污染综合治理等生态环境治理的投入力度，以期改进农业生产的环境条件，树立良好的产地形象，提高产品市场竞争力。

3. 建立农业科技促进机制，强化技术支撑体系

高效生态农业不仅仅是建设几个沼气池、增施有机肥、提倡秸秆还田等简单的技术应用，更重要的是解决农业经营规模化、企业化、产业化等发展过程中所产生的生态破坏与环境污染等问题，以及如何提高经济效益和创立农业精品名牌等问题。应在逐步提高科技投入的前提下，对技术创新与推广应用问题高度重视，尽快建立农业科技促进机制，提高技术推广的能力和农民吸纳新技术的能力。

一是要提高农业科技研究攻关能力，加快绿色科技成果的引进、消化、吸收和创新工作。要在加快农产品新品种选育、病虫害综合防治、农产品精深加工及其综合利用、农业综合开发与农业生态环境保护等领域的基础技术研究、高新技

术研究和重大应用技术研究的前提下，强化国际科技交流与合作，对国外先进绿色科技成果进行引进、消化、吸收和创新。二是要进一步健全农业技术推广体制，促进科技成果推广转化的步伐。加强农业科技知识更新和培训，进一步发挥农业部门的人才、技术优势，提高高效生态农业技术推广效率。三是要抓好科学试验示范工作，推动规模经营和产业化的稳步发展。应以生态农业示范县为基础，针对性地在自然条件和社会经济基础各异的多个类型区进行高效生态农业的试验示范，建立一批易操作、高科技、高效益、强辐射的“高效生态农业示范区(县)”。特别要对专业户、重点户（村）加强培养，通过试验示范的方式来树立高效生态农业的发展典型，并对示范区的成功经验和具体发展模式加以总结、示范和推广，从而以点带面，逐步扩大高效生态农业的规模经营。四是要对农民的职业教育和技术培训工作加强，使从业人员的综合素质和技能符合高效生态农业发展的需要。应使职业技术学校、农业广播电视学校、农业函授大学和各种农业技术推广服务机构的作用得到充分发挥，花大力气培养本土型农业实用人才，使农民的生态农业知识与生产经营管理水平不断提高。

4. 建立健全农业服务保障机制，强化组织服务体系

一是要加快高效生态农业标准化体系建设。建立和健全生态农产品生产过程标准化、绿色农产品质量标准化、生态农业质量标准保障体系和高效生态农业执法体系，使高效生态农业标准化相关法律法规和政策体系得到顺利贯彻和实施。二是要建立健全生态农产品市场流通与信息服务体系。重点加强绿色农产品批发市场建设，同时建设生态农产品市场的信息体系，抓住时机引入并实施生态农产品的拍卖制度，逐步健全生态农产品市场调节机制。三是推动社会化服务体系和农民自我服务组织建设。促进各涉农部门对服务网络建设进行完善，以加强其服务功能，更好地为农户提供技术、种苗、肥料、农膜、农药和资金等方面的专业服务。完善产业经济组织内部服务功能，各企业要对农户自身难以办到的事情负责，如为代养户提供“五统一”（统一供种、统一供料、统一技术监控、统一药械供应和统一结算）的服务，转变农户传统“小而全”的生产方式，使之能全力进行专业化生产。对农民发展各种农民专业（行业）协会、研究会和中介组织等农民的自我服务体系加强引导，鼓励其开展有偿或互助性的自我服务。加大扶持发展高效生态农业生产所需的专业协会和中介组织的力度，使生态农产品的竞争力增强，使政府的管理成本降低。四是加快生态农业政策保险和风险保障机制的建立。加快高效生态农业保险的组织体系的建立健全、强化立法研究，并努力提高农户保险意识，政府要进一步加大政策和财力的支持力度。应通过政府适当补贴、农民自筹风险基金、专业保险机构负责具体业务并提供再保险服务的多

元结合形式，使农民自愿和政府组织以及专业保险公司有机结合，政府对农业保险公司以转移补贴的方式进行适当补贴，并把农业保险费列为农业生产成本，从而建立起有效的生态农业风险保障体系。五是建立健全支持农业发展的农村金融体系。要进一步增加农业信贷资金的投入。通过利率倾斜政策以对农业贷款给予利率优惠，尤其要为进行关系到国计民生的大宗农产品生产的生产者提供必要的中长期低息（或贴息）贷款。并对信贷结构进行调整，使用于重要农产品、高产优质农产品以及农产品加工企业的信贷资金增加，信贷对农业发展的促进作用得以充分发挥。同时还要加快小额信贷等扶贫信贷的发展，应进一步扩大试点，使各类小额信贷的优势得以充分发挥，使真正为贫困农民提供信贷服务的金融机构得以建立。六是加快高效生态农业产业化发展进程。首先对生态农产品的生产、加工和销售必须遵循市场机制的原则进行组织，使农户与企业的关系转变为以利益为纽带、以契约为连接方式的利益共同体，改变原先的单纯买卖关系，从而建立起高效生态农业产业化发展的新机制；并通过政府的农业支持，直接提升生态农产品及其初级加工品的价格，使农业和农民得到外溢到社会其他领域的农业效益，保证社会平均利润能够被高效生态农业所获得。其次要对龙头企业的扶持方式加以改进，进一步使扶持力度与效率得以提高。如按行业制定出一个包括企业规模、带动能力（带动农户数量）、产品质量、促成产业的能力、与农户联系紧密程度，以及发展前景与潜力等指标的衡量标准，在财政、信贷及其他政策方面给予符合条件的龙头企业重点扶持。

5. 建立健全长效支农投入机制，拓宽农业投资渠道

一要提高财政资金的投入，同时如上所述进一步完善金融服务体系和保险服务体系，使生产经营者得到可靠的信贷和保险服务，降低生产经营中的风险。二要开拓资金来源的渠道，充分利用市场化运作机制，鼓励社会力量参与发展高效生态农业，吸引工商资本、民间资金、外商资本等多元化的社会资金参与投资，构建起政府引导、市场化运作、多元化投资的投入机制。同时，对不能适应经济发展和 WTO 规则要求的直接干预农业生产的措施坚决改正，对与形势发展不相适应的法律法规要加快修改，对“农业三项补贴”政策的具体办法加以完善，使“输血”式保护向“造血”式扶持转变。

6. 建立健全生态补偿机制，保护农业生态环境

一是要建立健全农业生态补偿的法律制度，将农业生态补偿的范围、对象、方式、标准等以法律形式确立下来，促进生态补偿工作走上法制化、规范化、制度化、科学化的轨道。二是建立健全农业生态补偿组织体系。包括建立健全农业

生态补偿政策制定机构、计算机构、征收管理机构、流通网络体系等，确保农业生态补偿工作科学有序开展。三是建立健全绿色 GDP 核算机制。加强对环境资源的核算，增加能够充分反映经济发展中的资源环境代价的统计指标，建立环境资源成本核算综合指标体系和以绿色 GDP 为主要内容的国民经济核算体系。[①] 四是完善“项目支持”形式，提高农业生态补偿资金利用效率。整合农业环境建设的各项资金，以项目建设为中心，打破部门和地区界限，在项目的运作方式上可将公益性补偿运作机制转变为利益性补偿机制，即政府提供生态建设的具体补偿政策，由各市场主体来具体实施，通过运用市场机制来提高生态建设补偿效率。[②]

三、推进鄱阳湖生态经济区高效生态农业的组织制度创新

传统农业改造理论（舒尔茨）与农业循环经济理论以及主要发达国家（或地区）现代农业发展的经验提示，必须对传统农业制度进行创新改造，以适应农业现代化发展的需要，同时要加强对农民进行人力资本投资的力度，使传统生产要素逐渐为现代生产要素所替代，从而提高资源利用率和劳动效率以及产品商品率。作为现代农业建设的具体实践模式之一——高效生态农业，在建立与健全发展高效生态农业的政府扶持政策与实施体系的同时，还应根据高效生态农业建设的主要目标与障碍因素，进行组织与制度（政策）安排的研究、设计与创新。

1. 培育核心农户，建立健全农业生产经营者进退机制

近年来，各地农业产业化经营发展较快，在一定程度上促进了区域农业现代化建设，部分学者认为它是与农地制度创新一样重要的农业现代化路径之一。[③] 但笔者认为，龙头企业确实不可或缺，但广大农业生产者（农户）始终是农业现代化的实现主体，只依赖发展少数龙头企业以达到区域农业现代化是不可取的。应该加大组织制度的创新和政策扶持，建立和健全农业生产经营者进入退出机制，培育出大量以农业生产经营收入为主要收入来源的核心农户，扩大其经营规模、提高其科技文化程度、丰富其农业生产与经营管理经验、提升其农产品科技含量与市场竞争力、扩大其对周围农户生产经营的影响与带动作用，从而逐渐转变其当前规模小、分散经营、低效益（甚至零或负效益）与现代化农业对生产规模、资金和要素投入较高等方面的矛盾。

因此，鄱阳湖生态经济区在推进高效生态农业发展进程中，应考虑继续以家

① 赵霞、吴方卫：《上海建立农业生态补偿机制的探讨》[J]，《上海农村经济》2008 年第 7 期。

② 王欧、宋洪远：《建立农业生态补偿机制的探讨》[J]，《农业经济问题》（月刊）2005 年第 6 期。

③ 白跃世：《中国农业现代化路径选择分析》[M]，北京：中国社会科学出版社 2004 年版。

庭承包制为前提，分析和借鉴“曼斯霍尔特计划”（欧盟）及其中的“三个指令”政策手段，[1] 创新有关制度，并通过市场选择，首先培育出大量核心农户，使其生产规模逐渐扩大，发展成家庭农场或者管理农场，以有利于农业现代化进程的推进。作为政府，既可以在高新技术、农资信贷和市场信息等领域给予核心农户以扶持，或以农户经营面积的量为据减免税费，或通过补贴、融资等优惠进行支持和鼓励，以扩大农业经营的土地经营规模，使农户生产经营成本及市场风险迅速降低。其次，面对以上政策造成小规模经营农户逐渐失去市场竞争力的同时，政府要加快研究、强化一系列包括建立覆盖城乡居民的社会保障体系、建立全国范围农村最低生活保障制度等配套鼓励措施和补贴政策，来保障其基本权益、发展空间避免受害，促使其自愿脱离农业经营，进入非农产业，从而使土地流转和适度规模经营进展顺利。对于具体的补贴和培训方式方法、从业人员的资格及权益、政府扶持的对象及力度等，都必须根据农户与农村发展的实际情况进行深入、系统地调查研究。

2. 强化人力资源开发，解决农业从业者的结构性矛盾

当前鄱阳湖生态经济区高效生态农业建设的老大难问题是，许多素质高的青壮年农村劳动力大都离开农业生产领域从事第二、第三产业，留下的务农人员大多年龄大、科技应用能力和经营管理能力差，存在突出的农业劳动力绝对过剩与高素质从业人员相对不足的结构性矛盾。必须在加快农村剩余劳动力转移的前提下，强化对农民进行职业技术能力培训，使其综合素质和技能迅速增强，使农业从业者的进入和退出机制更加健全。在加快培养本土型农村实用人才、建立村级农民技术员队伍的同时，新型农民创业、绿色证书、青年农民科技和农业远程等培训工作要迅速组织开展起来，建立多元化的农民技术培训体系，使农民应用新技术的能力和科学管理水平快速提高；同时对农业企业及核心农户的技术创新加以支持和鼓励，培育懂科技、善管理的科技型企业家队伍，使高效生态农业的科技和人才支撑更加坚固。通过这些措施，使大部分集中农业生产环节的农村劳动力就业，合理地分布到产前、产中、产后及非农产业，使农民收入由单纯依靠种养业转变到务农、务工和经商等多元化道路。

3. 加强农业专业合作，提升组织化程度与市场竞争力

要从鄱阳湖生态经济区实际出发，深化农村合作经济改革，进一步促进农民专业合作社发展，使农户获得更多新的服务和实惠，应从以下几个方面加强农业

---

① 姜南：《试析欧盟共同农业政策的改革》［J］，《世界历史》2002 年第 4 期。

专业合作的发展：一是要从各地农业和农村经济发展实际出发，建立起以社员为主导、面向市场、有竞争力的农民真正自主的专业合作社。二是对日本的综合农协模式进行研究、借鉴，并注意克服其在发展过程中的业务促进及民主和团结等方面产生的问题，建立合理的组织机构。三是研究和借鉴北美以成员封闭型为特点的“新一代合作社”，使处于成长期的专业合作社超越经典的合作社模式，产生明显的市场经济优势。四是加强合作社主要领导人以及从事合作社事业的人员（或队伍）培训，同时要科学处理合作社成员与非成员之间、专业合作社与传统组织和制度之间及其与社区合作之间的关系。五是合作社要提高管理、控制社员所产农产品的品种、数量与质量的效率，以防止生产能力过剩并被超过自身运销能力的农产品拖累，更好地适应市场及自身发展的需要。六是在合作社发展初期，要适当增加合作社的固定资产，需要政府提供一定的扶持，但也要防止合作社对政府扶持和优惠政策产生过分依赖的心理，同时增强合作社之间的合作（也可以是跨省区合作），使合作社的活力与竞争力不断提升。①

4. 深化农地制度改革，为适度规模经营提供制度保障

继续以家庭承包制为基础，使承包户在不转变土地用途的情况下，拥有更充分的土地经营权和处置权。对地租、地价的确定要合理，鼓励通过出租、转让、入股、继承和抵押等多种形式，使土地所有权的流转由市场运转，使土地资源流动进一步规范化和市场化。一是要探索土地股份公司制经营模式；二是要通过土地的有偿转包、租赁、转让，使土地经营权能有所集中；三是要通过产业化经营的途径促进土地规模经营；四是要通过政府的组织服务引导规模经营。在实现土地使用权合理流转的经过中，农村土地流转的二级市场必须建立和完善起来，使土地所有者——农村集体能够自主进入市场，使土地使用权能以资本的形式直接在二级市场上出售、拍卖。对农村土地征用制度加以改革和完善，使失地农民的基本权益得到切实保障。

① 黄祖辉等：《中国的农民专业合作社与制度安排》［J］，《山东农业大学学报》（社会科学版）2005 年第 4 期。

第五章
结　论

当前，生态环境问题已是世界性难题，我国把建设生态文明作为实现全面建设小康社会的奋斗目标之一，江西省也把建设鄱阳湖生态经济区作为协调环境与经济社会发展的重大战略。影响环境变迁的因素众多，但人类活动是最重要的因素。基于此种认识，本书紧紧围绕鄱阳湖流域农业开发与生态环境互动关系这一核心，主要采用历史研究为主，结合生态学、农学和经济学等跨学科研究的方法，探索农业开发与鄱阳湖流域生态环境保护的互动规律，总结经验教训并借鉴传统生态农业思想、模式和技术，为鄱阳湖生态经济区高效生态农业发展提供对策。

本书研究的主要结论列述如下：

一、主要结论

1. 鄱阳湖流域农业开发与生态环境变迁的互动关系

考诸鄱阳湖流域农业开发和生态环境变迁史，可以发现历史上鄱阳湖流域农业开发经历了一个由开发不足到开发适度再到开发过度和环境治理的阶段。相应地，其生态环境也经历了一个由封闭到平衡，再到开始失衡、逐步恶化，再到逐步改善的变迁过程。可以概括为：远古至秦汉时期，是生态环境由荒凉向开化发展的阶段；隋唐五代时期，是生态环境平衡发展阶段；宋元时期，是生态环境开始失衡阶段；明清时期，是生态环境逐渐破坏恶化的阶段；近代以来，生态环境呈现进一步恶化的趋势；新中国成立以来生态环境经历了一个恶化—治理—改善的过程。

夏、商、西周时期鄱阳湖流域由于生产力低下，人口密度低，生态环境基本处于自然原始、开发不足的状态。春秋战国时期，由于铁工具的使用，促进了鄱阳湖流域的农业发展，耕地面积扩大，劳动生产率也得到提高，使粮食生产有了一定的规模。此外，养殖业也有了一定的进步，使得鄱阳湖流域初步呈现出“鱼米之乡”的景象，生态环境呈现人与自然和谐的趋势。秦汉六朝时期，鄱阳湖流域山区的开发程度极低，原始山林和生态环境保留得比较完整。由于地理、气候因素和森林植被保持完整，该时期，鄱阳湖流域的农业自然灾害发生的频率低、间隔时间长。隋唐五代鄱阳湖流域农业经济取得长足进步，使江西省经济地位在全国日益重要。虽然人口密度逐渐增大，圩田、梯田的出现带来一定的生态环境变动，隐含着一定的生态破坏，但仍未达到过度开发的程度，森林资源和植被保持完好，水土流失较少，生态环境良好。但由于唐末人口流入增多，山林垦伐增多，生态环境出现隐忧。宋元时期，鄱阳湖流域的农业生产条件随着水利工程的不断兴修得到较大改善，但更突出的是，随着山区梯田的开垦，森林植被开始遭到较大和较深程度的破坏，生态环境出现失衡的趋势，农业自然灾害呈多样化和高频率发展趋势。明及清前期，受特定时代气候寒冷和人为破坏双重因素的影响，鄱阳湖流域的生态环境较之前代，呈现进一步恶化的趋势，表现为气候特别寒冷、自然生态环境破坏严重、农业自然灾害更加频仍。

近代以来，由于战争、灾害以及政府衰败等因素，鄱阳湖流域生态环境仍然呈现进一步恶化的趋势，表现为森林覆盖率进一步下降，导致其涵养水源、保持水土的能力大幅度下降，直接带来的环境灾难就是水旱灾害更加频繁和严重，农田及水利设施受水灾破坏严重。

新中国成立后，鄱阳湖流域的农业生态环境问题除了历史时期存在的森林植被破坏、水土流失和自然灾害等以外，还有受工业化、农业现代化的影响所带来的环境污染问题，这些问题经历了一个恶化—治理—改善的过程。其生态环境的总体特征表现为：①森林覆盖率逐渐提高，但森林的质量及大范围森林生态系统的服务功能仍然欠缺；②土地类型多样，适宜范围广，人口密度较小，垦殖率较低，但山区水土流失问题仍然很严峻，新水土流失形成的压力依然较大；③水资源丰富，水质良好，但洪涝灾害严重，水污染压力趋于增大；④生物多样性特色明显，但有害特种已有入侵，水源涵养功能亟待加强；⑤农村生态环境建设蓬勃发展，但同时农业面源污染特别是畜禽粪便污染明显加剧。

2. 农业生态环境的演变对鄱阳湖流域农业发展的启示

纵观鄱阳湖流域农业的开发历史，农业开发与生态环境变迁的互动关系十分密切，尤其是新中国成立以来鄱阳湖流域的农业开发史，农业在取得巨大发展的同时，也造成了一系列棘手的生态环境问题。在此，我们可以得出历史的经验教训：农业开发必须适应复杂的自然生态环境条件，只有全面地把握自然生态环境的总体，才能使自然资源和自然条件充分地、持续地发挥作用，经济社会才能保持可持续发展。相反，如果不顾自然生态环境的复杂性，掠夺性开发资源，就必然会受到自然界的惩罚。农业生态环境的演变对鄱阳湖流域农业发展的启示可以归纳为如下几点：①必须处理好农业开发与环境治理的关系；②必须处理好不同资源之间开发的关系；③必须处理好环境承载力和开发模式之间的关系。

3. 对鄱阳湖流域生态农业发展的历史考察

处理好农业开发与环境治理之间的关系，必须大力发展生态农业。我国传统生态农业中的“三才论”、“三宜说”、精耕细作、培肥地力、基塘农业、用养结合等农业思想、模式和技术，值得继承和发扬。鄱阳湖流域传统农业中符合生态农业原理的技术和模式发展历史源远流长，也有许多优良传统。自宋代以来，出现深耕细作和农作物间、混、套作、复种轮作等符合生态学原理的“原始”的生态农业模式。明代时，鄱阳湖流域生态农业的技术和模式进一步发展，出现了利用生态学上的种群演替规律进行多种水稻与其他作物之间水旱轮作、复种和间作模式。以及通过“稻—绿肥”种植模式、农牧结合的方式和其他施肥技术的改进，大量施用农家肥，以培肥地力，既可防止地力衰竭，使鄱阳湖流域的传统农业保持高土地利用率和高土地生产率，还是废弃物质资源化，实现农业生态系统内部物质循环的关键一环。清代出现的用烟梗防治水稻虫害新技术也是值得借鉴的生物防治技术。新中国成立以来鄱阳湖流域生态农业取得了进一步的发展，经历了自发型生态农业阶段、资源型生态农业阶段、高产型生态农业阶段、优质型生态农业阶段和高效型生态农业阶段等五个阶段，创造的“猪—沼—果”模式取得了良好的生态效益、经济效益和社会效益，成为我国南方唯一重点推广的生态农业模式，标志着鄱阳湖流域生态农业发展在全国处于领先地位。鄱阳湖流域现代生态农业的成效是显著的，但在发展过程中也存在许多问题：生态农业服务体系建设不完善、生态农业科技含量不高、生态农业投资短缺、生态农业建设的配套机制不健全、生态农业产业化程度低等，必须在今后的发展过程中加以克服。

4. 构建鄱阳湖生态经济区高效生态农业体系

发展生态产业建设鄱阳湖生态经济区的经济基础，建设高效生态农业是鄱阳湖生态经济区的生态产业的优势所在。

鄱阳湖生态经济区高效生态农业的内涵，主要是将传统农业的技术精华与现代工业、科学技术以及管理方法等有机结合，按照社会化大生产的要求，在农产品生产乃至整个生命周期中，充分发挥农业自身优势，农林牧渔加多业结合，横向上实行土地、资金、技术、人才等要素资源的合理流动与集约经营，纵向上实现产加销、贸工农一体化管理，逐步建立起一个高产、优质、高效、低耗、安全和多功能的现代产业体系，实现区域化、专业化、适度规模和集约化、商品化、社会化的大生产，努力提高有限资源的利用效率和农业综合生产能力与市场竞争力，最终走出一条科技含量高、经济效益好、资源消耗低、环境污染少、人力资源得到充分发挥的，生产发展、生活富裕、生态良好，具有时代特征、中国特色、区域特点的现代农业可持续发展之路。

鄱阳湖生态经济区高效生态农业的发展框架包括：必须加强技术创新、必须加强组织与制度创新、必须强化三大产业之间的联合、配套。

发展高效生态农业必须进行分区研究，鄱阳湖生态经济区高效生态农业可区划为三个不同的区域，Ⅰ区：赣抚中游河谷阶地与丘陵庭院农牧渔型高效生态农业区；Ⅱ区：赣东北中低山丘陵农林果牧渔立体型高效生态农业区；Ⅲ区：赣西北中低山与丘陵及鄱阳湖冲积平原农牧渔型高效生态农业区。上述三个区域的高效生态农业建设发展方向也各有侧重点。

结合鄱阳湖生态经济区高效生态农业区划结果分析和江西省生态农业的群众实践，鄱阳湖生态经济区高效生态农业模式可设计为四大类、18 小类。第一大类是农业主产区高效生态农业模式，包括：轮作套种立体复合生态农业模式、“种—养—沼—加”复合生态农业模式、“农—牧—渔”复合生态农业模式、“林—鱼—鸭”复合生态农业模式、“生态猪场”模式、“种—养—加”一体化绿色食品规模化开发模式等五小类；第二大类是生态脆弱区高效生态农业模式，包括：生态经济沟模式（小流域综合治理模式）、“围山转”生态工程模式、“五配套”生态果园模式、坡地生物篱与立体种植生态农业模式、山地种养一体化模式等五小类；第三大类是生态资源丰富经济欠发达区高效生态农业模式，包括：生态型种养加一体化模式、绿色食品、有机食品开发生态工程模式、特色产品开发生态工程、生态旅游与观光农业模式、“猪—沼—果”生态工程模式等五小类；第四大类是城郊经济发达区高效生态农业模式，包括：生态型设施农业工程模式、生态型观光农业模式、产业化开发绿色食品生态农业模式等三小类。

鄱阳湖生态经济区高效生态农业技术体系构成包括生态结构合理化技术体系及农业系统功能强化（集约化）技术体系，其高效生态农业技术开发的主要内容包括：农用化学品高效安全施用和农业面源污染控制技术、控制坡耕地水土流失的既合理又能促进农牧业发展的实用技术和方法、畜禽粪便处理与畜禽粪便产业化技术、减轻工业污染的方案和技术、生态脆弱区农田生物多样性利用型生产与生态保护双赢技术、生态良性循环接口技术、生态种养一体化模式与关键技术标准化体系、作物秸秆开发利用与地力建设技术、无公害农产品与绿色及有机农产品生产技术以及生态农业生产技术规范、管理方法和监督检查标准体系建设等。

发展鄱阳湖生态经济区高效生态农业离不开建立与健全政府扶持政策与实施体系，包括制定科学发展规划，强化高效生态农业扶持制度保障；加强基础设施建设，改善农业生产环境；构筑农业科技促进机制，强化技术支撑体系；健全农业服务保障机制，强化组织服务体系；建立健全长效支农投入机制，拓宽农业投资渠道；建立健全生态补偿机制，保护农业生态环境等。

鄱阳湖生态经济区高效生态农业作为现代农业发展的具体实践模式，除了建立与健全发展高效生态农业的政府扶持政策与实施体系之外，还要突出围绕高效生态农业建设的主要目标与障碍因素，对主要组织与制度（政策）安排进行研究、设计与创新。包括：培育核心农户，建立健全生产经营者进退机制；加强人力资源开发，解决农业者的结构性矛盾；加强农业专业合作，提高组织化程度与市场竞争力；深化农地制度改革，为适度规模经营提供制度保障等。

二、本书的创新之处

（1）本书认为我国生态环境史应该综合性研究贯通历史时期全过程的环境变迁，研究的历史跨度要扩大到现代，为我国实施可持续发展战略提供理论支撑。因此，本书比较系统地分析了鄱阳湖流域各个历史时期生态环境与农业开发的互动关系，并归纳总结了传统中国生态农业精华对现代生态农业的启示，考察了历史上鄱阳湖流域生态农业模式和技术，为发展现代生态农业、实现农业可持续发展提供了借鉴。

（2）研究视角的创新。目前学术界对生态农业的研究，基本上采用当代的研究视角，本书采用历史比较研究与当代实践相结合的研究视角，使鄱阳湖生态经济区生态农业发展有了历史的纵深感，是一个新的尝试。

（3）根据生态农业原理和原则，以及鄱阳湖生态经济区农业资源的适宜性，设计了鄱阳湖高效生态农业模式，选择了适宜的生态农业技术。

（4）根据鄱阳湖生态经济区高效生态农业发展中存在的问题，提出了一系列针对性和操作性较强的生态农业发展对策，供决策者参考。

参考文献

一、古籍

［1］（春秋）管仲著，孙波注释：《管子》［M］，北京：华夏出版社 2000 年版。

［2］（战国）孟轲：《孟子》［M］，鲁国尧注评，南京：凤凰出版社 2006 年版。

［3］（战国）荀况：《荀子》［M］，大同：山西古籍出版社 2003 年版。

［4］（秦）《吕氏春秋》［M］，高诱《诸子集成本》，北京：中华书局 1954 年版。

［5］（西汉）司马迁：《史记》［M］，北京：中华书局 1982 年版。

［6］（东汉）班固：《汉书》［M］，北京：中华书局 2007 年版。

［7］（东汉）王充：《论衡》［M］，人民出版社 2005 年版。

［8］（东晋）陶渊明：《陶渊明集》［M］，北京：中华书局 1979 年版。

［9］（北魏）贾思勰著、缪启愉校释：《齐民要术校释》［M］，北京：中国农业出版社 1982 年版。

［10］（唐）房玄龄等：《晋书》［M］，长沙：岳麓书社 1997 年版。

［11］（唐）姚思廉：《陈书》［M］，上海：上海古籍出版社 1986 年版。

［12］（唐）独孤及：《毗陵集》［M］，上海：上海古籍出版社 1993 年版。

［13］（唐）韦庄：《韦庄集笺注》［M］，上海：上海古籍出版社 2002 年版。

［14］（唐）司马承祯：《天地宫府图》［M］，上海：上海古籍出版社 1989 年版。

［15］（唐）张九龄：《曲江集》［M］，刘斯翰校注，广东：广东人民出版社 1986 年版。

［16］（唐）白居易著、顾学颉校点：《白居易集》［M］，北京：中华书局

1979 年版。

［17］（北宋）司马光：《资治通鉴》［M］，北京：中华书局 1956 年版。

［18］（北宋）李觏：《李觏集》［M］，北京：中华书局 1981 年版。

［19］（北宋）方勺：《泊宅编》［M］，北京：中华书局 1983 年版。

［20］（北宋）沈括：《梦溪笔谈》［M］，重庆：重庆出版社 2007 年版。

［21］（北宋）乐史：《太平寰宇记》［M］，北京：中华书局 2008 版。

［22］（北宋）王钦若等编纂：《册府元龟》［M］，南京：凤凰出版社 2006 年版。

［23］（北宋）庄绰：《鸡肋编》［M］，上海：上海书店 1990 年版。

［24］（北宋）李昉：《太平御览》［M］，北京：中华书局 1963 年版。

［25］（北宋）宋敏求编：《唐大诏令集》［M］，北京：中华书局 2008 年版。

［26］（南宋）范成大：《骖鸾录》，见《历代日记丛谈》［M］，上海：上海画报出版社 2004 年版。

［27］（南宋）杨万里：《诚斋集》，《四库全书》本。

［28］（南宋）吴泳：《鹤林集》［M］，民国商务印书馆影印故宫博物院文渊阁本 1936 年版。

［29］（南宋）黄震：《慈溪黄氏日抄分类古今纪要》［M］，北京：北京图书馆出版社 2005 年版。

［30］（南宋）陆九渊：《象山先生全集》［M］，宣统庚戌年江左书林校印。

［31］（南宋）朱熹：《晦庵先生朱文公文集》，朱杰人等编：《朱子全书》［M］，上海：上海古籍出版社 2002 年版。

［32］（南宋）吴曾：《能改斋漫录》［M］，上海：上海古籍出版社 1979 年版。

［33］（宋）张孝祥：《于湖居士文集》［M］，上海：上海古籍出版社 1980 年 1 版。

［34］（宋）陈旉撰：《陈旉农书选读》［M］，缪启愉选译，北京：中国农业出版社 1981 年版。

［35］（元）王祯著：《王祯农书》［M］，王毓瑚校，北京：中国农业出版社 1981 年版。

［36］（元）马端临：《文献通考》［M］，北京：中华书局 2006 年版。

［37］（元）脱脱等：《宋史》［M］，北京：中华书局 1977 年版。

［38］（明）宋应星：《天工开物》［M］，广东：广东人民出版社 1976 年版。

［39］（明）李诩：《戒庵老人漫笔》［M］，魏连科点校，北京：中华书局 1997 年版。

[40]（明）宋濂等:《元史》[M]，北京：中华书局2005年版。

[41]（明）马一龙:《农说》[M]，济南：齐鲁书社1997年版。

[42]（明）沈氏、(清）张履祥辑补:《沈氏农书》[M]，北京：中华书局1956年版。

[43]（清）张廷玉:《明史》[M]，北京：中华书局1974年版。

[44]（清）李肇:《唐国史补》[M]，上海：上海古籍出版社1957年版。

[45]（清）朱栾:《江城旧事》[M]，清道光二十五年刻本。

[46]（清）董皓等编:《全唐文》[M]，上海：上海古籍出版社2007年版。

[47]（清）何德刚:《抚郡农产考略》[M]，光绪二十九年抚郡学堂校刊。

[48]（清）顾炎武:《天下郡国利病书》卷82［M]，《江西四》，文渊阁四库全书本。

[49]（清）刘坤一:《近代中国史料丛刊》本《刘忠诚公遗集》［M]，台北：台湾文海出版社1966年版。

[50]（清）孙洙编:《唐诗三百首》［M]，武汉：湖北人民出版社2007年版。

[51]（清）徐松:《宋会要辑稿》[M]，北京：中华书局2001年版。

[52]（清）屈大均:《广东新语》[M]，北京：中华书局1997年版。

[53]（清）杨屾:《知本提纲》，见王毓瑚辑《秦晋农言》[M]，北京：中华书局1957年版。

[54]（清）张标:《农丹》，缪荃孙编:《藕香零拾》［M]，北京：中华书局1999年版。

[55]（清）王晋之:《山居琐言》，清光绪二十九年（1903）石印本。

[56] 赵尔巽:《清史稿》[M]，北京：中华书局1977年版。

[57] 万国鼎辑释:《氾胜之书辑释》[M]，北京：中华书局1957年版。

[58] 袁珂:《山海经校注》[M]，上海：上海古籍出版社1980年版。

[59] 何宁:《淮南子集释》[M]，北京：中华书局1998年版。

[60]《全唐诗》[M]，黄钧等校注，长沙：岳麓书社1998年版。

二、地方志书

[1]（明）嘉靖:《江西省大志》，中国地方志集成影印本。

[2]（明）正德:《建昌府志》，中国地方志集成影印本。

[3]（明）正德:《袁州府志》，中国地方志集成影印本。

[4]（明）万历:《江西省大志》，中国地方志集成影印本。

[5]（明）万历：《新修南昌府志》，中国地方志集成影印本。
[6]（清）康熙：《西江志》，中国地方志集成影印本。
[7]（清）康熙：《江西通志》，中国地方志集成影印本。
[8]（清）康熙：《续修赣州府志》，中国地方志集成影印本。
[9]（清）康熙：《兴国县志》，中国地方志集成影印本。
[10]（清）康熙：《铅山县志》，中国地方志集成影印本。
[11]（清）康熙：《进贤县志》，中国地方志集成影印本。
[12]（清）雍正：《江西通志》，中国地方志集成影印本。
[13]（清）乾隆：《广信府志》，中国地方志集成影印本。
[14]（清）乾隆：《南昌府志》，中国地方志集成影印本。
[15]（清）乾隆：《袁州府志》，中国地方志集成影印本。
[16]（清）乾隆：《石城县志》，中国地方志集成影印本。
[17]（清）乾隆：《南城县志》，中国地方志集成影印本。
[18]（清）乾隆：《瑞金县志》，中国地方志集成影印本。
[19]（清）乾隆：《安远县志》，中国地方志集成影印本。
[20]（清）乾隆：《萍乡县志》，中国地方志集成影印本。
[21]（清）乾隆：《会昌县志》，中国地方志集成影印本。
[22]（清）乾隆：《石城县志》，中国地方志集成影印本。
[23]（清）乾隆：《定南厅志》，中国地方志集成影印本。
[24]（清）乾隆：《浮梁县志》，中国地方志集成影印本。
[25]（清）乾隆：《武宁县志》，中国地方志集成影印本。
[26]（清）乾隆：《南安府大庾县志》，中国地方志集成影印本。
[27]（清）道光：《宁都直隶州志》，中国地方志集成影印本。
[28]（清）道光：《义宁州志》，中国地方志集成影印本。
[29]（清）道光：《武宁县志》，中国地方志集成影印本。
[30]（清）道光：《余干县志》，中国地方志集成影印本。
[31]（清）道光：《雩都县志》，中国地方志集成影印本。
[32]（清）道光：《宜黄县志》，中国地方志集成影印本。
[33]（清）道光：《玉山县志》，中国地方志集成影印本。
[34]（清）道光：《进贤县志》，中国地方志集成影印本。
[35]（清）同治：《抚州府志》，中国地方志集成影印本。
[36]（清）同治：《赣州府志》，中国地方志集成影印本。
[37]（清）同治：《袁州府志》，中国地方志集成影印本。
[38]（清）同治：《饶州府志》，中国地方志集成影印本。

[39]（清）同治：《建昌府志》，中国地方志集成影印本。
[40]（清）同治：《九江府志》，中国地方志集成影印本。
[41]（清）同治：《南昌府志》，中国地方志集成影印本。
[42]（清）同治：《广信府志》，中国地方志集成影印本。
[43]（清）同治：《南康府志》，中国地方志集成影印本。
[44]（清）同治：《义宁州志》，中国地方志集成影印本。
[45]（清）同治：《玉山县志》，中国地方志集成影印本。
[46]（清）同治：《分宜县志》，中国地方志集成影印本。
[47]（清）同治：《武宁县志》，中国地方志集成影印本。
[48]（清）同治：《湖口县志》，中国地方志集成影印本。
[49]（清）同治：《丰城县志》，中国地方志集成影印本。
[50]（清）同治：《奉新县志》，中国地方志集成影印本。
[51]（清）同治：《星子县志》，中国地方志集成影印本。
[52]（清）同治：《乐平县志》，中国地方志集成影印本。
[53]（清）同治：《宜黄县志》，中国地方志集成影印本。
[54]（清）同治：《安义县志》，中国地方志集成影印本。
[55]（清）同治：《贵溪县志》，中国地方志集成影印本。
[56]（清）同治：《安仁县志》，中国地方志集成影印本。
[57]（清）同治：《金溪县志》，中国地方志集成影印本。
[58]（清）同治：《万年县志》，中国地方志集成影印本。
[59]（清）同治：《会昌县志》，中国地方志集成影印本。
[60]（清）同治：《弋阳县志》，中国地方志集成影印本。
[61]（清）同治：《铅山县志》，中国地方志集成影印本。
[62]（清）同治：《广丰县志》，中国地方志集成影印本。
[63]（清）同治：《上饶县志》，中国地方志集成影印本。
[64]（清）同治：《重修上高县志》，中国地方志集成影印本。
[65]（清）同治：《永新县志》，中国地方志集成影印本。
[66]（清）同治：《德化县志》，中国地方志集成影印本。
[67]（清）同治：《安义县志》，中国地方志集成影印本。
[68]（清）同治：《新昌县志》，中国地方志集成影印本。
[69]（清）同治：《安福县志》，中国地方志集成影印本。
[70]（清）同治：《安远县志》，中国地方志集成影印本。
[71]（清）同治：《贵溪县志》，中国地方志集成影印本。
[72]（清）同治：《兴安县志》，中国地方志集成影印本。

[73]（清）同治：《新建县志》，中国地方志集成影印本。

[74]（清）同治：《余干县志》，中国地方志集成影印本。

[75]（清）同治：《进贤县志》，中国地方志集成影印本。

[76]（清）同治：《鄱阳县志》，中国地方志集成影印本。

[77]（清）同治：《都昌县志》，中国地方志集成影印本。

[78]（清）王肇渭等修：同治：《龙泉县志》[M]，民国（1912－1949）重印本。

[79]（清）光绪：《江西通志》，中国地方志集成影印本。

[80]（清）光绪：《瑞金县志》，中国地方志集成影印本。

[81]（清）光绪：《江西通志》，中国地方志集成影印本。

[82]（清）光绪：《崇义县志》，中国地方志集成影印本。

[83]（清）光绪：《南昌县志》，中国地方志集成影印本。

[84]（民国）《宜春县志》，中国地方志集成影印本。

[85]（民国）《万载县志》，中国地方志集成影印本。

[86] 余干县县志编纂委员会：《余干县志》：北京：新华出版社 1991 年版。

[87]《遂川县志·萧家璧传》，南昌：江西人民出版社 1996 年版。

三、统计年鉴

[1] 国家统计局：《中国统计年鉴》（2009）[M]，北京：中国统计出版社。

[2] 江西省统计局：《江西统计年鉴》（1990～2012）[M]，北京：中国统计出版社。

[3] 福建省统计局：《福建统计年鉴》（2009）[M]，北京：中国统计出版社。

四、报刊与网络资料

[1]《江西日报》2001 年 1 月 25 日。

[2] 赵其国：《净土洁食问题》[N]，《科学时报》2003 年 9 月 19 日。

[3]《江西发布 2008 年全省环境状况公报》，中国江西新闻网，2009 年 6 月 6 日，http：//www. jxcn. cn/525/2009－6－6/30107@525519. htm。

[4] 江西省环境保护局：《江西省环境状况公报》，2008 年。

[5] 江西省环境保护局：《江西省环境状况公报》，2009 年。

[6] 江西省环境保护局：《江西省环境状况公报》，2010 年。

[7] 中国新能源信息网，http：//newenergy. nengyuan. net/2008/0417/181. html。

[8] 江西省发改委办公室，http：//www. jxdpc. gov. cn/hpyhszjjq/20080326/101626. htm。2008 年 3 月 26 日，

[9] 中华人民共和国国家统计局：《2008 年国民经济和社会发展统计公报》，2009 年 2 月 26 日，http：//www. stats. gov. cn/tjgb/ndtjgb/qgndtjgb/t20090226_402540710. htm。

[10]《江西 5 年净增粮食百亿斤》[EB/OL]，中国江西新闻网，2009 年 1 月 18 日，http：//www. jxcn. cn/525/2009 - 1 - 18/30107@ 469001. htm。

[11] 李贵宝等：《我国农村水环境状况及其恶化成因》[EB/OL]，2001 年 11 月 23 日，http：//www. hwcc. com. cn。

[12] 中华人民共和国环境保护部：《2008 中国环境状况公报》，2009 年 6 月 4 日，http：//www. zhb. gov. cn/news/xz/wdxz/200906/ P020090609397520028674. pdf。

[13]《中国荒漠化土地总面积达 263. 62 万平方公里》[EB/OL]，中国网，http：//www. china. com. cn/environment/2008 - 01/25/content_ 9585134. htm。

[14]《江南都市报》：《江西旱灾 139 万人饮水难，专家称 50 年一遇》[EB/OL]，2007 年 8 月 4 日，http：//news. qq. com/a/20070804/001405. htm。

[15] 张志勇：《江西省绿色食品基地总数冠全国》[EB/OL]，大江网 -《江西日报》，2006 年 9 月 4 日。

[16]《生态家园富农家》[EB/OL]，大江网 -《江西日报》，2005 年 4 月 21 日。

[17]《农业部：我国农业科技进步贡献率超过 50%》[EB/OL]，人民网 -《人民日报》，2009 年 1 月 6 日，http：//nc. people. com. cn/GB/8631043. html。

[18] 江西省减灾委员会编：《历年江西省自然灾害公报》。

五、著作

[1]《马克思恩格斯全集（第 20 卷）》[M]，北京：人民出版社 1979 年版。

[2] 胡锦涛：《高举中国特色社会主义伟大旗帜，为夺取全面建设小康社会新胜利而奋斗》[M]，北京：人民出版社 2007 年版。

[3] 陈荣华、余伯流、邹耕生、施由民等：《江西经济史》[M]，南昌：江西人民出版社 2004 年版。

[4] 梁淼泰：《明清景德镇城市经济研究》[M]，南昌：江西人民出版社 1991 年版。

[5] 梁方仲：《中国历代户口、田地、田赋统计》［M］，北京：北京：中华书局 2008 年版。

[6] 马巨贤等：《中国人口·江西分册》［M］，北京：中国财政经济出版社，1989 年。

[7]《鄱阳湖研究》编委会：《鄱阳湖区自然和社会经济历史资料选》［M］，南昌：江西科学技术出版社 1985 年版。

[8]《鄱阳湖研究》编委会：《鄱阳湖研究》［M］，上海：上海科学技术出版社 1988 年 8 月第 1 版。

[9] 魏嵩山、肖华忠：《鄱阳湖流域开发探源》［M］，南昌：江西教育出版社 1995 年版。

[10] 江西地方志农产资料汇编编委会：《江西地方志农产资料汇编》［M］，南昌：江西人民出版社 1963 年版。

[11] 胡瑞林主编：《江西省志——江西省冶金工业志》［M］，北京：方志出版社 1999 年版。

[12] 石庆华、潘晓华等：《江西农业发展战略研究》［M］，北京：中国农业出版社 2006 年版。

[13] 宋健：《向环境污染宣战》［M］，北京：中国环境科学出版社 1997 年版。

[14] 许怀林等：《鄱阳湖流域生态环境的历史考察》［M］，南昌：江西科学技术出版社 2003 年版。

[15] 温锐、游海华：《劳动力的流动与农村社会变迁——20 世纪赣闽粤三边地区实证研究》［M］，北京：中国社会科学出版社 2001 年版。

[16] 杜相革、王慧敏：《有机农业概论》［M］，北京：中国农业大学出版社 2001 年版。

[17] 萧正洪：《环境与技术选择——清代西部地区农业技术地理研究》［M］，北京：中国社会科学出版社，1998 年版。

[18] 杨通进、高予远：《现代文明的生态转向》［M］，重庆：重庆出版社 2007 年版。

[19] 张从：《环境保护知识干部读本》［M］，北京：中共中央党校出版社 2000 年版。

[20] 卞有生、金冬霞、邵迎晖：《国内外生态农业对比——理论与实践》［M］，北京：中国环境科学出版社 1999 年版。

[21] 李文华：《生态农业——中国可持续农业的理论与实践》［M］，北京：化学工业出版社 2003 年版。

［22］王宏广：《中国农业——问题、潜力、道路、效益》［M］，北京：中国农业出版社 1993 年版。

［23］翟勇：《中国生态农业理论与模式创新研究》［M］，北京：中国农业出版社 2008 年版。

［24］孙鸿良：《生态农业的理论与方法》［M］，济南：山东科学技术出版社 1993 年版。

［25］全国生态农业县建设领导小组办公室编：《中国生态农业》［M］，北京：中国农业出版社 1996 年版。

［26］［日］中野秀章：《森林水文学》［M］，李云森译，北京：中国林业出版社 1983 年版。

［27］马雪华：《亚热带杉木、马尾松人工林水文功能的研究》［M］，北京：中国林业出版社 1996 年版。

［28］江西森林编委会：《江西森林》［M］，北京：中国林业出版社，南昌：江西科学技术出版社 1984 年版。

［29］祝延成等：《生态系统浅说》［M］，北京：科学出版社 1983 年版。

［30］王礼先：《流域管理学》［M］，北京：中国林业出版社 1999 年版。

［31］王礼先等：《流域管理信息系统》［M］，北京：中国林业出版社 1994 年版。

［32］中国科学院生物多样性委员会：《生物多样性研究的原理与方法》［M］，北京：中国科学技术出版社 1994 年版。

［33］李元：《农业环境学》［M］，北京：中国农业出版社 2008 年版。

［34］易宜曲：《江西省经济地理》［M］，北京：新华出版社 1990 年版。

［35］魏嵩山、肖华忠：《鄱阳湖流域开发探源》［M］，南昌：江西教育出版社 1995 年版。

［36］《鄱阳湖研究》编委会：《鄱阳湖研究》［M］，上海：上海科学技术出版社 1988 年版。

［37］许怀林：《江西史稿》［M］，南昌：江西高校出版社 1993 年版。

［38］陈文华：《论农业考古》［M］，南昌：江西教育出版社 1990 年版。

［39］黄展岳：《汉代南方牛耕与火耕水耨》［M］，《中国考古学论丛》，北京：科学出版社 1993 年 5 月版。

［40］李伯重：《唐代江南农业的发展》［M］，北京：中国农业出版社 1990 年版。

［41］萧涤非等：《唐诗鉴赏辞典》［M］，上海：上海辞书出版社 1983 年版。

［42］江西内河航运史编审委员会：《江西内河航运史（古、近代部分）》［M］，北京：人民交通出版社 1991 年版。

［43］蓝勇：《历史时期西南经济开发与生态变迁》［M］，昆明：云南教育出版社 1992 年版。

［44］江西省水利厅水利志总编辑室：《江西历代水旱灾害辑录》［M］，南昌：江西人民出版社 1988 年版。

［45］李文治：《中国近代农业史资料》［M］，北京：生活·读书·新知三联书店 1957 版。

［46］朱海虹、张本等：《鄱阳湖——水文、生物、沉积、湿地、开发整治》［M］，合肥：中国科学技术大学出版社 1997 版。

［47］彭泽益：《中国近代手工业史资料》［M］，北京：生活·读书·新知三联书店 1957 年版。

［48］陈荣华：《江西近代贸易史资料》［M］，南昌：江西人民出版社 1987 年版。

［49］章有义：《中国近代农业史资料（第三辑）》［M］，北京：生活·读书·新知三联书店 1957 年版。

［50］薛暮桥：《旧中国的农村经济》［M］，北京：中国农业出版社 1980 年版。

［51］江西省政府经济委员会：《江西经济问题》［M］，台北：台湾学生书局 1971 年版。

［52］郑大华：《民国乡村建设运动》［M］，北京：社会科学文献出版社 2000 年版。

［53］陈文华、陈荣华：《江西通史》［M］，南昌：江西人民出版社 1999 年版。

［54］李文治：《中国近代农业史资料（第一辑）》［M］，北京：生活·读书·新知三联书店 1957 年版。

［55］吴慧：《中国历代粮食亩产研究》［M］，北京：中国农业出版社 1985 年版。

［56］杨子江：《江西省林业志》［M］，合肥：黄山书社 1999 版。

［57］《中国农业全书》总编委员会：《中国农业全书（江西卷）》［M］，北京：中国农业出版社 1999 年版。

［58］黄国勤：《江西生态安全研究》［M］，北京：中国环境科学出版社 2006 版。

［59］刘宜柏、王晓鸿、黄国勤：《生态经济与生态江西》［M］，北京：中

国农业出版社 2005 年版。
［60］马巨贤、石渊：《中国人口（江西分册）》［M］，北京：中国财政经济出版社 1986 年版。
［61］江西省人代会环保委编：《江西生态》［M］，南昌：江西人民出版社 2007 年版。
［62］何纪力、龙刚、黄云：《江西省酸雨时空分布规律研究》［M］，北京：中国环境科学出版社 2007 年版。
［63］江西省水利厅编：《江西水旱灾害》，1995 年 5 月。
［64］朱宏富、金锋、李荣昉：《鄱阳湖调蓄功能与防灾综合治理研究》［M］，北京：气象出版社 2002 版。
［65］［英］E. F. 舒马赫：《小的是美好的》［M］，南京：译林出版社 2007 年版。
［66］郭文韬等：《中国农业精耕细作的优良传统》，《中国传统农业与现代农业》［M］，北京：中国农业科技出版社 1986 年版。
［67］郭文韬：《中国传统农业思想研究》［M］，北京：中国农业科技出版社，2001 年版。
［68］闵宗殿编著：《中国农业技术发展简史》［M］，北京：中国农业出版社 1983 年版。
［69］黄国勤：《江西农业》［M］，北京：新华出版社 2000 年版。
［70］孔志峰：《中国生态农业运行模式研究》［M］，北京：经济科学出版社 2006 年版。
［71］白跃世：《中国农业现代化路径选择分析》［M］，北京：中国社会科学出版社 2004 年版。

六、学术论文

［1］邓红兵：《流域生态学——理论构建及其实例研究》［C］，中国科学院沈阳应用生态研究所博士学位论文，1999 年。
［2］王祖望、蒋志刚：《我国生物资源现状及持续利用对策》［C］，走向 21 世纪的中国生态学（中国生态学会第五届全国会员代表大会学术讨论会论文集），1995 年。
［3］李茂松等：《中国畜禽废弃物的产出量、污染现状与危害》［C］，全国农业面源污染与综合防治学术研讨会论文集，2004 年。
［4］王艳萍、高吉喜：《有机农业生产在农业自身污染防治中的作用》

[C]，首届全国农业环境科学学术研讨会论文集，2005 年。

[5] 崔玲：《渭河水系廊道与古都西安城址变迁的关系研究》[J]，《华中建筑》2009 年第 27 卷第 2 期。

[6] 谢丽：《绿洲农业开发与楼兰古国生态环境的变迁》[J]，《中国农史》2001 年第 1 期。

[7] 许怀林：《汉代南方牛耕与火耕水耨》[J]，《农业考古》1987 年第 2 期。

[8] 白志礼：《黄土高原农业可持续发展问题的再认识》[J]，《西北农林科技大学学报》（社会科学版）2001 年第 1 卷第 1 期。

[9] 张维理等：《中国农业面源污染形势估计及控制对策》[J]，《中国农业科学》2004 年第 37 卷第 7 期。

[10] 杨正礼：《我国粮食安全的基础在于藏粮于田》[J]，《科技导报》2004 年第 9 期。

[11] 方杰：《农业循环经济：建设农业生态文明的必然选择》[J]，《西南大学学报》（社会科学版），2008 年第 34 卷第 6 期。

[12] 张维理等：《中国农业面源污染形势估计及控制对策》[J]，《中国农业科学》2004 年第 37 卷第 7 期。

[13] 江长胜等：《稻田甲烷排放影响因素及其研究进展》[J]，《土壤通报》2004 年第 35 卷第 5 期。

[14] 刘志伟等：《长江中下游地区水稻田溶解态氮流失量的估算——以江苏省靖江市柏木乡为例》[J]，《中国生态农业学报》2004 年第 4 期。

[15] 方淑荣、刘正库：《论农业面源污染及其防治对策》[J]，《农业科技管理》2006 年第 3 期。

[16] 陈支平：《清代江西的粮食运销》[J]，《江西社会科学》1983 年第 3 期。

[17] 施由民：《东汉至清代江西农业自然灾害探析》[J]，《中国农史》2000 年第 1 期。

[18] 曹树基：《明清时期的流民和赣北山区的开发》[J]，《中国农史》1986 年第 2 期。

[19] 包茂宏：《德国的环境变迁与环境史研究——访德国环境史学家亚克西姆·纳向考教授》[J]，《史学月刊》2004 年第 10 期。

[20] 包茂宏：《英国的环境史研究》[J]，《中国历史地理论丛》2005 年第 20 卷第 2 期。

[21] 包茂宏：《热纳维耶芙·马萨—吉波教授谈法国环境史研究》[J]，

《中国历史地理论丛》2004 年第 19 卷第 2 期。

［22］包茂宏：《环境史：历史、理论和方法》［J］，《史学理论研究》2000 年第 4 期。

［23］王子今：《中国生态史学的进步及其意义——以秦汉生态史研究为中心的考察》［J］，《历史研究》2003 年第 1 期。

［24］景爱：《环境史：定义、内容与方法》［J］，《史学月刊》2004 年第 3 期。

［25］梅雪芹：《马克思主义环境史学论纲》［J］，《史学月刊》2004 年第 3 期。

［26］包茂宏：《唐纳德·沃斯特和美国的环境史研究》［J］，《史学理论研究》2004 年第 4 期。

［27］侯文蕙：《〈尘暴〉及其对环境史研究的贡献》［J］，《史学月刊》2004 年第 3 期。

［28］行龙：《开展中国人口、资源、环境史研究》［J］，《山西大学学报》2001 年第 6 期。

［29］余新忠：《疫病社会史研究：现实与史学发展的共同要求》［J］，《史学理论研究》2003 年第 4 期。

［30］王铮等：《历史气候变化对中国社会发展的影响——兼论人地关系》［J］，《地理学报》1997 年第 4 期。

［31］吴承明：《究天人之际通古今之变》［J］，《中国经济史研究》2000 年第 2 期。

［32］李根蟠：《“天人合一”与“三才”理论——为什么要讨论中国经济史上的“天人关系”》［J］，《中国经济史研究》2000 年第 3 期。

［33］鲁西奇：《人地关系理论与历史地理研究》［J］，《史学理论研究》2001 年第 2 期。

［34］覃明兴：《人类中心主义研究综述》［J］，《哲学动态》1997 年第 6 期。

［35］杨淑华：《人类中心主义问题研究综述》［J］，《教学与研究》1999 年第 6 期。

［36］陈伟华、杨曦：《世界观的转变：从人类中心主义到生态中心主义》［J］，《科学技术与辩证法》2001 年第 4 期。

［37］竺可桢：《中国近五千年来气候变迁的初步研究》［J］，《考古学报》1972 年第 1 期。

［38］汪一鸣：《宁夏平原自然生态系统的改造——历史上人类活动对宁夏

平原生态环境的影响初探》[J],《中国农史》1983 年第 4 期。

[39] 倪根金:《试论气候变迁对我国古代北方农业经济的影响》[J],《农业考古》1988 年第 1 期。

[40] 史念海:《论两周时期农牧业地区的分界线》[J],《中国历史地理论丛》1987 年第 1 期。

[41] 梁四宝:《明代“九边”屯田引起的水土流失问题》[J],《山西大学学报》1992 年第 3 期。

[42] 陈家其:《太湖农业区的形成历史与地理因素分析》[J],《中国农史》1994 年第 1 期。

[43] 赵冈:《生态变迁的统计分析》[J],《中国农史》1994 年第 4 期。

[44] 张国雄:《明清时期两湖开发与环境变迁初议》[J],《中国历史地理论丛》1994 年第 5 期。

[45] 王广智:《晋陕蒙接壤区生态环境变迁初探》[J],《中国农史》1995 年第 4 期。

[46] 王建革:《小农与环境——以生态系统的观点透视传统农业生产的历史过程》[J],《中国农史》1995 年第 3 期。

[47] 王守春:《历史上塔里木河下游的地区环境变迁和政治经济地位的变化》[J],《中国历史地理论丛》1996 年第 3 期。

[48] 吴敌:《清代长江流域的农业开发与环境问题》[J],《四川师范学院学报》1996 年第 6 期。

[49] 吴滔:《关于明清生态环境变化和农业灾荒发生的初步研究》[J],《农业考古》1999 年第 3 期。

[50] 邹逸麟:《明清流民与川陕豫交界地区的环境问题》,《复旦大学学报》1998 年第 4 期。

[51] 钞晓鸿:《清至民国时期陕西南部的环境保护》[J],《中国农史》2002 年第 2 期。

[52] 张建民:《明清秦巴山区生态环境变迁论略》[A],《中国经济史上的天人关系》[C],北京:中国农业出版社 2002 年。

[53] 葛庆华:《试论清初中期川陕交界地区的开发与环境问题》[J],《西北史地》1999 年第 1 期。

[54] 李令福:《历史时期关中农业发展与地理环境之相互关系初探》[J],《中国历史地理论丛》2000 年第 1 期。

[55] 谢丽:《绿洲农业开发与古楼兰古国生态环境的变迁》[J],《中国农史》2001 年第 1 期。

［56］吴璞：《明代以来江南农业的生态适应性——以吴江县为例》［J］，《中国农史》2001 年 2 期。

［57］孟晋：《清代陕西的农业开发与生态环境的破坏》［J］，《史学月刊》2002 年第 1 期。

［58］姚兆余：《明清时期西北地区农业开发的技术路线与生态效应》［J］，《中国农史》2003 年第 4 期。

［59］张芳：《太湖地区古代圩田的发展及对生态环境的影响》［A］，《2003 年广州中国生物学史暨农史学术讨论会交流论文》2003 年。

［60］封玲：《历史时期中国绿洲的农业开发与生态环境变迁》［J］，《中国农史》2004 年第 3 期。

［61］王建革：《技术与圩田土壤环境史：以嘉湖平原为中心》［J］，《中国农史》2006 年第 1 期。

［62］许怀林：《江西历史人口状况初探》［J］，《江西社会科学》1984 年第 2 期。

［63］曹树基：《明清时期的流民和赣南山区的开发》［J］，《中国农史》1985 年第 4 期。

［64］谢宏维：《清代棚民及其对社会经济的影响》［J］，《历史教学》2004 年第 3 期。

［65］施民：《明清时期赣南客家与山区经济的发展》［J］，《赣南师范学院学报》1992 年第 4 期。

［66］昌庆钟、刘义程：《明代江西人口外移原因探析》［J］，《江西社会科学》1998 年第 1 期。

［67］李晓方：《明清时期闽粤客家的倒迁与赣南生态环境的变迁述论》［J］，《赣南师范学院学报》2007 年第 5 期。

［68］吴艳宏：《郡阳湖湖 C1 地区 4500 年来环境变迁》［J］，《湖泊科学》1999 年第 1 期。

［69］林英、廖祯：《江西森林的历史变迁》［J］，《南昌大学学报》1982 年第 1 期。

［70］陈柏泉：《江西地区历史时期的森林》［J］，《农业考古》1985 年第 2 期。

［71］谭其骧、张修桂：《鄱阳湖的历史过程》［J］，《复旦学报》（社会科学版），1982 年第 2 期。

［72］龚胜生：《清代两湖地区人口压力下生态环境恶化及其对策》［J］，《中国历史地理论丛》1993 年第 1 期。

［73］张国雄：《明清时期两湖开发与环境变迁初议》［J］，《中国历史地理论丛》1994 年第 2 期。

［74］吴金娣：《唐宋鄱阳湖地区的经济开发》［J］，《上海师范大学校报》（哲学社会科学版）1997 年第 1 期。

［75］王福昌：《唐代南昌的生态环境》［J］，《古今农业》2001 年第 3 期。

［76］马世铭等：《世界有机农业发展的历史回顾与发展动态》［J］，《中国农业科学》2004 年第 34 卷第 10 期。

［77］沈德中、谢经荣、张青文：《日本的自然农法》［J］，《世界农业》1995 年第 7 期。

［78］于洪飞、戴俊英：《现代农业思潮的类型（上）》［J］，《世界农业》1995 年第 3 期。

［79］马世骏：《从持久发展谈当代农业的动向》［J］，《科技导报》1986 第 4 期。

［80］叶谦吉：《生态农业发展的战略问题》［J］，《西南农业大学学报》1987 年第 1 期。

［81］赵银卯：《谈谈生态生产力和生态农业建设》［J］，《农业现代化研究》1994 年第 1 期。

［82］石元亮、王晶：《持续农业的理论与研究动态》［J］，《吉林农业科学》1998 年第 2 期。

［83］程序：《可持续农业的几个理论问题》［J］，《中国生态农业学报》1999 年第 1 期。

［84］刘力、于爱敏：《世界可持续农业发展模式比较研究》［J］，《世界地理研究》2001 年第 1 期。

［85］李文华：《中国生态农业面临的机遇与挑战》［J］，《中国生态农业学报》2004 年第 1 期。

［86］王东阳、程广燕：《中国生态农业发展前景展望》［J］，《农业展望》2006 年第 1 期。

［87］马世骏：《从持久发展谈当代农业的动向》［J］，《科技导报》1986 第 4 期。

［88］梁树春：《对石油农业与生态农业的再认识——兼论我国现代化农业模式的选择》［J］，《农业现代化研究》1988 年第 3 期。

［89］孙鸿良等：《论中国生态农业的特点原理及其主要技术》［J］，《农业现代化研究》1993 年第 3 期。

［90］厉以宁：《论生志效益型的经济发展道路》［J］，《科技导报》1991 年

第 7 期。

［91］刘书楷：《论我国生态农业今后十年发展方向和任务》，［J］，《农业现代化研究》1991 年第 4 期。

［92］赵银卯：《谈谈生态生产力和生态农业建设》［J］，《农业现代化研究》1994 年第 1 期。

［93］钟晓青：《也谈生态农业厦农业可持续发展的几个理论问题——和刘巽浩先生商榷》［J］，《农业现代化研究》1996 年第 1 期。

［94］苏春华、曹志强：《可持续的生态农业是我国农业现代化道路的选择》［J］，《农业现代化研究》1999 年第 6 期。

［95］刘力、于爱敏：《世界可持续农业发展模式比较研究》［J］，《世界地理研究》2001 年第 1 期。

［96］李文华：《中国生态农业面临的机遇与挑战》［J］，《中国生态农业学报》2004 年第 1 期。

［97］章家恩、骆世明：《现阶段中国生态农业可持续发展面临的实践和理论问题探讨》［J］，《生态学杂志》2005 年第 1 期。

［98］郭书田：《有关生态农业建设的若干问题》［J］，《中国生态农业学报》1994 年第 1 期。

［99］王建武、吴文良：《世界农业发展的新趋势与中国生态农业》［J］，《开发研究》1995 年第 6 期。

［100］张法瑞、靳乐山：《关于可持续农业及中国农业可持续农业发展的理论思考》［J］，《自然辩证法研究》1997 年第 7 期 .

［101］汪卫民：《中国生态农业的若干理论问题》［J］，《广西农学报》1998 年第 3 期。

［102］卢永根、骆世明：《中国农业发展的生态合理化方向》［J］，《世界科技研究与发展》1999 年第 2 期。

［103］王松良、林文雄：《中国生态农业与世界可持续农业殊途同归》［J］，《农业现代化研究》1999 年第 2 期。

［104］温军：《中国农业可持续发展战略研究述评》［J］，《西北民族学院学报》（哲学社会科学版 · 汉文）2001 年第 3 期。

［105］刘彦随、吴传钧：《国内外可持续农业发展的典型模式与途径》［J］，《南京师大学报》（自然科学版）2001 年第 2 期。

［106］王小利：《替代农业研究综述》［J］，《首都师范大学学报》（自然科学版），2004 年第 2 期。

［107］张壬午、高怀友：《现阶段中国生态农业的展望》［J］，《中国生态农

业学报》2004 年第 2 期。

［108］颜景辰、雷海章：《世界生态农业的发展趋势和启示》［J］，《世界农业》2005 年第 1 期。

［109］李季：《生态农业：一种思想体系传播的实证分析》［J］，《生态学杂志》1993 年第 3 期。

［110］李新平：《中国生态农业的理论基础和研究动态》［J］，《农业现代化研究》2000 年第 6 期。

［111］伍世良等：《论中国生态农业建设的五个基本问题》［J］，《自然资源学报》2001 年第 4 期。

［112］谭智英、谭华：《生态农业的微观组织——生态农庄模式》［J］，《科技进步与对策》2003 年第 8 期。

［113］张壬午：《生态农业产业化探析》［J］，《中国生态农业学报》2004 年第 1 期。

［114］杨正礼：《当代中国生态农业发展中几个重大科学问题的讨论》［J］，《中国生态农业学报》2004 年第 3 期。

［115］贺峰、雷海章：《论生态农业与中国农业现代化》，《中国人口·资源与环境》2005 年第 2 期。

［116］杨健：《浅论我国生态农业的发展》［J］，《上海农业科技》2006 年第 3 期。

［117］刘铁军：《生态农业建设障碍的宏观环境探析》［J］，《中国生态农业学报》2006 年第 2 期。

［118］姜达炳、彭明秀：《论生态农业和农业产业化的关系》［J］，《农业环境保护》1998 年第 3 期。

［119］李树：《关于我国生态农业产业化经营问题的思考》［J］，《理论月刊》2000 年第 8 期。

［120］吴树波、郑卫星：《试论生态农业产业化》［J］，《经济与管理》2003 年第 3 期。

［121］孙艳华：《论生态农业产业化》［J］，《零陵学院学报》2004 年第 4 期。

［122］张伟东：《农业产业化是集约化农业向生态农业转变的基础——以沈阳市为例》［J］，《生态经济》2006 年第 2 期。

［123］丁毓良、武春友：《生态农业产业化内涵与发展模式研究》［J］，《大连理工大学学报》（社会科学版）2007 年第 4 期。

［124］何江华等：《赤红壤水土流失区发展生态农业的存在问题与对策》

[J]，《热带亚热带土壤科学》1994年第4期。

[125] 王宁等：《宁夏盐池县缓坡丘陵区草地生态农业模式研究》[J]，《水土保持研究》1994年第1期。

[126] 王关区：《河套平原生态农业发展模式探讨》[J]，《生态经济》1995年第1期。

[127] 韩文健：《海南热带生态农业模式及其发展前景》[J]，《甘肃农业》1998年第9期。

[128] 阎淑琴：《试论松嫩平原西部半干旱地区生态农业的发展》[J]，《农业环境与发展》1997年第1期。

[129] 刘社代：《干旱半干旱区发展高效生态农业的初步构想》[J]，《甘肃农业》1998年第9期。

[130] 高怀友等：《中国西南地区生态农业发展模式》[J]，《农业环境与发展》1998年第3期。

[131] 代亚丽等：《黄土高原水土保持型生态农业建设对策》[J]，《农业环境与发展》1999年第4期。

[132] 陈长发：《秦巴山区生态农业类型及效益》[J]，《生态学杂志》1999年第5期。

[133] 齐永化等：《黄淮海平原生态农业发展模式研究》[J]，《国土与自然资源研究》2001年第3期。

[134] 王顺克：《三峡库区山地高效生态农业复合产业群的研究》[J]，《西南农业大学学报》2001年第2期。

[135] 李瑾等：《天津都市型生态农业可持续发展综合评价研究》[J]，《农业技术经济》2003年第5期。

[136] 马松尧等：《西北地区生态农业体系建设途径探讨》[J]，《中国沙漠》2004年第2期。

[137] 程炯等：《珠江三角洲地区农业环境问题与生态农业建设》[J]，《农业现代化研究》2004年第2期。

[138] 薛玉中：《若干生态农业的模式及其应用》[J]，《上海环境科学》1999年第12期。

[139] 陈艳萍、祁真：《生态农业旅游的内涵及开发研究》[J]，《内蒙古农业大学学报》（社会科学版）2009年第1期。

[140] 卞有生：《中国农业生态工程的主要技术类型》[J]，《中国工程科学》1999年第2期。

[141] 郑军、史建民：《我国生态农业研究述评》[J]，《山东农业大学学

报》（自然科学版）2007 年 1 期。

［142］黎东升、罗远洲：《生态农业组合技术理论及效益评价原理浅析》［J］，《中国生态农业学报》2000 年第 2 期。

［143］吴文良：《论我国生态农业的技术创新与保障体系建设》［J］，《中国农业科技导报》2001 年第 5 期。

［144］严力蛟、杨京平、朱有为：《浙江省生态农业建设现状与对策》［J］，《中国生态农业学报》2003 年第 4 期。

［145］杨正礼：《当代中国生态农业发展中几个重大科学问题的讨》［J］，《中国生态农业学报》2004 年第 3 期。

［146］蒋家慧、王洪娴：《论我国生态农业的建设》［J］，《当代生态农业》2004 年第 1 期。

［147］邱成、王益谦：《当前我国生态农业的研究热点》［J］，《四川农业科技》2006 年第 3 期。

［148］刘晖：《信息技术在福建生态农业领域中的应用探讨》［J］，《农业网络信息》2007 年第 11 期。

［149］张仿：《物理技术是发展生态农业的重要手段》［J］，《安徽农学通报》2008 年第 9 期。

［150］王小金：《试析生态农业及其在我国推广过程中的技术创新》［J］，《现代农业科学》2008 年第 7 期。

［151］吴建军：《生态农业综合评价指标体系及其权重》［J］，《应用生态学报》1992 年第 1 期。

［152］卞有生：《大中型农场生态经济评价指标及评价方法》［J］，《农村生态环境》1994 年第 2 期。

［153］颜春起：《生态农业综合效益评价指标体系的探讨》［J］，《自然资源研究》1987 年第 3 期。

［154］齐鑫山：《系列综合——专家咨询：生态农业综合排序评价法的应用》［J］，《农村生态环境》1994 年第 2 期。

［155］吴佐礼：《农业生态系统综合评价指标体系及其权重》［J］，《生态农业研究》1996 年第 2 期。

［156］刘建慧：《立体农业综合评价的分层协调方法》［J］，《农业系统科学与综合研究》1996 年第 1 期。

［157］孙桂兰：《多层次模糊综合评判法在生态农业评价中的应用》［J］，《农业生态环境》1993 年第 1 期。

［158］陈会英：《综合评分法的改进与应用》［J］，《农业系统科学与综合研

究》1996 年第 1 期。

［159］张斌：《物元模型及其在农业中的应用》［J］，《农业系统科学与综合研究》1997 年第 4 期。

［160］曹志平：《农业生态系统循环功能的综合评价方法》［J］，《农村生态环境》1997 年第 3 期。

［161］潘大丰：《神经网络多指标综合评价方法研究》［J］，《农业系统科学与综合研究》1999 年第 2 期。

［162］陈飞星、张增杰：《生态农业评价综述》［J］，《中国生态农业学报》2001 年第 4 期。

［163］马世骏、王如松：《社会—经济—自然复合生态系统理论》［J］，《生态学报》1984 年第 1 期。

［164］饶正富：《流域生态环境规划的系统生态学方法》［J］，《武汉大学学报》（自然科学版）1991 年第 1 期。

［165］部建国：《耗散结构、等级系统理论与生态系统》，《应用生态学报》1991 年第 2 期。

［166］尹澄清：《内陆水—陆交错带的生态功能及其保护与开发前景》［J］，《生态学报》1995 年第 3 期。

［167］马克平：《试论生物多样性的概念》［J］，《生物多样性》1993 年第 1 期。

［168］蔡庆华、吴刚、刘建康：《流域生态学：水生态系统多样性研究和保护的一个新途径》［J］，《科技导报》1997 年第 5 期。

［169］方子云：《流域开发生态建设发展战略》［J］，《生态学杂志》1990 年第 4 期。

［170］马世骏：《从持久发展谈当代农业的动向》［J］，《科技导报》1986 第 4 期。

［171］黄第藩等：《长江下游三大淡水湖的湖泊地质及其形成与发展》［J］，《海洋与湖泊》1965 年第 4 期。

［172］周振华：《鄡阳城址初步考察》［J］，《江西历史文物》1983 年第 1 期。

［173］竺可桢：《中国近五千年来气候变迁的初步研究》［J］，《考古学报》1972 年第 1 期。

［174］《江西万年仙人洞洞穴遗址试掘》［J］，《考古学报》1963 年第 1 期。

［175］《江西万年仙人洞洞穴遗址第二次发掘报告》［J］，《文物》1976 年第 12 期。

［176］严文明、彭适凡：《仙人洞与吊桶环——华南史前考古的重大突破》［J］，《中国文物报》2000 年 7 月 5 日。

［177］赵志军：《吊桶环遗址稻属植硅石研究》［J］，《农业考古》2000 年第 3 期。

［178］凌大燮：《我国森林资源的变迁》［J］，《中国农史》1983 年第 2 期。

［179］吴小平：《关于中国新石器时代的几个问题》［J］，《文博》1998 年第 3 期。

［180］佘秉全：《从气候角度看中华文明大迁移》［J］，《气象知识》2002 年第 3 期。

［181］陈文华、胡义慈：《新干县发现战国粮仓遗址》［J］，《江西文物》1976 年第 2 期。

［182］彭适凡：《江西古代文明史概述》［J］，《江西文物》1989 年第 2 期。

［183］《大余二塘南朝墓葬调查》［J］，《江西历史文物》1980 年第 3 期。

［184］刘磐修：《"火耕"新解》［J］，《中国经济史研究》1993 年第 2 期。

［185］文士丹主编：《江西古代科学技术史》［J］，《农业考古》1992 年第 1 期专号。

［186］万幼楠：《赣南"赣巨人"、"木客"识考》［J］，《中南民族学院学报》1995 年第 3 期。

［187］许怀林：《江西历史人口状况初探》［J］，《江西社会科学》1984 年第 2 期。

［188］余也非：《中国历代粮食平均亩产量考略》［J］，《重庆师院学报》1980 年第 3 期。

［189］陈柏泉：《江西历史时期的森林》［J］，《农业考古》1985 年第 2 期。

［190］许怀林：《江西历史上经济开发与生态环境的互动变迁》［J］，《农业考古》2000 年第 3 期。

［191］刘洪升：《唐宋以来海河流域水灾频繁原因分析》［J］，《河北大学学报》（哲学社会科学版）2002 年第 1 期。

［192］陈支平：《清代江西的粮食运销》［J］，《江西社会科学》1983 年第 3 期。

［193］曾雄生：《宋代江西水稻品种的变化——试论占城稻对江西稻作之影响》［J］，《中国农史》1989 年第 3 期。

［194］曾雄生：《〈天工开物〉水稻生产技术的调查研究》［J］，《中国农史》1987 年第 1 期。

［195］郭文韬：《试论康乾时期南方的耕作改制》［J］，《中国农史》1990

年第 1 期。

［196］闵骞：《鄱阳湖历史冰情的考证》［J］，《湖泊科学》1996 年第 3 期。

［197］曹树基：《明清时期的流民与赣南山区的开发》［J］，《中国农史》1985 年第 3 期。

［198］饶伟新：《明代赣南的移民运动及其分布特征》［J］，《中国社会经济史研究》2000 年第 3 期。

［199］舒惠国主编：《江西竹业》，江西省林业厅企业经济杂志，1996 年。

［200］黄志繁：《清代赣南的生态与生计——兼析山区商品生产发展之限制》［J］，《中国农史》2003 年第 3 期。

［201］项亮：《鄱阳湖历史时期水面扩张和人类活动的环境指标判识》［J］，《湖泊科学》1999 年第 4 期。

［202］左长清等：《江西省水土流失动态监测与分析》［J］，《水土保持通报》2006 年第 6 期。

［203］左长清等：《江西省水土流失对生态安全的影响》［J］，《亚热带水土保持》2007 年第 3 期。

［204］李祖章等：《江西省农业生产中化肥农药污染的状况及防治策略》［J］，《江西农业学报》2004 年第 1 期。

［205］戴梅芳等：《江西省土壤污染分析和防治》［J］，《江西能源》2007 年第 4 期。

［206］黄国勤等：《江西省生态安全面临的问题和生态建设对策》［J］，《安全与环境学报》2006 年第 2 期。

［207］黄国勤：《江西干旱灾害研究》［J］，《灾害学》2001 年第 1 期。

［208］刘福茂等：《江西干旱指数分析》［J］，《江西水利科技》2004 年第 1 期。

［209］黄国勤：《论江西省洪涝灾害》［J］，《灾害学》2000 年第 6 期。

［210］黄国勤等：《江西省生态安全面临的问题和生态建设对策》［J］，《安全与环境学报》2006 年第 2 期。

［211］［苏］M. A. 孟什克娃：《美国农业发展道路及其国际意义》［J］，《世界农业》1981 年第 6 期。

［212］闵宗殿：《明清时期的人工生态农业》［J］，《古今农业》2000 年第 4 期。

［213］《江西省人民政府办公厅转发省发展绿色食品领导小组关于推进全省无公害农产品绿色食品有机食品发展意见的通知》［J］，《江西政报》2006 年第 21 期。

[214] 李霏：《构建农业标准化，加快江西现代农业发展》[J]，《理论导报》2009 年第 2 期。

[215] 王启现等：《我国农业科技进步与科研投资分析》[J]，《科学管理研究》2007 年第 4 期。

[216] 张壬午、卢兵友：《生态农业产业化的内涵》[J]，《经济研究参考》2003 年第 55 期。

[217] 金自学：《高效生态农业研究》[J]，《甘肃高师学报》2000 年第 5 期。

[218] 顾益康等：《浙江发展高效生态农业的战略与思路》[J]，《浙江农业科学》2008 年第 2 期。

[219] 王学萌、聂宏声、郭常莲等：《山西省生态农业区域划分的研究》[J]，《生态学报》1994 年第 1 期。

[220] 刘秀英、黄国勤：《江西省生态农业区划研究》[J]，《中国农学通报》2007 年第 12 期。

[221] 戴天放：《试论鄱阳湖湿地资源可持续发展的制度创新》[J]，《江西农业大学学报》（自然科学版），2002 年第 5 期。

[222] 赵霞、吴方卫：《上海建立农业生态补偿机制的探讨》[J]，《上海农村经济》2008 年第 7 期。

[223] 王欧、宋洪远：《建立农业生态补偿机制的探讨》[J]，《农业经济问题》（月刊），2005 年第 6 期。

[224] 姜南：《试析欧盟共同农业政策的改革》[J]，《世界历史》2002 年第 4 期。

[225] 黄祖辉等：《中国的农民专业合作社与制度安排》[J]，《山东农业大学学报》（社会科学版）2005 年第 4 期。

七、外文资料

[1] Clapp B. W. An Environmental History of Britain since the Industrial Revolution, Longman Publishing, New York, 1994.

[2] Vogel D. National styles of regulation, environmental policy in Great Britain and the United States, Ithaca and London, 1986.

[3] O' N eill, R . V . et al. A hierarchical concept of ecosystems. Princeton Univ. Press, 1986.

[4] Cummins K. W. Structure and function of stream cosystems . BioScience ,

1974 (24) .

[5] Minshall, G. W. et al . Development in streame cosystemt heory. Canada Journal of Fisheries and Aquatic Science, 1985 (42) .

[6] Cushing, C . E . et al . Relation shipsamong chemical, physical, and biological in dices along river comana based on multivariate analyses. Archive Hydrobiologic, 1983. (89) .

[7] Didier Le Coeur et al . Why and how we should study field boundary biodiversity in an agrarian landscape context. Agriculture Ecosystems & Enviornment, 2002, 89 (1 -2) .

[8] Tilman D. , Reich P. B. , Knops J. M. Biodiversity and ecosystem stability in a decade—long grassland experiment . Nature, 2006, 441 (7093) .

[9] C. Arden - Clarke. The environmental effects of conventional and organic/biological farming systems. Oxford (34 Cowley Rd, Oxford Ox41HZ) Political Ecology Research Group, 1988.

[10] Cheryl A. Palm, et al. Organic inputs for soil fertility management in tropical agroecosystems: application of an organic resource database. Agriculture, Ecosystems & Environment, 2001, 83.

[11] Wes Jackson. Natural systems agriculture: a truly radical alternative. Agriculture, Ecosystems & Environment, 2002, 88 (2) .

[12] Ragnar Eltun et al. A comparison of environmental, soil fertility, yield, and economical effects in six corpping systems based on an 8 - year experiment in Norway. Agriculture Ecosystems & Enviornment, 2002, 90 (2) .

[13] Per Schjonning et al. Soil quality aspects of humid sandy loams as influenced by organic and conventional long - term management. Agriculture Ecosystems & Enviornment, 2002, 88 (3) .

[14] D. D. Poudel et al. Comparison of soil N availablility and Leaching potential, crop yields and chemical properties on organic and coventional farmsApplied soil Ecology, 2002, 19 (2) .

[15] Per Schjonning et al. Soil quality aspects of humid sandy loams as influenced by organic and conventional long - term management. Agriculture Ecosystems & Enviornment, 2002, 88 (3) .

[16] S. W. Fisher & J. D. Briggs. Environmental and ecological problems in the introduction of alien microorganisms in the soil. Agriculture Ecosystems & Enviornment, 1988, 24.

[17] J. Park & S. H. Cousins. Soil biological health and agro – ecological change. Agriculture, Ecosystems & Environment, 1995, 56.

[18] Lozon Joseph & MacIsaac Hugh. Biological invasions: are they dependent on disturbance? Environmental Reviews, 1997 (2) .

[19] Wanda W. Collins et al. Biodiversity in agroecosysems. English. Boca Raton: CRC Press, 1999.

[20] Thrupp Lori Ann. Linking agricultural biodiversity and food security: the valuable role of agrobiodiversity for sustainable agriculture. International Affairs, 2000, 76 (2) .

[21] Jhon W. Doran et al. Soil health and sustainability: managing the biotic component of soil quality. Applied Soil Ecology, 2000, 15 (1) .

[22] Coleman D. C. Agro – ecosystems and sustainable agriculture. Ecology, 1989, 70 (6) .

[23] Niggli U., Lockeretz W. Development of research in organic agriculture. In: Stergaard T. Proceedings of the 11th IFOAM International Scientific Conference on Fundamentals of Organic Agriculture, 1996: 1.

[24] Food and Agriculture Organisation of the United Nations (FAO) . Organic agriculture, environment and food security. Environment and Natural Resources, 2002.

[25] Greene C. R. U. S. Organic farming emerges in the 90s: Adoption of certified systems. Agriculture Information Bulletin, 2001.

[26] Craf S., Willer H. Organic Agriculture in Europe – Current Status and Future Prospects of Organic Farming in Twenty – five European Countries. Stiftung? Kologie & Landbau (SOEL), 2001.

[27] International Trade Centre (ITC) . Organic food and beverages: World supply and major European markets. International Federation of Organic Agriculture Movements (IFOAM), 1999: 46 – 71.

[28] Greene C. R. U. S. Organic farming emerges in the 90s: Adoption of certified systems. Agriculture Information Bulletin, 2001.

[29] Richard K. Olson. Integrating sustainable agriculture, ecology, and environmental policy. New York: Food Products Press, 1992.

[30] William R. Edwards & Gergory McIsaac. Sustainable agriculture in the American Midwest: lessons from the past, prospects for the future. 1994.

[31] John Vandermeer. The Ecological Basis of Alternativer Agriculture, Annual Review of Ecology and Systenmatic, 1995, 26.

[32] D. Rigby & D. Caceresr. Organic farming and the sustainability of agricultural sysems. Agricultural Systems, 2001, 68 (1) .

[33] Jeffrey A. Mcneely & Sara J. Scherr. Ecoagriculture: strategies to feed the world and save wild biodiversity. Island Press, 2003.

[34] Niggli U. , Lockeretz W. Development of research in organic agriculture. In: Stergaard T. Proceedings of the 11th IFOAM. International Scientific Conference on Fundamentals of Organic Agriculture, 1996: 1.

[35] Gliessman S. R. Agroecology: Researching the ecological basis for sustainable agriculture. 1990.

[36] Rigby D. , Young T. , Burton M. The development and prospects for organic farming in the UK. Food Policy, 2001, 26.

[37] Soil Association. The Organic Food and Farming Report 2000, Soil Association Publications, 2001.

[38] Organic agriculture worldwide 2001: statistics and future prospects, Stiftung Oekologie & Landbau (SOEL), February 2002.

[39] William Cronon. Nature's Metropolis, W. W. Norton & Company, 1991.

[40] William Cronon. Modes of Prophecy and Production. The Journal of American History, 1990, 76 (4) .

后　记

本书是在我2010年的博士学位论文基础上进一步修改而成的。在此书出版之际，要向指导、培养、帮助及关心我的师长、同学和亲朋好友致以诚挚的谢忱。

感谢我的导师徐晓望教授，他严谨细致、一丝不苟的作风一直是我工作、学习中的榜样；他循循善诱的教导和不拘一格的思路给予我无尽的启迪。

感谢我的导师温锐教授，他严谨的治学态度，渊博的学识，活跃的思维，不拘成规的性格是我做人、学习的榜样。

感谢福建师范大学的汪征鲁教授、王晓德教授、巴新生教授、谢重光教授、梁启弦教授、黄国盛教授等，他们对我的论文写作给予了许多指导和帮助。

感谢福建师范大学图书馆的工作人员，在资料收集方面，他们给予我许多帮助和便利。

感谢江西省生态学会戴年华秘书长、江西省农业厅的吴登飞处长和江西省社会科学规划办公室的吴锋副研究员，他们为本书的资料收集提供了许多帮助和便利。

感谢江西省农业科学院的领导和同事，他们在我学习期间给予了许多帮助。

感谢南安楼朝夕相处的同学邹春生、钟明春、江广和、王立端等，他们与我一起度过了读博期间的痛并快乐的日子。

感谢我所在单位的领导和同人，对我的学业、生活和工作等给予了周到和热情的关心与帮助。

最后，感谢我的父母妻儿，他们在背后默默的支持是我学习、工作和生活的精神动力和港湾。

虽然本人付出了巨大的心血，但由于学识、精力和时间所限，本书肯定还存在许多不足之处，恳请各位专家、学者批评指正。

戴天放

2013年仲秋于南昌